彭越浦
兪涇浦
路
真如駅
交通路
虬江
閘北
北駅
呉淞江
内外綿
第一第二工場
川邨時計塔
蘇州河
北区
西区
西部日本尋常小学校
共同租界
西駅
南京路（大馬路）
静安寺
静安寺路
中区
福州路
（四馬路）
静安公墓
広東路
西部越界築路区域
公董局
三井洋
霞飛路
旧県城
フランス租界
上海自然科学研究所
徐家匯駅
上海交通大学
（東亜同文書院大学）
肇嘉浜
日暉港
南駅

寻访东洋人——
近代上海的日本居留民(1868-1945)

上海に生きた日本人

幕末から敗戦まで

陳 祖恩〔著〕
大里浩秋〔監訳〕

大修館書店

しい戦術を導入して、日本の軍隊の戦闘力を高めたし、一九世紀初め蘭学は日本ですでに学問として定着し、西洋の学問を輸入する重要なチャンネルの役割を果たしていた。一六三九年以後幕府は、国内の政局を安定させ対外貿易を独占する必要から、鎖国政策を実施し、キリスト教を禁止し、民間が外国商人と自由貿易をすることを禁止し、また日本人の出国を禁じて、いったん出国したら二度と戻ることを許さなかった。また、ロシア（一七九二年）、イギリス（一八〇八年、一八二四年）、アメリカ（一八三七年、一八四六年）からの自由な通商の要求に対してすべて拒否の回答をした。しかし、日本とヨーロッパの文化交流のチャンネルは完全に封殺されたわけではなく、制限を受けながらも外国商人は依然長崎の半ば隔離された人工の島で商売しつつ居住していたし、マカオには日本人街があって、洋書の日本語訳が刊行されていた。アヘン戦争前、ヨーロッパの商人が東アジアで自由な通商の道を容易には切り開くことができなかったのは、一定程度は清朝と江戸幕府が自らの海禁政策を順守したことと関係している。しかし、両国では向かう先が異なっており、一六世紀以降の日本は東西の文化をともに吸収し始め、中国と全く同じとは言えない道を歩んでいる。一八五、六〇年代に来て、日本は二度歴史の方向転換を迫られた。その一つは、一八五三年七月アメリカのペリー将軍が軍事を伴う劇的な訪問を行い、日本は無血で鎖国時代を終息させたことである。二つは、内外の危機から脱け出すために、権力を掌握した武士階層は一八六〇年代前期には西欧化の積極的な参与者となり、「尊王攘夷」、「富国強兵」を旗印にして幕府時代を終息させ、明治維新の幕を開けたことである。この一歩を踏み出したのは、一六世紀から三〇〇年間に浸透した西洋の学問の影響のもと内外が呼応し日本民族が自強を図ったゆえの、いわば必然の選択であった。これにより、日本の近代は中国を超えて東アジアで真っ先にスタートを切ったのである。

一八五三年以降、中日両国は異なる道を歩んで、その境遇は大いに隔たることになり、時には対立する関係となった。両国の往来の過程で起こった一八六二年、一八九五年、一九一九年、一九三一年、一九三七年、一九四五年などの一連の重大事件は、すべて中国人の心の奥に深い記憶の傷跡として留まっており、近代の中国人の日本体験は、当然にも同期の西洋体験よりも一層複雑な感慨や疑念を留めるものとなっている。陳祖恩教授のこの力作は、選びとった視点といい、描き出した情景といい、さらに種々の問題への解説といい、まさにこの時期の歴史を精査、分析し、解読した貴重な試みと言える。私たちは陳教授に導かれ、あたかも一五〇年余り前、中国人、日本人が共に上海に住んでいたその場にいあわせたような気持ちにさせられる。

一八六二年、千歳丸が上海を訪れ、航路は昔のままで、かつ窓口は変わらないとはいえ、日本の最西端の長崎と開放されたばかりの中国の東の玄関上海は、これ以来近代中日間の往来の前線で新たな役回りを演じることとなった。六〇年代以降、上海に滞在した日本人は、まさに「文明開化」の激流の中、手を携えて海を越えてきて、百年も経たないうちに上海灘に多くの複雑な足跡を留めることになった。

近代における上海租界の開設は、日本人滞在者が東アジア国際市場に進出するために必要な居住地と経営基地を提供した。歴史上のこの機縁は、日本人上海滞在者（以下、日本人居留民とする）の新たなイメージを作っただけでなく、近代上海の都市化の進展に外部からの重要な援助を与えたのである。日本式の公共施設、日本居留民団、日本人居留民居住区の三者は、近代の上海の東北角に位置する虹口地区に徐々に一つの緊密に結びあったまとまりを形成していった。上海日本居留民は世界文明最先端のエッセンスを積極的に吸収するとともに、本国の民俗の変化の痕跡も留めていた。日本人学校は、居留民の子弟に対して日本国内と同じく「脱亜入欧」の教育を施していたが、神道についても教え込んでおり、これが近代日本の民族主義に特殊な神秘感や文化の内向性を帯びさせることになった。上海で創建された日本式の寺院は、日本人居留民を伝統的な宗教信仰につなぎとめる殿堂であり、神社は民族の祭祀習俗を保留して民族主義の情緒を伝え、陶冶する文化的サロンであった。中華民国初年虹口の日本人居住区にできたいくつかの日本式横丁、市場、病院、薬店、書店、新聞社などの文化的建造物は虹口に「小東京」の雰囲気を形成していた。二〇世紀初め「居留民団法」によって組織された居留民団は、上海日本人居留民の自治団体であり、かつ本国政府の指令を受けて上海の「帝国臣民」、「帝国法人」に対して拘束力を持つ日本人居留民行政管理機構でもあり、虹口の日本人居留民居住区はまるで日本の海外行政管轄区（飛地）のようなものであった。上海日本人居留民は上海共同租界の重要な外国人集団の一つであると同時に、依然として帝国臣民の一部分でもあった。虹口の日本人居留民居住区は租界という近代都市の文化環境に調和して溶け込んでいる一部分であるし、また近代上海に鮮明な異民族の風俗習慣を留めている居留民文化の展示場でもあった。

日本における近代経済の開始期（一八八六—一九〇五年）、生糸、綿布は日本の輸出市場、貿易均衡の二大支柱であった。このことは、日本が原料や販売面で東アジアの国々との連携をますます密接なものにし、それらの国に自らの経済集団や経営空間を作り、拡大することを追求させたのである。一八九四—五年の中日甲午戦争（日清戦争）と一九〇四—五年の日露戦争は、中国に領土の割譲と賠償金支払いの重荷を背負わせたが、日本は工業発展の重要な資金を得、勢力範囲を素早く拡張して、台湾、遼東半島、朝鮮を含むことになった。天皇は近代日本統一国家のシンボルとしてあがめられ、戦死者のために建てられた神社は、国民の意志を結集、高揚させて、国家に命を捧げさせる民族精神の殿堂となった。二〇世紀初め、日本は東アジアで力を競う列強の新たなメンバーとなり、欧米の強国との利益の衝突においても相応に目立つようになった。一九二〇、三〇年代の欧米の経済大不況のあおりを受けて、日本内外の困窮度は増した。一九二四年アメリカは日本移民を排斥する法令を公布し、高関税政策を打ち出したことで、日本国内の小企業は続々と倒産し、下層農民は貧困となり、徴兵制と広範に予備役を組織したことによって人口中の軍関係者の比率が上がり、諸々の衝突が延々と交錯して日本内外の矛盾が先鋭化し、軍国主義勢力が台頭することで、対外拡張の黒い影が中国大陸に延びていった。この時の中国は、日本の石炭、鉄、綿糸の主要な供給源であり、また日本が生産する紡績製品の五〇パーセントを販売する市場であった。そこで、上海と東北はいち早く日本軍国主義勢力が虎視眈眈と狙う二つの主要な地区となった。一九〇〇年代初頭から三〇年代まで、上海日本人居留民の経済力が増すにつれて、経営主体は日用雑貨の小売業から拡大して、上海綿紡績業の半分を享受するまでになり、滬西〔上海西部〕、滬東〔上海東部〕に未だに残る大規模な労働者住宅群には、かすかに当時の日本の紡績工場の巨大な影を留めているのである。しかし、一九三七―一九四五年の日本侵華戦争（日中戦争）の間は、アジアで覇権を打ち建てるという日本の夢想の実施、挫折、破滅に伴い、上海の日本紡績業も「国防国家」の資源の一部として強制的に組織され、中国資本の紡績業に対する接収を強行し、あるいは「合作経営」し、また、侵略戦争のために義捐金拠出や奉仕活動をすることを強いられたし、敗戦になると日本企業は敵産として接収され、日本人居留民は日本に送還されたのである。

はっきり言えば、近代日本人について上海人が骨身に刻んだ最大の記憶は、八年間続いた侵華戦争であるが、近代中日文化交流史の角度から検証すると、疑いなくさらに多くの方面の内容で、整理し珍蔵するに値するものが存在するのである。近代において上海は、伝統的な国内向けの港から、租界が開かれ、いたるところから集まった中国人と外国人が雑居し、工業化と都市化がともに推進され、世界の主流の文明が融け込んで、国際色ゆたかな東アジア地区の商工都市の一つになった。この歴史的な進展によって、中国に一つの文明脱皮の先進地区が造られたばかりでなく、上海を東アジア地区で近代工業文明都市ネットワーク作りを推進する重要なメンバーとした。近代上海がとても多くの恵みを得たのは紛れもない事実である。中でも、日本人居留民は人口が最も多く、滞在期間が長く、現地住民と接触する範囲が相対的に広かった集団であり、彼らの経歴は、上海という都市の記憶の中で一つのまとまりを持つ支流であるが、この歴史の支流を修復し整理し再建し解読するのは、上海史研究の領域における難題である。

陳祖恩教授は、一九九〇年代初め日本に留学している時期に、近代上海日本人居留民史を系統立てて研究することを思い立ったと言うが、それは彼が学者としてこの段の歴史に重要な価値を感じ取ったこと、さらに、身を一人異国に置く上海人として郷里へ熱い思いを抱いたことと無関係ではないであろう。彼は異国で上海日本人居留民史に関する資料を探し出し、それを整理する仕事を黙々と数年間続け、自分の選択に対して名利を求めず、困難を恐れず、楽しみ事とみなした。その間彼は幸いにも居留民の家族や先行研究者の熱心な援助を得て、今に至るも日本において連絡交流のネットワークを維持しているこの近代移民集団と親しくなり、彼らが往時を語るのを聞き、大切に保管されていた家族写真や記念品を見せてもらい、上海っ子と自らを呼ぶ少なくない数の日本の友人と深い縁を結んだ。まさにこのような調査や手紙、回想録、家庭生活がうつった写真など個々人から得た資料を手がかりにして、陳教授はこの段の歴史に対して多くの生き生きとして豊富な理解を積み上げていき、さらに雑多でこまごまとした文献資料に触れた時には、逐一整理し、分析し、かつ実地に調査したものと結び付けて確認作業を行い、誤記や疑問点を取り除き、重要な欠落に補充を加え、内容が正確であるよう努め、根拠のあるものだけを拾うことで、真実を求めてやまない科学的態度を実践した。彼の研究成果は、次々に発表するたびに多くの日本の学者から注目されるとともに熱心な援助を得たが、近年なお図書館や公文書館などで珍しい文献、写真、図像資料を誠心誠意調査しており、日本に訪問する機会を使っては、引き続き調査や聞き取りを行い、何度も原稿を推敲し、向上を重ねてきた。今読者に献じるこの本は彼が長年心血を注いだ作品であり、また近代上海日本人居留民史研究の領域における先駆的意義をもつ学術研究成果である。

本書は分かりやすく流麗な文章と、貴重で適切な図像を組み合わせて、近代上海に日本人の集団が移り住み、発展し、離れるまでの全過程を系統だてて整理している。簡潔さを重視し、読者のために近代上海日本人居留民の尋常ならざる百年の往事を生き生きと描きだすことで、日本人の集団の経済、文化、社会の諸側面での主要な経歴およびその情景を再現して、読者が居留民集団と近代上海の街がともに成長した訳を理解し、日本民族が近代に歩んだ道を理解できるように、独特の視点を提供している。読者は、この本を読み進むうちに豊富で興味深い知識・情報を得、有益な啓示を得ることができると信じている。

近代文化の最も際立った特徴はそれが世界性を具えた文化であり、多元的な内容を含み、異なる点がありながら併存しているところにある。近代都市は文明の変遷の先鋒として、その地の民族文化のイメージを形つくるばかりでなく、当然ながら世界性を具えた文化を推進する先進地域でもある。近代における上海の街は、多元文化の揺籃であったし、その運命がいかに挫折の多いものだったとしても、世界性を具えた文化に融け込む方向には逆戻りはありえない。上海に滞在した外国人は、間違いなくこの確信を推進する欠くべからざる重要な参与者であるが、これまでの注目や研究にはなお少なからぬ欠陥や空白が残っており、一層の探求や補足が待たれているのである。

二一世紀に入ったばかりの上海の街について言えば、世界性を具えた文化に融け込む過程及び滞在する外国人集団について深く研究するには、なお長い道のりが必要である。一九九〇年代以来、上海に滞在する日本人がまた現れるようになり、再度上海人の隣人となった。新世代の「上海っ子」の成長の道はどのようなものとなるのか。彼らは上海でどのような足跡を留めることになるのか。上海日本人居留民史が静かに新たな頁をめくろうとしている今、先輩たちの足跡を振り返って思いを巡らすならば、その中から自ずと歴史の啓示をくみ取ることができるだろう。

近代の上海に住んだ外国人集団にスポットを当てた最初の研究書である本書は、国際化した上海の街に新たな光を添えるものとなるだろう。

まえがき

陳祖恩

一九九二年、NHK長崎放送局は「上海、わがふるさと」と題するドキュメント番組を放映したが、それはかつて上海に住んでいて今は長崎に住む人たちが上海を懐かしく回想する内容だった。

七、八〇歳代の老人が、時ならず「豊文社」という書店に集まった。ここは「日中両国人民朋友会」の事務所になっているのである。一九一八年上海に生まれた松田栄治さんは、この民間団体の世話人をしており、虹口で最初の植木屋「松風園」の創業者の息子である。豊文社を切り盛りする早田喜代子さんは、山下汽船会社上海駐在員の娘で、上海で小学校と女学校を出て、上海自然科学研究所で働いた。他にも、上海で生まれ、日本で博士号を取得した後、上海に戻って医療に従事した里見医院第二代院長の里見正彦さん、上海工部局の学校で勉強し、達者な英語を生かして上海税関に勤めた野村幸男さん、長崎中学の学生の頃に修学旅行で上海に来、大学を出た後上海工部局の現地採用で警察官になった岡本吉郎さんなどがいた。

これら「上海っ子」を自称する日本人は、上海に対して濃厚な思い入れがあり、昔上海から持ち帰った一元銀貨をまるでいたずらっ子の宝物のごとくに大事に保存しており、正真正銘の上海語を使って、昔横丁で売っていた、大餅、油条などの人を引き付けずにはおかない香ばしいにおいについて語り、さらには、団を作って上海を訪ねては親たちや彼ら自身が黄浦江河畔にとどめた足跡に思いをはせるのである。彼らは、自分のふるさとを思いだして『上海在留邦人が造った日本人街』という本を作り，さらに『匯山』と題する会報を発行した。匯山は虹口の匯山埠頭を指しており、そこは彼らの父の代が初めて上海に来た時に足を踏み入れた地であり、また、日本に送還された時の悲嘆にくれた場所である。会報名『匯山』に、上海に対する彼らのあふれんばかりの思いや無念さが托されている。

これと同じ頃、私は東京で開かれた上海の各日本人学校の合同同窓会に参加した。出席したのは五〇〇人余りであった。かつて上海で勉強した日本人小・中学生は、その頃には還暦の老人になっていたが、彼らは上海での暮らしや、異国で過ごした少年時代を忘れられず、再会の喜びが笑顔に満ち溢れていたものの、記憶をたよりに歌う彼らの歌声の中には過ぎ去った歴史の傷がうずいていた。この時の光景によって私は、長崎においてであれ東京においてであれ、かつて上海で生活したことのある日本人は皆、同じように上海への深い想いを抱いていると感じた。

上海日本人居留民史に関する私の研究は、これらの「上海っ子」に出会った瞬間に芽生えた。私は彼らの白髪をぼんやり眺めることができず、彼らの上海への奥深いまなざしを避けることができなくなった。もちろん、当時の日本人居留民の中には、日本の権勢を頼りにぼろ儲けをたくらんで上海に来た者も一部にいたが、横浜中華街、神戸南京町、長崎新地の中国人と同じで、大部分の上海日本人居留民は、個人あるいは家族が海外で生活費を得るために奮闘した歴史を持っているのである。一般的に言えば、国際的大都市に住む近代上海人は、外国からの移民と国内各地からの移民によって構成されており、いわば「五方薈萃、華洋雑処」(至るところから集まり、中国人も外国人も混在している)の状態であった。この意味で言えば、日本人居留民もかつては「上海人」だった。上海で人口が最も多い外国籍の上海人として、日本人居留民は上海に消し去ることのできない生活の痕跡を留めているし、都市の発展の側面においても多元的文化の色どりを添えている。それゆえに、国際移民史を研究する角度から見ても、あるいは中日文化交流と上海都市発展史の原点に位置することからしても、彼らの歴史は時代の公文書の中に埋もれさせるままにしてはならないと考えた。

その時から、高綱博文教授や他の日本の友人の援助を得て、私は上海日本人居留民の歴史についての調査を開始した。東京の国会図書館では、一九三二年に日本海軍が作った上海地図を見つけたが、それには日本人住宅や彼らの活動場所、紡績企業等の詳細な資料が載っていて、考証に役立つ情報が盛り込まれていた。東京大学明治文庫内の井手三郎文庫からは、上海で一番早くに発行された日本語新聞『上海新報』を見つけたが、これは多くの日本の学者が上海に来て苦心惨澹の末ついに探し出せなかったものだった。また、東亜同文書院滬友会では、かなりお年を召した二人の書院卒業生にお会いした。彼らのまことに流暢な北京語とおっとりして上品な上海語を聞いてびっくりさせられたが、東亜同文書院が中国語を教える際の厳格なやり方は、もし彼らの直接の説明を聞かないとしたら、歴史書からではとても検証できるものではなかった。この他、私は建築家の平野勇造の子孫に会うことができたが、彼らはアメリカ留学をした平野のこれまであまり知られていない多くの資料を提供してくださり、そのおかげで上海領事館、内外綿紡績工場等を設計した著名な建築家の経歴をより詳しく知ることになった。

東京からほど近い千葉県には、「老上海」と称される甫喜山精治さんを何度もお訪ねした。東京や横浜でも私たちはよくお会いする機会をもった。甫喜山さんの父上は一九一一年に上海に来て、まず服部洋行で働き、のちに工部局の警察官になった。ご本人は一九二七年の生まれで、一歳から四歳、及び一三歳から一六歳まで上海ですごし、上海日本人学校で学び、戦後は長く上海日本学校同窓会の幹事を務めた。甫喜山さんは上海史の専門の学者ではないけれども、収集した資料の多さと史実の考証における厳密さは、日本の上海史研究会のメンバーから高く評価されている。二〇〇〇年に私と高綱教授ら日本の学者が『日本僑民在上海』と題する写真集を編集出版した際には、とくに甫喜山さんにお願いして顧問になっていただいた。私の研究を援助するため、甫喜山さんは私心なく、公開していない『日本中学校会報』や上海日本人学校の『名簿』、およびすでに黄ばんでいる昔の新聞資料、写真など多くの資料を提供してくださり、かつ関連する史実の考証を行う際にも何度も助けてくださった。たとえば、誰が上海北部日本人学校校舎の設計者であるかについては諸説紛々だったが、ついには彼が提供してくれた資料によって確認することができた。上海第十日本国民学校の校舎跡は、一般には上海西門婦孺医院の所在地、即ち今の方斜路四一九号であると記載されているが、さらに正確な場所は当該医院付属研究・教学部、即ち肇周路四一三号（もとは六二一号、今は婦人科医院研究所）ではないか、と甫喜山さんは疑問を出した。そこで私は肇周路四一三号に行って調べてみて、そこの建物には教室の廊下側に窓が付いているなどの当時の日本人学校に見られる特徴が残っていることに気付いた。甫喜山さんは私が撮った写真を見て、その通りだとおっしゃった。とりわけおもしろかったのは、甫喜山さんの上海北四川路の旧居がなんと私の知り合いの中国人ジャーナリストの現住居であることであった。甫喜山さんがたまたま上海の旧居のことを話題にして今の住人の名前を紹介したことから、私はやっとそうだということがわかったのである。まさに世間は狭いというべきである。

岡山は、上海に住んだ著名な人物が多く出た故郷である。二〇〇二年、私は岡山県の芳井町と旭日町の山あいの場所に、内山書店老板（主人）の内山完造と楽善堂店主の岸田吟香の出生地を訪ねて、日本の教育が山あいの農村に深く入り込むことによって、人々の資質を高め、将来に役立つ人材を知らず知らずのうちに育んでいたことを、感じることになった。日本の明治維新は、決して一日ではならなかったのであり、江戸時代から始められた庶民教育の成果の一つであったというべきである。岡山には、内山と岸田の墓所はない。が、彼らの記念館はあり銅像が建てられている。当地の教育長は私が上海から来たと知って、まことに気前よく多くの館蔵資料を提供してくださったが、その中には岸田が上海から家族あてに出した手紙のコピーなどが含まれていた。内山の故郷では、成福寺の住職・片岡良仁さんのご好意により、かつて内山書店で一番若かった店員の妹尾千代次さんに会うことができたが、彼は内山完造のことに触れるや、昔使っていた通りに上海語で「老板」と呼んだ。上海の日本人居留民は、日本語を話す際によく上海語を混じらせていたのである。

岡山県賀陽町大和山山頂に、巨大な石碑があり、その表には大きくて力強い「望郷」の二字が刻まれている。これは岡崎嘉平太氏がふるさとを懐かしんで残した文字であり、彼が帰国後、第二の故郷上海を思う心の声でもある。岡崎氏は上海で七年仕事をしたが、彼が内山を評して「完造さんは本当に中国が好きだった人です。中国人の中で生きていた日本人です」と言ったことが本人にもそのままあてはまる。岡崎氏の長男の彬さんは一〇歳の時に上海に来て、小学四年生であった時、岡崎氏は中国の名著『三国志演義』を彼に贈って読ませるとともに、一緒に曹植《そうち》の「豆を煮るに豆がらを燃やし、豆は釜の中で泣く。もとは根を同じくして生じるに、相煎《あいに》ること何ぞ太《はなは》だ急なる」(「七歩の詩」)を読んだ。岡崎氏は息子に、今の日本政府はまさに豆がらを燃やすようなことをしているが、これは間違いで、日中は兄弟の如くに仲良くしなければならないと語った。あるとき、彬さんが空気銃を弄んでいて、うっかりして中国人の子供を脅かして泣かせたことがあったが、岡崎氏はそのことを知ると、息子を連れて中国人が住んでいる住宅区に行き、家々を訪ねてついにその中国人の子供の家を訪ねあて、息子をひざまずかせて中国人の子にあやまらせた。戦後、岡崎氏は全日空の社長となり、一九六〇年代から、西側世界が中国に全面的に経済封鎖をおこなう状況下において中日友好事業と貿易活動に力を尽くし、かつ中日国交回復の実現のために功績を残した。岡山の「望郷」の石碑は、岡崎嘉平太氏の人柄と同様に、深く私の記憶の中に刻み込まれている。

この他、京都の竜谷大学図書館珍蔵の西本願寺と日本人居留民の写真、九州別府の大谷光瑞記念館にある日本人居留民のパスポートと遺墨、著書、蔵書、写真、長崎県立図書館所蔵の日本人居留民の未刊原稿や一八七〇年代の上海総領事が外務省宛てに出した書簡などは皆、私が調査する過程で入手した貴重な収穫である。また、京都白沙村荘の橋本関雪記念館と和歌山県新宮市の佐藤春夫記念館は、上海における日本の文化人の生活について、私に新たな認識をもたらしてくれた。

日本語版まえがき

本書はもともと中国の読者向けに書いたものである。虹口で日本人が住んでいた街区の現状や歴史を調査した時、私は、現地に住む多くの人が上海と日本の関係について、とりわけ日本人居留民が上海に住んでいた時の経緯について、ぼんやりとしかわかっていないことに気づいた。そして、誠に遺憾だと思ったのは、そこにおける日本人に関連する組織や機構についての記載に少なからず間違いがあり、さらには全く分かっていないことさえある点であった。上海出身の歴史研究者として、現地住民に対して、上海の日本人居留民社会が形成され発展し、ついには彼らが日本に送還されるという歴史過程を経たことを説明し、日本人居留民社会の内部構成や生活実態を分析し、経済、文化、社会のさまざまな側面における主だった状況を再現して知ってもらうことは、上海都市史研究にとって欠くべからざる作業であるとともに、近代中日関係史の重要な課題の一つでもある。同時にまた、いくつかの歴史的要因を評価するだけでなく、上海が近代化する過程で日本人居留民が果たした役割を客観的に評価することも必要である。

本書の出版は、中国の読者のみならず、日本の読者の関心をも引き起こした。たとえば、日本人を主体にした上海歴史散歩の会の会員の中には本書を日本で出版してほしいと望んでいる方が複数おり、以前上海に住んでいた人やその子孫が上海を訪ねた時にも同様の希望を表明されたことがあった。このたび、日本の大修館書店から本書の日本語版が出版されることは、私にとってこの上なくうれしいことであり、実現に力を貸して下さった全ての方に、この場を借りて心からの感謝を申し上げる。

現在、上海万国博覧会の開催に伴い、「国際都市」に関する議題がまたしても輿論の注目を集めている。上海は各地の人々が寄り集まって出来た移民都市であり、かつて東アジアで最も活力を具えた国際的大都市であった。

歴史的にも、近代の上海人は外国の移民と国内の移住者から構成されており、中国語で言うところの「五方薈萃、華洋雑処」であった。この意味では、日本人居留民も「上海人」であった。彼らは上海の外国籍人口中で最多の上海人であり、上海の都市発展に多元文化の色どりを添え、彼らの文化は、他の外国文化と同様に上海における重要な歴史遺産となった。たとえば、日本画家の安田老山が描いた蘇州河の木の橋は、人々が早期に蘇州河に架かっていた木の橋を理解する上での重要なビジュアル資料である。岸田吟香の提案で成立した玉蘭吟社は、彼の家の前に生えていた玉蘭（白木蓮）に因んだものであるが、玉蘭の花は今日、上海の市花となっている。「大自鳴鍾」は、かつて日本の内外綿会社が川邨利兵衛を記念して建てた時計塔であるが、のちには地名となって今でも語り伝えられているほどである。他にも、もとの日本総領事館、上海自然科学研究所、西本願寺上海別院など日本文化の特色を有する多くの建物が、上海の歴史遺産として保存されている。

上海の国際都市としての吸引力と中日間の地理的位置の近さなどから、日本の多くの民衆が家族を伴って上海の居留民となって上海で生計を立てた。上海は彼らの海外における事業の開拓地であり、生存を図った第二の故郷でもあって、彼らは上海の表通りや路地裏に拭いがたい生活の痕跡を留めているのである。最近『上海、わがふるさと』（一九九二年、NHK長崎放送局）を改めて見たが、上海を故郷として懐かしむ彼らの熱い想いにやはり感動させられた。かつて上海を第二の故郷とした日本人居留民は、上海を離れて長い歳月を経たとはいえ、依然として捨てることのできない「郷愁」を抱いている。彼らが懐かしく想うのは、黄浦江上を吹く風や河の流れだけではなく、そこで過ごした歳月の苦労や中国の民衆との交友である。しかし、彼らの思い描いた夢は日本の侵略政策によって破滅させられ、彼らは戦争の犠牲者となった。それは、時代の不幸であったし、彼らの人生の不幸でもあった。

中国の改革開放に伴い、現在一〇万に近い日本人が上海で生計を立てている。戦前の構成と違うのは、上海にある六〇〇〇余りの日本企業の駐在員の大部分が「会社派」であり、つまり会社の派遣で上海で仕事をしていて、自ら生計の道を図る「土着派」に属する人が極めて少ないことである。歴史は新たな一頁を開いたとはいえ、彼らの先輩たちがかつて上海で味わった苦労や曲折、成功の経験や失敗の教訓は、依然として日本人が今日上海で創業する際の重要な歴史教材となろう。

私のこの研究は、実に多くの日本の研究者の援助と指導を得ている。私の日本留学期間の恩師・石島紀之教授、栃木利夫教授、および、上海史研究会の元会長・故古厩忠夫教授、現会長の高綱博文教授、顧問の甫喜山精治氏、日本大学・小浜正子教授、神奈川大学付属高校・菊池敏夫先生、神奈川大学・大里浩秋教授、漢陽大学・冨井正憲教授、龍谷大学・小島勝教授、『良友画報』研究会責任者・孫安石教授、日中新世紀協会会長・岡崎彬氏、大阪美術書院・北山司氏、中国塗料株式会社・加藤斗規氏、大谷光瑞記念館副館長・掬月誓成氏、および山口勝治氏、福本真憲氏、上田行雄氏、泉彪之助氏、波多野真矢さん（著名な漢学者・波多野乾一先生のお孫さん）、手塚敏雄氏、郡高秀氏などなど。私の妻・袁雅瓊は、早稲田大学留学期間に一心に多くの資料を収集してくれ、それらがこの研究の貴重な参考文献となった。

日本語版の出版に際して、共同通信社高知支局長の石山俊彦氏の援助を得、彼の熱心な仲介によって大修館書店と連絡をとることができた。大里浩秋教授を中心とする翻訳グループは、歴史研究者としての高い能力と達意の文章で本書を翻訳し、かつ中国語版のいくつかの誤りを正して下さった。

大修館書店編集部の富永七瀬さんは日本語版のために懸命に仕事をして下さった。彼女の高いレベルの中国語と真面目で行き届いた仕事ぶりは、私に忘れ難い印象を留めている。

上にお名前を記した皆さんに、再度衷心からの謝意をお伝えしたい。

二〇一〇年五月一〇日

陳祖恩

上海に生きた日本人——幕末から敗戦まで……［目次］

翻訳分担

芦沢知絵……………一一章
石川照子……………三章、六章
呉孟晋　……………九章、一二章
孫安石　……………二章、一六章、一七章
中村みどり…………一〇章、一四章、一五章
村井寛志……………七章、一三章
森平崇文……………一章、四章、五章、八章

注記

*本文中、（　）は原注、〔　〕は訳注を指す。
*引用文中の旧字、旧かなづかいは、一部を除き、新字・新かなづかいに改めた。

上海に生きた日本人

幕末から敗戦まで

第一章

一八六二年——尋常ならざる来訪者たち

中国では日本人を古くは「倭人《わじん》」と称した。『漢書《かんじょ》・地理志《ちりし》』には「楽浪《らくろう》の海上に倭人が住んでおり、百余りの国に分かれ、定期的に朝貢に現われる」、また四世紀の『後漢書《ごかんじょ》』にも「東夷倭奴国王《とういわなこくおう》、使者を遣わして奉献す」とある。

上海は日本に最も近い中国の港であり、早くは三国時代の西暦三一〇年に日本人の姿が江南一帯に現れた。名を阿知使主《あちのおみ》と都賀使主《つかのおみ》という親子で、織子を探し求めてわざわざ孫権《そんけん》の呉《ご》国まで訪れている。その後も次々と訪れる日本の使者によって多くの江南の織子たちが故郷を離れて日本へ渡った。彼女たちは日本に中国文化の種子を蒔くとともに、「七夕に銀河を渡り、カササギの橋で手を取り合い、見つめ合ったことをまだ覚えておいででしょうか。今は夜ごと涙で枕を濡らし、日々機織りをしています」といった恨み言も残している。南宋の時代には華亭県〈現在の上海市に属す〉に流れ着いた日本人もいたが人数は少なく、多くて十数人であった。

以上が江南に現われた日本人の最も古い記録である。ただあまりに遠い昔のことであるためか、人々から忘れ去られてしまった。上海の最も古い日本人に関する記憶は、それから千年以上後の「倭寇《わこう》」による襲撃

1870年代の上海外灘《ワイタン》

事件である。一四世紀から一六世紀中頃にかけ、上海はたびたび倭寇の襲撃に遭った。まず崇明島《すうめいとう》（一三七〇年）に、続いて長江河口の宝山《ほうざん》（一五五二年）に上陸し、沿海の村々（上海県、一四一五年）から府の中心地である松江《しょうこう》（一五五三年）まで、ことごとくその被害は及んだ。防衛のために城壁を築いたところとして、南滙嘴《なんわいし》千戸所（一三八六年、現在の南滙）、上海県城（一五五三年）奉賢県柘林堡（一五五七年）等があり、その間、嘉定県城は城壁を高くし、見晴り台を設け、矢除けの壁を造った。また呉淞《ごしょう》所城は土城から煉瓦造りへと改築された。一五五〇年代、上海一帯では倭寇の襲撃に対する反撃が十年近く行われたが、その間倭寇は三度、南滙嘴千戸所を破り（一五五一―五三年）、二度、嘉定県城に侵入し（一五五三―五四年）、三度、呉淞所城を襲撃した（一五五四年）。襲撃の規模が最大だったのは一四一八年の七千人による金山衛城襲撃であった。その後倭寇は、一五五六年から五九年にかけて次第に上海一帯から退いていき、あとには平倭墓碑（松江府城東門外）、倭井（上海県諸翟《しょてき》）、倭子墳（浦東での俗称。倭子墩《とん》ともいう）等が残された。

一六世紀以後、日本が鎖国すると、本当の倭寇は一〇のうち三つ、といわれるように、「倭寇」を名乗る中国の海賊が多くなった。これ以降長きに渡り、日中の鎖国政策によって両国の関係は疎遠となり、貿易のために長崎へ行った少数の中国商人を除いて、一般の上海人が直接日本人を目にすることはほとんどなくなった。民間に流布した「倭子」「矮子」の俗称や、「日本の柄ものの布で豊かな胸をおおい、シャムの藤で作った煙管で煙を吐く」といった民謡からは、明清時代の上海人が日本人に対して持っていた、敵意や軽視、疎遠感や好奇心といった多面的なイメージを見て取ることができる。

千歳丸《せんざいまる》——日本「出《で》貿易」の処女航海

上海が開港して二〇年近くたった一八六〇年代初め、久方ぶりに日本人がまた上海の黄浦江《こうほこう》に姿を現して、上海人たちを驚かせることになる。時代も変わり、地理の知識も改まって、日本人の呼び名も「倭人」から「東洋人」に代わった。

一七世紀中頃から一九世紀中頃までの日中の貿易は、主として上海、浙江《せっこう》と長崎との間で行われていた。日本の商船は出港を禁じられていたため、中国の商船と江蘇、浙江、福建の商人たちだけが日中間を行き来した。この間の日中関係は、日本人が中国にやってきて文化を学び、物産を持ち帰るというこれまでの交流スタイルとは大きく異なり、中国の文化と物産を中国人が日本に持ち込むという、特殊な状況にあった。日本の鎖国時代における、中国船が到着するのを待ってはじめて、その来日の様子や日本国内の経済状況に基づきそれに見合った実施策を定めるという受動的な貿易は、歴史上「居《い》貿易」と称された。一八四三年の上海開港以後、上海を貿易の拠点とする西洋の商人たちは日本の鎖国政策の間隙をつき、盛んに長崎と上海間を行き来して驚くべき利益を上げ、中には投資した資本の七〇倍もの利潤を得るものまで現れた。

一八五三（嘉永六）年、黒船の来航によって日本が開国した。一八五九（安政六）年、長崎は日本最初の貿易港の一つとして、日本の近代化の前線に躍り出ることになる。一部の幕府の役人は伝統的な「居貿易」から積極的に海外進出する「出貿易」へと転換する方策を提唱するようになる。一八六二（文久二）年「千歳丸」が長崎から初めて上海に出航したのは、幕府が「出貿易」政策を実施した初めての試みであった。

三五八トンの千歳丸は、一八六二年四月長崎停泊中に三万四千ドルでイギリスから幕府が購入した三本マストの帆船で、「千年使用できる船」との意味で名付けられた。しかし、長らく鎖国していた日本にはイギリスから購入したばかりの洋船を操縦できるものはおらず、やむなくイギリス人船長を雇うこととなった。さらに、当時日中間には貿易に関する協定が何もなかったため、日中のいずれとも通商関係を有するオランダに仲介を依頼する他なく、この機に乗じた長崎のオランダ商人も荷主の名目で千歳丸に同乗することとなった。幕府官船の処女航海に、日・英・蘭の三国の国旗が掲揚されることとなったのはこうしたいきさつからであった。

千歳丸の上海航海を請け負った長崎会所《かいしょ》（長崎貿易の事務お

蘇州河にかかる木橋（1880年代）

よび会計を預かる機関）は航海に必要な三万ドルの資金を支払い、そのうち二万七千ドルが中国貨幣に両替され、上海での商取引に用いられた。千歳丸には幕府の役人や長崎商人の他に、西南雄藩を中心とした各藩が随行員の名目で派遣した若い藩士たちも乗船していた。これら有力藩は、開国後積極的に西洋の軍事技術と生産技術を取り入れ、若手を登用して、幕府への発言権拡大に努めていたので、このたびの上海行きに際しても随行する藩士たちに商務と調査のための費用を十分に与えていた。千歳丸に同乗した者たちの身分はそれぞれ異なっていたが、いずれも日本の開国という重責を背負っており、彼らは「出貿易」政策を試みると同時に、上海で西洋文明と国際貿易の慣行を学び、中国との貿易ルートを開くことを願った。

日本の武士たちは大陸雄飛を夢み、日本政府もまた彼らが海外のあちこちに出向くことを奨励した。こうして、その後半世紀の長きにわたって不遇の武士たちが大陸浪人として頻繁に中国へ渡って活動することになったのである。

日章旗《にっしょうき》――ふしぎな物語のはじまり

一八六二年六月三日午後四時、千歳丸は外灘《ワイタン》（バンド）の天文台埠頭に到着した。「黄浦灘」とも称される外灘は、一般に蘇州《そしゅう》河《がわ》と黄浦江が交わる外白渡橋《がいはくときょう》（ガーデンブリッジ）から新開河にいたる黄浦江沿岸地域一帯を指し、近代上海の商港としての正面玄関であった。一八四三年の上海開港から五三年までの間に、イギリス人は黄浦江西岸の恵まれた立地を利用して一〇あまりの艀船《はしけぶね》の埠頭を建設した。その後ろには川沿いのあぜ道があったが、そのあぜ道の脇に商社が使う二階建ての建物を建築していった。長州藩士の高杉晋作《たかすぎしんさく》は船上で黄浦江とバンドの景観を目の当たりにして、かなり誇張して以下のように記している。

「此は支那第一の繁津港なり。欧羅波《ヨーロッパ》諸邦の商船、軍艦数千艘碇泊《ていはく》す。檣花林森《しょうかりんせん》として津口を埋めんと欲す。陸上は則ち諸邦の商館紛壁千尺殆《ほとん》ど城閣の如し。その広大厳烈なること筆紙を以て尽すべからざるなり」（高杉晋作「遊清五録」『日本近代思想体系1　開国』所収、岩波書店、一九九一年）。

浜松藩士の名倉《なくら》予《い》何人《なた》は上海到着後の日記（「海外日録」）の中で、中国随一の繁華港である上海に対して心の底からわきおこる感慨を、おおよそ以下のように記している。「呉淞から上海まで約一五、六マイル、港内には大小様々な商船や軍艦があり、マストの数は何千万あるかわからない。なかでもイギリス船が最も多いが、中国船の多さも言を俟《ま》たない。右岸に西洋諸国の商船がびっしりと並んでいる様子はまことに壮観で、上海が中国の港の中で最も繁昌していることは伝え聞く以上である。船中には一昨年アメリカに赴いたものが二名いるが、彼らに言わせると上海の繁栄ぶりはワシントン、ニューヨークにも勝るそうである」。

武士たちがバンドの賑わいに感嘆していたまさにその時、さまざまな西洋の旗を見慣れた上海人たちは、千歳丸の船上に翻る、白地の中央に太陽を象徴する赤い円が描かれた旗に引きつけられていた。このように人目を引く紅白の旗は普通の上海人だけでなく、黄浦江で海事に携わっているものもまだ目にしたことはなかった。上海人はその形からその旗を「太陽旗」と呼んだ。日本の侵略時代にはさらに軽蔑の意を込めて「膏薬旗」と称したが、当時はこの旗が正式に日本の国旗となるとはもとより思いも寄らぬことであった。

高杉晋作

同じく、青い眼と高い鼻の西洋人を見慣れてい

1880年代の上海港

た上海人は、日本人特有の髷《まげ》や服飾品、佩刀姿などにも関心を示した。珍しもの好きな上海人はのぞきからくりを見るかのように日本人を取り囲んで、彼らを困惑させた。

「市井の人〔我〕等を見んが為めに数百の人、門に潜りより、竊《ひそか》に群《むらが》り来て我前後を取囲み、官人制するも恐るる色なく、帰る時、道台《どうだい》〔省の下に置かれた行政単位「道」の責任者〕送り来るに道を避けず。其形勢、実に法なきが如し」（峰潔《きよし》（源蔵）『清国上海見聞録』、小島晋治監修『幕末明治中国見聞録集成』第一一巻所収、ゆまに書房、一九九七年）。

千歳丸が上海に到着すると、長崎商人や地位の低い者は船中に宿泊し、一方、幕府の役人たちはオランダ領事館近くにある宏紀洋行（別名・保禄洋行）に投宿した。ここの経営者は張叔秀という中国人であった。それと同時に、「一一〇元の小船を二艘借りてそこに日章旗を立てた」とある。三日目の六月五日、上海道台の呉煦《ごく》は幕府役人に対して外交官待遇を以て遇した。その日、オランダ在上海代理副領事のクロスが同乗したかごが上海道署に到着すると、盛大な接待を受けた。随行員の峰潔はおおよそ以下のように記している。「我々が門の外に到着すると礼砲が三発鳴り、チャルメラの演奏が続いて歓迎の意を表した。大門が開かれ我々が中に入りかごから降りると、また直ちに閉められた。上海道台は二の門で我々を出迎え、儀礼が済むとすでに開かれた三の門へ入り客間にて対談となった。それから少し経つと、席を移して宴が張られた。我々が帰る際、道台自らが三の門の外まで見送ってくれた」

19 世紀中頃の上海城

（峰潔、前掲書）。

この席上、幕府の役人は呉煦に対し「これまでオランダとのみ交易してきましたが、英仏等諸国が武力を盾に条約締結を迫り、利権が西洋諸国にことごとくとられ、それを制する力はなく、拒むことができません。そこで我が官民は相談の結果、自ら販売に携わり分担して各国に赴いて交易すれば、西洋商人たちの勢いを少しは削ぐことができるかもしれないと考えました。この度上海に参り、西洋における条約関係のない小国間のやり方に倣い、条約を結ぶことを求めず、ただ上海一所で交易を行うとともに、領事館を設置して納税手続きなどを行うことだけを御認め頂きたい」と要求した。

幕府側の提示した通商要求を清朝政府は非常に重視し、六月二〇日、呉煦自らがオランダ領事館のある黙耶洋行に出向いて幕府の役人を答礼訪問した。六月二五日付けの中国語紙『上海新報』には、「先頃の東洋人の来訪は通商貿易を望むためであり、すでに道台との謁見及び答礼の訪問も済んでいる。ただ本国と条約がないため、彼《か》の国がここで交易をするにしても現段階では貨物をオランダの商品として売買することとなり、今後条約を結ぶ必要があり、そうしてこそ筋が通っている。東洋人がこちらで交易をすることはいい事であろう」という記事があり、そこでは「東洋人」の呼称が登場し、日本人が上海で交易をすることはいい事だとしている。幕府は中国側のこのような反応から、中国との交易は希望があると見て取ったと思われる。

千歳丸に随行した三名の長崎商人、永井屋喜代助、松田屋伴吉、鉄屋利助は直接上海で貿易に携わった経験がなかったため、中国商人が長崎から購入した商品のリストに基づいて上海へ持ち込む商品を決めるしかなかった。また、日中両国間に貿易に関する条約が締結されていないため、日本側は商談においてオランダの助けを借りざるを得なかった。オランダ在上海領事館は長崎商人の上海における貿易活動の代行業務を請け負い、日本商品の価格総額から二・五パーセントの手数料を得た。二か月間の紆余曲折を経て、長崎商人は日本から持ち込んだ商品をすべて売り払い、中国の商品を買い付けて日本に持ち帰ることとなった。しかし、持ち込んだ商品の上海での相場が安かったこと、税金の支払いに差別があること等の原因で、一定の損失は免れなかった。たとえば、銀一六貫で仕入れた一二〇斤の白生糸の上海における売値は、仕入れ価格の四分の一にしかならなかったし、長崎商人が日本へ持ち帰るために仕入れた商品総額は、彼らが持ち込んだ商品価格の一〇分の一にも及ばなかった。

長崎商人たちが上海で忙しく働いていたとき、若い武士たちもまた休まずに西洋商館を見学したり、中国人経営の商店を見て回って各商品の価格を記録した。同時に洋銀（メキシコ銀）や中国銅銭と日本銭との為替比率を調べ、手分けして英仏米蘭各国の商社と交渉して長州や薩摩藩のために西洋の蒸気船を購入しようと試みた。薩摩藩から参加した五代友厚《ごだいともあつ》は、上海での現地視察に基づき帰国後「天下の形勢は開国にあり」というよく知られた文章を発表して、後に大阪近代化の先駆者となっている。

幕府の官船として千歳丸が上海を訪れたのは単なる観光目的ではなかった。日章旗と日本人が上海に現れた際、あるイギリス人記者は鋭くも以下のような事実に気づいていた。すなわち、一、専制政治と鎖国政策で知られた日本が英国製の船に日章旗を掲げて上海へ交易活動にやってきたことは、日本の排外政策に変化が生じたことの表われであり、二、これまで排外で知られた武士たちが海外で交易を行おうとすることはまさに黄浦江におけるふしぎな出来事である、という事実であった。

七月三一日、千歳丸は上海を離れ長崎に向かった。さまざまな原因で当時は中国とすぐに貿易協定を結ぶには至らなかったが、近代における日中通商の道は、これによりその端緒が開かれたのである。

中国・西洋両世界をのぞく――明治維新前夜の上海体験

千歳丸が鎖国の悪夢から覚めたばかりの日本人を乗せて上海に現れた際、彼らがアジアのヨーロッパと呼んだ上海は開港から二〇数年が経過していた。イギリス人を主体とする統治体制下の租界《そかい》は急速に近代都市のモデル地区として発展していったのに対し、長い歴史を有する隣り合わせの中国人居住地は、依然として古い時代のままの遅れた状態にあった。西洋文明によってつくられた都市の繁栄や、激しい勢いで迫る列強の強権政治と、主権を喪失し政治の衰退が進む中国の実状とを見れば、黄浦江の美しさの陰には大きな民族的危機が潜んでいることは明らかだった。明治維新前夜、上海において日本の武士たちは、日本が改革を成し遂げなければ、今日の中国の衰退はまさに明日の日本の運命となることを、はっきりと悟ったのである。

刀は武士の魂であり力と勇敢さの象徴であって、刀への侮辱はその持ち主への侮辱であった。しかし、れっきとした上海道台の佩刀について武士たちは信じがたい光景を目にした。呉煦がオランダ領事館に千歳丸代表を答礼訪問した際、大門で刀を侍従に預けた。門外で待つ侍従はなんと武士や野次馬たちの面前で道台の刀を抜き「これはなまくらだ」と大笑いしながら言ったのである。この行為は主人への不敬のみならず、清朝の統治が見かけ倒しであることをまざまざと示すものだと武士たちは感じ取った。

武士たちには、上海道台の刀がなまくらであるのが印象に残っただけでなく、清兵の不潔で粗末な身なり、素足がむき出しで衰弱して無気力なありさまが物乞いのように映った。峰潔は見聞録で以下のように記して

佐賀藩士　中牟田倉之助

いる。

「豹の一班《ママ》を見て其の全体を見ざれば固《もと》より其美を知ること能わず。然れども名医は一手の脈を察して心腹の病を知る。抑《そもそも》清国の病は特に腹心にあるのみならず、面目にあらわれ、四躰《たい》にあふれ、一指一膚も痛まざる所なきなり。去れば上海の一所を以て十八省に推せば其大概を知るべし。当今上海の勢を見るに内には長毛賊に迫まられ外は洋人に制せられ、只城内に噞喁《げんぐう》するのみにて手足を動かすこと能《あた》わず」。

また、峰はこうも書いている。

「県城の前には数千の商船集りあれば至て盛なる様に見ゆれ共、其運上税銀すら自ら取ること能わす尽く仏郎西と英吉利須との両国にて収入することなり。且又城門を守るに官兵足らずして英仏の両国之城門を預け守らしむ。夕陽に至れば城門公事の外、出入を許さず。夜五鼓を過て通る者は是非を問ず縛して役所に送り、明朝糾明の上、子細なければ科銀三枚を出して之を許す。故に夜中は寂《せき》として人の往来なし」（峰潔、前掲書）。

七月四日の黄昏時、佐賀藩士の中牟田《なかむた》倉之助《くらのすけ》が小東門から上海城内の宿舎へ戻ろうとすると、すでに城門は閉められており、新北門へ回ったがそこも閉まっていた。そこで中牟田は、日本人は上海に初めてやって来て規則に慣れていないことを口実に、城門を守るフランス兵と再三かけ合い、やっと城内に入れてもらうことができた。しかし彼はフランス兵が西洋人には門を開くが、中国人にはどんな場合も通行を認めない光景を目にしていた。中国の城門が西洋人によって管理されて地元の中国人の通行が認められないのである。こうした体験を経た武士たちは、繁栄する上海の背後に潜む中国衰亡の危機を感じ取った。

千歳丸が上海へ処女航行した一八六二年は、上海にとって多難の年であった。太平天国《たいへいてんごく》の戦火以外にも、コレラが流行し、銃弾の雨を逃れた多くの無辜の命も、疫病の襲撃は免れ得なかった。千歳丸に乗船した日本人も上海到着後、水や気候になじまず、半数が下痢に悩まされ土気色となった。医師の診断で彼らはコレラに感染していると判明した。六月一〇日から一一日にかけ、生薬商人・渡辺興八郎の下男、伝次郎（二四歳）と調理人・兵吉（三二歳）が、七月一〇日にオランダ語通訳・岩瀬弥四郎の弟・碩太郎が、コレラによって相次いで命を失った。このような状況下において高杉晋作はいかんともしがたい調子で、「同行の者病客 甚《はなは》だ多し。諸子《しょし》イ縮し、或は帰思を促す者あり」（高杉晋作、前掲書）と日記に記している。

コレラは疫病であり、その蔓延の主たる原因は上海における不衛生な飲料水と環境にあった。高杉晋作は『上海淹留日録』で、「官船の碇泊する所は、申口（上海港中の小名なり）と謂う。川幅の両岸相隔てること纔に十余町、川濁水を流す。英人云わく、数千の碇泊船及び支那人皆此の濁水を飲むと。予おもえらく、我邦の人始めて此の地に来りて未だ地気なれず、しかのみならず、朝夕此の濁水を飲む、必ず多く人を傷つくべし」（高杉新作、前掲書）と指摘している。

千歳丸は上海への処女航海において生命の対価を払って上海に流行する疫病を体験することとなった。彼らは爛泥渡（現在の爛泥渡路）に、卒塔婆のある日本式の墓を三基建てたが、ここには近代上海で最も早くに疫病で亡くなった日本人が埋葬されている。

第二章
長崎商人——上海に来た日本人の先駆者

長崎は三方を海に囲まれた大きな港町で、古くは深江浦《ふかえうら》、または瓊浦《たまのうら》と呼ばれた。市街地は山守《やまもり》、出島《でじま》、浦上《うらかみ》、新地《しんち》の四つの地区で構成されている。すりばち状の長崎の街は丘と段差の多い山沿いに住居が密集していて、まことに壮観である。

長崎は鎖国時代の日本において唯一の対外的に開放された港であり、オランダと中国の文化は長崎に大きな影響を与えた。戦前の一九三八（昭和一三）年にヒットした歌謡曲「長崎物語」（梅木三郎作詞、佐々木俊一作曲）は異国情緒あふれる長崎を次のように歌っている。

一　赤い花なら　曼珠沙華《まんじゅしゃげ》
阿蘭陀《おらんだ》屋敷に　雨が降る
濡れて泣いてる　じゃがたらお春
未練な出船の　ああ鐘が鳴る
ララ鐘が鳴る

（中略）

三　坂の長崎　瓷路《いしだたみ》
　南京煙火に　日が暮れて
　そぞろ恋しい　出島の沖に
　母の精霊が　ああ流れ行く
　　　ララ流れ行く

（後略）

日本の開国から六年経った一八五九年、長崎は近代日本最初の開港場の一つとなった。その九年後に明治維新を迎え、さらに三年を経た一八七一（明治四）年九月一三日に、清国全権大臣の李鴻章《りこうしょう》と日本の大蔵卿・伊達宗城《だてむねなり》が天津において「日清修好条規」一八条と「日清通商章程」三三条に調印した。これは日本と中国が締結した最初の対等条約であり、日本が外国と結んだ最初の対等条約でもあった。

「日清修好条規」は両国の民間旅行や、貿易に便宜を提供するものであり、その主な内容は、第一に日本と中国がお互いの領土を侵犯せず、永久に友好関係を保つこと、第二に他国が日本と中国のいずれかを侵略することがある

明治時代の長崎市内

時には互いが支援すること、第三に互いが内政に干渉しないこと、第四に互いに外交使節を派遣すること、第五に両国は開港場において貿易を行い、各開港場にそれぞれ領事官を派遣し、互いの領事裁判権を認めること、第六に両国の国民は開港場で互いに友好関係を深め、武器の携帯を禁じる、というものであった。

一八六二年に千歳丸が長崎から上海に到着して以来、上海は日中両国の人々が交流する最初の場となった。明治維新が起こったことと日清修好条規が締結されたことで、海外で一旗あげようとする積極性に富んだ長崎人を先駆けに、日本人が上海へ渡航して事業を興すチャンスがさらに増えた。当時上海にやってきたほとんどの日本人は、まず虹口《ホンキュウ》に落ち着いた。地価や部屋代が蘇州河南岸の租界に比べて安いほか、虹口に住む広東や浙江などの地方商人は、日本の商人と同じく一旗揚げるために上海を目指した新移民であり、お互いに排斥しあうことが少なかったことも、日本人を虹口に引きつけた重要な要素であった。明治の初期に香港で商いをした日本人は団結した地元の商人から徹底的に排斥され、足場を固めることもできないまま撤退を余儀なくされるという苦い経験を味わっていたのである。新入りの人々が互いを排斥しない虹口は、日本人街に発展するための絶好の条件を備えていたといえよう。

一衣帯水——上海航路の開拓

一八五九（安政六）年に、イギリスのP&O汽船会社が長崎と上海を結ぶ航路を開設したが、これは日本最初の海外定期航路であった。一八六五年、同社は横浜・上海間の定期航路を開設し、一八六七（慶応三）年八月には、アメリカの太平洋郵船会社（Pacific Mail S.S.Co.）も横浜・上海間の定期航路を開設した。このように、日本と海外を結ぶ初期の定期航路は外国の船舶会社によって結ばれたものであった。明治の初期に上海に渡った日本人の多くは、これらイギリスやアメリカの船舶に乗船し、横浜、神戸、長崎から上海に入ったのである。

一八六八年三月一四日、明治政府は維新改革の詔令を公布し、翌年の一〇月、民間企業による外国船の購入を奨励することを明らかにした。一八七〇年初めにはまた、西洋型の船舶を所有する者を積極的に保護することを表明し、海運業を発展させる決意を示した。同年一〇月、土佐藩出身の岩崎弥太郎《いわさきやたろう》（一八三四〈天保五〉―一八八五〈明治一八〉年）が九十九《つくも》商会を創立し、国内貿易を行うとともに、東京・大阪・高知間の定期航路を開設した。同商会は一八七五（明治八）年には郵便汽船三菱会社（略称・三菱汽船会社）に改称した。

一八七五年一月一八日、内務省は三菱汽船会社に横浜・上海間の定期航路を開設して太平洋郵船会社に対抗するよう命じるとともに、外国の業者と競合する日本国内の海運業を保護する政策を打ち出した。二月三日、三菱汽船会社は政府の資金援助を受けて、東京丸、新潟丸、高砂《たかさご》丸、金川丸の四隻を上海・横浜航路に投入し、横浜・上海間に週一回の定期航路を開設した。これが日本人自らの手による最初の海外定期航路である。清末の知識人で上海の租界と中国人の生活について多くの記録を残した葛元煦《かつげんく》は、『滬《こ》遊《ゆう》雑記』（一八七六年）の中で、「長崎、神戸、横浜行きの船は毎週水曜日の早朝に上海を出発する。三菱洋行の船は虹口埠頭から出発し、費用は長崎・洋銀六元、神戸・洋銀一〇元、横浜・洋銀一五元であった」と記している。

太平洋郵船会社との競争をさらに有利に運ぶため、三菱汽船会社は明治政府の資金援助を背景に低価格競争で、横浜・長崎間の一等船室の値段を三〇円から八円まで七割近く引き下げたことから、一八七五年一〇月、太平洋郵船会社は上海航路の権利と保有する船舶と埠頭の設備を七八万ドルで三菱汽船会社に譲渡せざるを得なくなった。翌年三月、Ｐ＆Ｏ社が香港―上海―横浜間の航路を開設したが、三菱汽船会社は同様の価格競争を展開し、わずか半年後にはＰ＆Ｏ社は上海航路から無条件の撤退を余儀なくされ、この後、三菱

日本郵船会社上海支店（写真右より３つのビル全て日本郵船会社のビル）

汽船は日本・上海間の海運を独占することとなった。

一八八一（明治一四）、二年は三菱汽船会社の全盛期に当たり、同社は五六隻の船舶を保有し、営業利益は一〇〇〇万円に達した。しかし三菱汽船会社は、海運事業を発展させると同時に運賃などの面で独占的なやり方を採ったため、国内の同業者の強い不満を招いた。一八八三年五月、東京風帆船会社、北海道運輸会社、越中風帆船会社の海運三社が合併して「共同運輸会社」を設立し、神戸・横浜間の定期航路に参入して三菱汽船会社の独占的地位を打破しようとした。しかし、両者間の過当な値引き競争は設立間もない日本国内の海運業の発展を阻害し、両者が共倒れする恐れがあるので、その防止とともに日本海運業の対外的な競争力をさらに強化するために、一八八五（明治一八）年九月、明治政府の斡旋で三菱と共同運輸会社は合併して、「日本郵船会社」を設立し、一〇月には上海に営業所を設置した。

日本郵船会社は日本最大の海運会社である。当時、上海航路は横浜から神戸、下関、長崎の三か所に停泊するルートを取っており、横浜では太平洋航路の外国船に接続した。一八八九（明治二二）年一月の長崎・

上海間の運賃は、一等船室が片道二〇円、往復三〇円で、二等船室が一二円五〇銭、三等船室が五円となっており、長崎・横浜間の運賃に比べ三割程度安かった。

日本郵船会社は一八九三（明治二六）年からは明治政府の支援をえて、上海航路のほかに遠洋定期航路も開拓し、ボンベイ、ヨーロッパ、北米およびオーストラリア航路などを次々と開設し、世界の海運企業へと発展した。日清戦争中には日本郵船会社が保有する六六隻、容積にして計一五・二万トンの船舶が政府に徴用されたが、その中には上海航路に使われていた客船も含まれていた。上海航路には外国船舶が導入され、戦争中も中断することなく維持されたが、代わりに使った外国船の設備のランクが明らかに劣っていたため、週一回の定期運行を月一、二回に削減した。

上海の滙山埠頭に接岸する「上海丸」

一九〇五（明治三八）年の日露戦争の後、日中貿易の拡大に伴い、日本郵船会社は上海航路に新たな船舶を投入し、就航ダイヤも大幅に改善した。しかし、海路では東京から上海までは依然として一週間以上の時間がかかり、神戸から上海までも五、六日は必要であった。運航時間の長さは日中間の人と物資の往来に影響を与える大問題であった。

島国である日本は海運業の発展に特に力を注いだが、他方、同じく島国であるイギリスが発明した最新の陸上交通手段である鉄道に関心を持ち、一八七二（明治五）年、イギリスの資金と技術を導入し東京・新橋と横浜を結ぶ鉄道を開設した。当時の日本人は鉄道を「陸蒸気《おかじょうき》」と呼んだ。そのわずか一七年後の一八八九年には、東京と

（上）「長崎丸」夕食のメニュー（1925年7月20日）
（下）海上ですれ違う「長崎丸」と「上海丸」

神戸を結ぶ東海道線を完成させた。鉄道の急速な発展は、海運業の発展にも新たなチャンスをもたらした。

一九一〇（明治四三）年、長崎商業会議所が提出した「長崎・上海間連絡船開始に関する建議書」は、長崎―上海を結ぶ「特急」の連絡航路を開設し、東京・横浜から長崎に至る特急列車と連結することで、東京から上海までの運行時間を大幅に短縮することを提案するものであった。東京と上海を結ぶ航路の中継港として長崎は最大の利益を得ていることから、長崎市はこの提案をきわめて重視した。一九二〇（大正九）年一月には長崎市市長・高崎行一、市議会議長・重藤鶴太郎、長崎商業会所副所長・澤山精八郎、長崎貿易組合長・松本藤三、九州汽船会社社長・松本梅太郎、『長崎日日新聞』主筆の森肇《もりはじめ》、『長崎新聞』主事の中川観秀、長崎市書記・緑語徳三らがわざわざ上海に赴いて調査し、長崎を日中間の連絡航路の中継地にすることに同意した。同年の一一月には明治政府は日中連絡航路計画を許可し、毎年二二万五〇〇〇円の特別補助金を支給することを決定した。日本郵船会社はこの計画の実施にあたって、イギリスに高速船二艘の建造を発注した。長崎丸（五二七二トン）は一九二二（大正一一）年一〇月、上海丸（五二五九トン）は一九二三（大正一二）年一月に完成した。長崎丸の最高速度は二〇・八七ノット、上海丸が二〇・一七ノットで、当時の最新式の高速豪華船であり、収容人数は一等客室一五五名、三等客室二三一名であった。なお、一九四〇（昭和一五）年三月、三菱長崎造船所が造った「神戸丸」（七九三八トン）は最高時速二一・六ノット、客船と貨物船を兼ねた新型汽船であった。長崎・上海間に新たに参入した神戸丸は、航路の輸送力を大いにアップした。

一九二三年二月一一日午前九時、長崎丸は汽笛を鳴らしながら長崎から上海に向けて出発し、日中の連絡航路が正式に開通した。長崎から上海までの距離は四六〇海里で、運行時間は二五―二七時間、わずか一昼夜であった。例えば、午前九時に長崎を出発すれば、翌朝の午前一〇時には上海に到着し、午前六時に上海を発てば、翌日の午前九時には長崎に戻ることができた。このことから日中連絡航路の開通は、「日中交通の新紀元」といわれた。一九八九（昭和六四）年二月一〇日、『長崎新聞』は上海航路開通の歴史的意義をふり返って次のように述べた。

上海航路にて

「この航路はわが国と大陸とを最短距離で結び、国内鉄道網の整備・発達と相まって輸送力を大きく

虹口の埠頭に日本の客船が着いた時のにぎわい

増強。そして、西の果てで地理的にも経済的にもほとんど行き詰まりの状態にあった長崎は、日中交通の重要な拠点となり、人々は将来への展望を見いだそうと、日華連絡船と上海、そして中国大陸に熱いまなざしを注いだのである。」

日中連絡航路の開通後、長崎を始め九州地区の日本人が地の利を生かして次々と団体を組んで上海を参観訪問した。一九二三年五月の一か月をとっただけで、長崎日日新聞社主催の上海視察団三〇名、熊本商業学校見学団四〇名、日本全国料理飲食同業会二〇〇余名、長崎県立島原中学校の学生と保護者六八名、長崎県立大村中学の教員と学生五四名、日本光寿会主催の仏教観光団一〇余名、県内各地の小学校校長が参加した長崎中国教育視察団二三名などが上海に渡航した。また同年八月一三日には、実業家を中心にした東京視察団も初めてこの連絡航路を利用して上海を訪問している。

一九二六（大正一五）年に出版された『上海年鑑』の記載によれば、長崎・上海の運賃の最高額は特別一等船室（一人用）が二〇〇円、特別一等船室（二人用）が一五〇円、普通船室が六五円で、往復のチケットを購入した時には割引が適用された。また、一等船室の乗客は豪華な洋食が無料で提供されたが、三等船室の乗客が無料で提供されるのはふつうの弁当であった。

上海航路が開通してから家族を伴う数万の日本人が、のちに自ら「第二の故郷」と呼ぶ上海に渡った。彼らにとっての最初の上海の印象は、広い黄浦江と虹口の匯山埠頭《わいざん》、それに黒煙を吐き出す汽船が集まっている光景であった。一九五〇（昭和二五）年に石本美由起作詞、上原げんと作曲による『思ひ出の上海航路』は、日本居留民が送還されて帰国したあとに上海での歳月を懐かしむ心情を、次のように歌っている。

「月の波間にジャンクが通う　流れ静かな　揚子江《ようすこう》
ひとり汽船の　マストの下で　可愛いあの娘を　偲《しの》ぶも愉《たの》し
ああ思ひ出の　上海航路……」

田代屋——上海最初の日本人商店

当初上海に渡ってきた長崎人の多くは単身の商人であった。蘇州路《そしゅう》（現在の南蘇州路）と円明園路《えんめいえん》の交差点、元イギリス領事館の裏手にあった田代屋は、上海でもっとも早くに開店した日本商店で、店主の田代源平は上海で商売を始めた最初の長崎人であった。

田代屋は長崎の陶器店の老舗で、主に有田焼を扱っていた。一七世紀の初め、中国の景徳鎮《けいとくちん》の陶器は世界的に有名であったが、生産量が少ないため、オランダ東インド会社は商品の不足に困った結果、日本の有田焼に注目して中国の陶器の代わりにしたことから、長崎の陶器貿易が始まった。一六八〇年代には六〇万点以上の有田焼が日本から運び出されている。

千歳丸の上海就航後、長崎に上海の新しいニュースがもたらされるにつれて、田代屋の店主・田代慶右衛門も上海を訪れ、その広大な市場の潜在力に気づき、養子の源平に上海で創業するよう強く薦めた。一八六八（明治元）年八月、田代源平は養父の意見に従って、単身で上海に渡り、田代屋の支店を開くことになった。田代屋は上海で欧米人に日本陶器を売るほかに、欧米人の妾となって上海に住んでいた多くの日本女性に、くし、鏡などの小間物を売った。その後、日本人が経営する雑貨店の多くはもっぱら女性の化粧道具を売るのが特色となっていった。一八七七（明治一〇）年に養父が亡くなったため、田代源平は長崎に戻った。一八八五（明治一八）年春、田代屋は金子健次郎に譲渡され、虹口小旅館と称したが、後にまた雑貨店に戻り、四馬路《スマロ》（福州路の当時の通称）の北西に移った。一八八八（明治二一）年、田代源平は再び上海に戻り、石炭の商売に携わっていたが、一八九三（明治二六）年に上海で病没した。

田代源平（三馬路照相館にて撮影）

一八七一（明治四）年五月に、長崎人・荒木七郎は上海で女性の化粧道具を主に扱う「荒木屋」を開業したが、商売はふるわず、わずか半年で店をたたんだ。荒木屋の閉店からまもなく、「木綿屋」という長崎の雑貨店が店を出した。一八七二（明治五）年の『申報《しんぽう》』（上海で発行されていた中国語新聞）にその広告が掲載されているが、それには、本店は日本の各種のすぐれた水晶の器、漆器、磁器や珍しい骨董品の数々を販売している、とある。木綿屋もどうにか三年もった末に閉店を余儀なくされた。

一八七二年一月、上野弥太郎、上野光太郎などの共同経営による雑貨店と旅館を兼業する「崎陽号」が大《ダ》馬路《マロ》（南京路の当時の通称）と河南路《かなん》の交差点に開業した。崎陽号は、「日本の有名窯の磁器をもっぱら扱い、全品が珍しく精巧で、食器や大小の花瓶、精巧な漆器や蒔絵箱や骨董品など何でも揃う」と宣伝した。長崎県の支援を得たため、開店してすぐから人気を集め、田代屋とともに上海を代表する日本商店になったが、一八八六（明治一九）年に上野光太郎が亡くなってからは、後継者を得られず倒産した。

外務省が一八八四（明治一七）年一二月に行った海外の日本人商店の状況調査によれば、当時上海には四九軒の日本商店があった。その中で、貿易商は広業洋行（経営者は鶴田幸吉、東京出身、一八七六〈明治九〉年八月開業。北海道の海産物の販売に従事）、三井物産（経営者は上田安三郎、東京出身、一八七七〈明治一〇〉年一二月に開業）、大倉組（経営者は赤羽定教、東京出身、一八八三〈明治一六〉年八月開業）の三軒のみであった。当時、長崎人は上海で数十軒の商店を開業していたが、貿易に従事する店は一軒もなく、ほとんどが小商人であった。

上海で成功した長崎出身の商人

当初上海に来た長崎商人のほとんどは商売が順調にいかず、多くの商店は営業を始めてからわずか数か月で失敗した。しかし、長崎商人はそれにへこたれることなく、徐々に日本の商店と商品の特色を形成していった。そのなかで、もっとも早く商業界での地位を占めたのが、長崎人が経営した写真館であった。

一八三九年にヨーロッパで写真技術が発明されてからわずか一〇年余りで、上海にも写真館が登場した。上海の写真ブームの先駆けをなしたのは、遊郭で働く妓女であった。広東路《かんとん》や福州路《ふくしゅう》は当時の上海の歓楽街の中心であり、写真技術が上海に伝わると、写真館の理想的な開設場所ともなった。写真館は競って芝居小屋の名優や妓楼の名妓のブロマイドを売って、人々のニーズに応えた。一八七六年に作られた上海の「竹枝詞」（民間の歌謡が起源の旧体詩）に「客は妓女を探すため競って写真を買い、それを頼りに美人を訪ねる」とあるのは、妓楼の遊び客が競って人気の芸妓の写真を購入する様子をよく表わしている。写真館は一枚の美女の写真から大きな利潤を得ていたのである。

一八八二（明治一五）年五月、長崎出身の鈴木忠視は広東路一七号に「日本照相館」という写真館を開店し、五年後には福州路一六号に移転した。これが上海で最初の日本写真館である。この店は娯楽街の中心に位置し、多くの妓女の写真を撮影した。鈴木は上海で八年間にわたり日本照相館を経営し、数万元に上る巨額の富を得た。

一八九一（明治二四）年一月一六日、鈴木は「横浜丸」で帰国し、後を同郷の上野彦馬に譲った。上野彦馬は日本の近代の化学者として知られる上野俊之丞の息子で、江戸末期、オランダ医師ポンペ・ファン・メーデルフォールトの医学伝習所で舎密学《せいみがく》（化学）を学んだあと、独学の外国語で化学原理と撮影技術を身につけ、一八六二（文久二）年に長崎の新大工町で日本初の写真館「上野写真館」を創業し、日本の写真業の先駆者と称された。上野は日本英語学院の集合写真を撮ったことがあるが、その写真には、伊藤博文、西郷隆盛、大久保利通、高杉晋作、桂小五郎など幕末維新時に活躍した有名人が顔を揃えている。長崎で鈴木忠視と仕事の引き継ぎをした後、上野はただちに「西京丸」で上海に赴き、「日本照相館」を「上野照相館」に改名するとともに、

（左から）宮崎寅蔵、宗方小太郎、池辺吉太郎、井深仲卿、高橋昌
（上野照相館にて撮影）

上野彦馬撮影による『上海城墻』

実際の経営を担当する事務員を置いた。開業二年目の一八九二（明治二五）年五月二八日、宮崎寅蔵《みやざきとらぞう》（号を白郎庵滔天《とうてん》といい、辛亥《しんがい》革命のときに孫文を支援した）、宗方小《むなかたこ》太郎《たろう》（後に、東方通信社の社長となる）、池辺吉太郎（後に『朝日新聞』主筆となる）、井深仲卿（後に『順天日報』記者となる）、高橋昌ら五人がこの写真館で一枚の歴史に残る集合写真を撮っている。これは宮崎寅蔵が初めて中国に来たときの記念写真であるが、数十年後には、彼ら五名は日本近代史に名を残す人物となった。上野照相館は上海で、長崎の本店が多くの歴史上の著名人を撮影した伝統を受け継いだのである。

　上野の上海滞在は短く、写真館の事務員を手配しただけで早々に長崎に戻ったが、彼は職業写真家の鋭い眼光をもって歴史的景観を捉えており、当時一般の人の注意を引かなかった上海の城壁などを撮影している。上海の城壁は明代の嘉靖三二（一五五三）年に建造が始まり、周囲四・五キロ、朝宗（大東門）、宝帯（小東門）、跨龍（大南門）、朝陽（小南門）、儀鳳（老西門）、晏海（老北門）など六か所に城門が設けられていた。清代の末期にはさらに四か所の城門が設置され、城壁の外には広さ二〇メートル、深さ六メートルの外堀が設けられた。しかし、城壁と城門は近代的な都市建設の妨げになるとの理由で、一九一四年についに城壁は撤去され、外堀も埋め立てられて道路になった。いまの上海にはわずか大境関帝廟の周辺の一〇数メートル

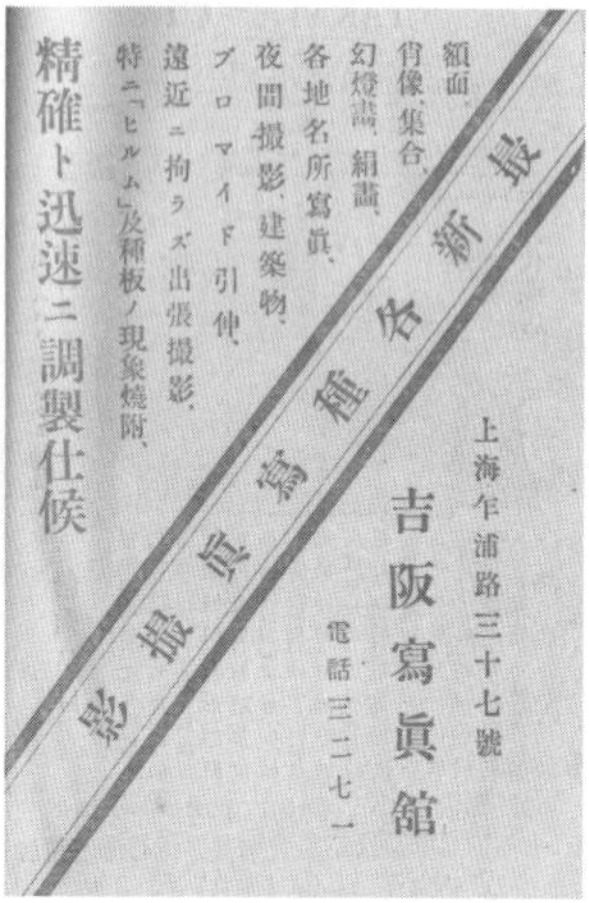

吉阪写真館（乍浦路）の広告

の城壁が残るのみである。上海の城壁を記録した写真は現存するものが少ないが、上野が撮影した『上海城墻』によって、長く続く城壁と城壁に立つ物見櫓《やぐら》、そして幅広い堀と、堀に停泊している小船や城壁近くの瓦葺きの民家を見ることができる。これらの風景はすでに消失したが、上野が撮影した上海の古い風景は歴史的な価値と芸術的魅力に満ちた視覚資料を残したのである。

上野照相館とほぼ同時に開業した写真館として「佐藤照相館」がある。一八九一（明治二四）年一月一〇日の邦字紙『上海新報』に「写真術開業広告」と題した広告が掲載され、「英租界大馬路四六九号、照相師佐藤伝吉」と書かれている。佐藤伝吉は一八七五（明治八）年に上海に到着し、日本領事館に勤め、上海に人力車（のちに黄包車《ホワンパオチョ》と呼ばれる）を輸入する仕事などにも携わった。かれは領事館在職中の余暇時間を利用して、鈴木忠視から撮影技術を学び、九〇年に領事館の仕事を辞め、翌年大馬路で佐藤照相館を開いた。優れた写真技術と巧みな社交・宣伝能力によって、開店してすぐから盛況で、店員は三〇名を超えた。一八九四（明治二七）年に日清戦争が勃発すると、多くの日本人居留民が帰国し、日本の領事館も日の丸の旗を降ろしてアメリカにその管理を委託したが、外交事務に精通していた佐藤は上海に留まるとともに、アメリカ領事館に佐藤照相館の保護を申請して四名の兵士を派遣してもらうことで、通常通り営業できた。

一九一六（大正五）年四月に金風社が調査・発行した『在留官民人名録』によれば、当時の上海には以下のような写真館があった。井上照相店（一八九九〈明治三二〉年開業、西華徳路〈Seward Road、現在の長治路〉九号）、岩本照相館（一九〇四〈明治三七〉年開業、文監師路《ぶんかんしろ》〈Boone Road、現在の塘沽《たんこ》路〉と南潯《なんじん》路の交差点、店主の岩本貞由は上海日本人実業クラブの代表や新交会の幹事などを歴任している）、吉阪写真館（一九〇三〈明治三六〉年開業、乍浦路《ざっぽ》三七号）、小島照相館（鴨緑江路《おうりょくこう》二九七号）。吉阪照相館の店主は長崎出身で、現存する同店の広告によれば、業務内容は「額面、肖像、集合写真、幻燈画、絹画、各地名所写真、夜間撮影、建築物、ブロマイド引伸」などであった。また遠近を問わずカメラマンを派遣し、いつでもサービスに努め「精確ト迅速ニ調製」するとうたっている。

白石六三郎と「六三花園」——日本と中国の文化交流

長崎商人は上海に来た日本人の先駆者であっただけではなく、上海の日本人コミュニティの形成にも歴史的な貢献をした。その中で、白石六三郎が経営した「六三亭《ろくさん》」は、上海で最も有名な日本料理屋であり、彼が開設した「六三花園」（または「六三園」）もまた、上海で最も大きな個人所有の日本庭園であった。

白石六三郎は旧姓を武藤といい、長崎生まれ、一八九八（明治三一）年に上海の文監師路に「六三庵」という日本式の麺屋を開業し、一九〇〇（明治三三）年には「六三亭」を開業した。六三亭は清潔で優雅な内装と上品な雰囲気で客を引きつけた。経営を拡大し、かつ同胞に上海の地で日本式の娯楽、休養、集会の場所を提供するため、一九〇八（明治四一）年には江湾の一角に土地六〇〇〇坪を購入し、数年をかけて造成したのが六三花園であった。六三花園は簡素で明るく、上品で調和のとれた日本庭園の意匠を凝らしている。園内にある木造二階建ての建物は六三亭の支店であり、花園の中には六ムー（約四〇〇〇平方メートル）の芝生があり、春と秋の花見や各種の集会が開かれた。茶屋、葡萄園、蓮池、ガス灯などが設けられ、松、梅、竹など日本人にとって縁起のよい樹木が植えられた。六三花園が完成すると、日本人居留民には無料で開放

（上）正門から見た六三花園　（左下）六三花園内の日本式建築　（右下）六三花園内部

され、彼らの望郷の想いを癒す場所となった。

六三花園は、その特有の日本式庭園ゆえに上海における日本文化の象徴的な場所となり、日本の政界の要人や居留民の中でも上層の人物が貴賓を接待する宴会の場所となった。一九一二（明治四五）年四月六日、孫文が上海を訪れた時には、宮崎滔天らが六三亭で盛大な歓迎会を催した。また、一九二二（大正一一）年七月、孫文が南方軍閥の裏切りにより安全を求めて広州から脱出した際に、日本の駐上海総領事・船津辰一郎が慰労会を設けたのも六三亭であった。一九一九（大正八）

年のパリ講和会議に出席した日本の全権代表・西園寺公望《さいおんじきんもち》も、上海に立ち寄った時には名前に引かれて六三花園を訪ね、「興亦不浅」（興亦浅《きょうまたあさ》からず）という書を白石に贈っている。白石はこの書を扁額《へんがく》に作り、六三花園の宝物として応接間に掛けていた。中国の文豪・魯迅は、郁達夫らを招いて六三花園の桜の花見を楽しんだり、日本の友人から招待を受けたこともある。一九三五（昭和一〇）年一〇月二一日には『朝日新聞』上海支社長の招きで六三花園に行くと、同席者に詩人で慶応大学教授の野口米次郎と内山書店店主の内山完造《うちやまかんぞう》がおり、園内で記念写真を撮っている。

「六三花園の神仙の客は、たまたま人間世界に降り立って話が和む。すだれ越しに春が訪れ、満開の梅の花には鳥のさえずり」（大谷是空編『滬上唱酬』、東京大学明治文庫所蔵・原文は漢文→第一五章）と歌われたように六三花園の清らかな泉、庭石、四季折々の花々、種々の鳥たちのさえずりは、多くの日中の文人墨客を惹きつけ、六三花園は重要な日中文化交流の場となった。

中国近代の書画篆刻の大家である呉昌碩《ごしょうせき》が日本で人気を博し、彼の多くの作品が日本に伝わったのには六三花園と密接な関係があった。白石は呉昌碩ともともと親交があり、六三花園で開催される宴会などによく呉昌碩を招待し、上海を訪れた日本人の書家、画家にその作品を紹介していたのである。一九一四年に上海書画協会が設立され、呉昌碩が会長になると、白石は六三花園で呉昌碩の個展を開催しているが、これは上海で開催された最も早い時期の個展となった。その後、日本人の書画家が六三花園を会場に、上海の書画家や収蔵家と提携して、折にふれて各種の特色を具えた書画展覧会を開催したことで、六三花園は上海における書画展示、鑑賞、交流の中心になった。たとえば、一九一九（大正八）年三月には書画収蔵家で有名な呉執之や岡野の発議により、上海の個人収蔵家が収蔵する金石、書画、文物展示会が六三花園で開催されたし、一九二七（昭和二）年には、呉昌碩の遺作展が上海の日本書画家と呉昌碩の子、呉東邁により開催された。

呉昌碩が白石六三郎の求めに応じて描いた水墨画『崩流激石図』

呉昌碩は、白石の要請に応えて、「六三園記」の石碑を園内に作り、水墨画「崩流激石図」を制作し、さらに詩集『六三園宴集』を作った。また、白石が上海近郊の龍華《りゅうか》から六三花園に梅の株を移植する時にも、呉昌碩は植樹を記念する詩を作り、その翌年春、梅の花が満開になると白石はやはり呉昌碩を招き、梅の木の下で宴会を開いている。

上海日本総領事館の統計によれば、一九〇六（明治三九）年二月当時上海には居留民五八二五名がおり、その中で長崎出身の人が一番多く一三一四名、次は大阪府出身の三九三名であった。上海に初期に滞在した長崎商業界の有名人としては、白石六三郎の他に雑貨店を経営した古賀浅吉がいる。古賀の父は、一八七五（明治八）年に上海に渡り、一八八四（明治一七）年からは天潼《てんどう》路で古賀洋行を設立し、呉服や日本と西洋の雑貨、缶詰、食料、酒類、陶器、文具や玩具などを扱ったが、古賀本人は一八八七（明治二〇）年三月に上海に到着し、文監師路で文具や玩具を扱う店を開業した。また、薬局を経営した篠田宗平（一八九五〈明治二八〉年六月上海に到着、西華徳路で済生堂大薬局を開業）、玩具店を経営した村井熊太郎（一八九九〈明治三二〉年二月上海に到着、呉淞路に村井号玩具店を開業）、写真業の長澤虎雄（一九〇〇〈明治三三〉年に上海到着、一九一六〈大正五〉年四

日本人居留民の六三花園での集会

月に呉淞路に長澤照相館を開業）、洋服店の荒木安市（一九一九〈大正八〉年上海到着、呉淞路で洋服店を開業）、菓子屋の渋谷恒好（呉淞路で菓子屋を経営、その製品は遠く南京、蘇州、漢口、蕪湖などでも販売された）なども長崎出身の商人であった。

一九三一（昭和六）年一二月に崑山路に住む吉村新太郎が編集した『在住上海長崎県人名士録』には、上海で事業経営に成功した二六名の長崎人を紹介し、さらに虹口を中心とする長崎人の住所を詳しく記載している。これら長崎出身の中小商人こそが、最も早い時期に上海で拠点を設けた日本の商人であり、虹口の日本人街の開拓者でもあった。

第三章 清末の日本女性

「日本女性の多くは黄色い肌で、大きな袖がついたゆったりした腰回りの服を着、下駄をはいている。まげを結った髪は雲のように盛りあがって、漢代の風格を今に留めており、裾の広いスカートはまるでひらひらと舞っているようだ。」

これは、頤安《いあん》主人が一九〇六（明治三九）年に出版した『滬《こ》江商業市景詞』の中で描いた清末の日本女性の姿である。清末の上海は、世界で最も都市化が進んだ地域の一つであり、かつ当時最も悪がはびこった都市の一つでもあった。そして近代上海の畸形的繁栄は、日本女性に対して大きな扉を開いたのである。彼女たちの多くは貧しい農村の出身で、上海にやってきた後は色町で妓女となった者以外に、中国人や西洋人の妾となる者がおり、高級日本料理店の宴席にはべり、歌い踊る芸妓となった者もいた。

「外人の妾」の悲哀

「外人の妾」とは、甘んじて外国人の妾となった同胞女性に対して日本人が発した蔑称で、これらの日本女性は自身の同胞たちと海外の同じ場所に暮らしてはいたものの、そこでの日本人社会の中には永久に入ってゆくことはできなかった。

生活のためにやむなく故郷を離れた「外人の妾」は、多くの辛い経験をしていたが、同胞たちにそれを訴えることはできなかった。一八七四（明治七）年七月初め、日本領事館の通訳官・神田延長は「会審公廨《かいしんこうかい》」（租界を設置した国と中国との合同裁判所）宛てに手紙を書き、フランス租界・菜市街の三叉路入口の南にある平屋に、中国服をまとった日本女性がおり、阿海という寧波出身者に嫁いでいるが、そこに同居している妹の状況を代わりに調べてほしいと依頼した。会審公廨はすぐに人を派遣して調査したところ、寧波出身の阿海は大工で、七年前に日本で日本女性を娶った後、一緒に上海に戻って定住していたことが明らかになった。一方、阿海の妻の妹は日本でシンガポール人クリスの妾となり、クリスはその代価として彼女に毎月一〇元を払っていた。その後クリスは彼女を連れて上海へやってきたが、仕事がみつからずに困窮してしまい、同郷人の経営する商店に間借りせざるを得なくなり、しかも一〇〇元の借金を抱えることになった。同郷人が借金の返済を迫ると、クリスはなんと自分の日本人の妾をその返済に充てようとし、彼女がそれを拒むと、彼女は不案内なこの地でクリスに家を追い払われ、どうにもなすすべなく姉の家に飛び込んだのだった。

会審公廨は状況を調査した後に、クリスの妾を日本領事館に引き渡したが、当時シンガポールはイギリスの植民地だったため、この事件はイギリス領事と共同で処理しなければならなかった。七月一四日、日本領事とイギリス領事は共同でこの事件を審理して、クリスが金を出し、この女性を七月一六日の汽船に乗せて日本へ帰国させるという決定を下した。

一八八三（明治一六）年六月、『申報』は「日本女性、川に身を投じる」と題して関連ニュースを連日のように報じた。それによると、六月八日午後、一人の日本女性が三人の子どもを連れて黄浦江の外虹橋地区にやってきて、浦東へ渡りたいとサンパン〔中国南方で使われた小船〕を一艘雇った。船が川の中ほどにさしかかると、女性は突然一人の子どもを川へ落とし、さらにもう一人も川に投げ入れて、自分も残りの子どもを抱いて水中に飛びこんでしまった。船頭はこれを見て慌てふためき、大声で助けを求めた。近くのサンパンがその声を聞きつけて、急いでやってきて、水中で浮き沈みしていた女性は救出されたが、たくさんの水を飲み、意識は朦朧としていた。幸いなことに女性が抱きかかえていた子どもは無事だったが、他の二人の子どもはすでに水中に沈んでいて、その姿は見えなくなっていた。この女性は救出されると、直ちに虹口の文監師路と百老匯路《ブロードウェイ》（Broadway Road、現在の東大名路）の角にあった同仁病院で救急処置を受け、その後日本領事館に拘束された。

取り調べによると、この女性は阿密林といい三二歳で、上海である西洋人と同居していた。三人の子供はみなこの西洋人との子で、七歳の長女は新北門女学堂で学んでいて、ふだんは学校の寮に住んでいた。二番目は二歳で、一番小さい女の子はまだ乳飲み子だった。阿密林が我が子を川に沈め自殺をはかった原因は、その西洋人ともう一緒に暮らしたくなかったからだった。日本領事は最終的に、乳飲み子の養育をその西洋人に托し、阿密林は日本へ護送するという判決を下した。七月四日午前、阿密林は汽船で帰国させられた。『申報』は「その女性は帰国の際、顔をくもらせ目に涙をあふれさせた」「日本人は上海での生活を離れがたく思いつつ、どうしてそのようなことをしてしまったのか」と書いている。

中国語で「焼餅」は、こんろで焼いて作るお焼きの一種で、上海庶民の安くておいしい朝食を指す。しかし日本語の漢字の「焼餅」の意味は全く違い、「餅を焼く」や「嫉妬する」等の多義的な意味をもっており、多くは後者の意味で使われている。清末において、「外人の妾」は上海ではよく他の男と恋愛関係になって、相手から嫉妬されて数々の騒動を引き起こしていた。そのヒロインが日本人であるということで、この類の

焼餅離奇（『点石斎画報』より）

事件は日本文化を熟知している中国メディアによって、嫉妬が原因で引き起こされた事件として「焼餅奇案」と呼ばれていた。

絵入りニュース紙の『点石斎画報』は、かつて「焼餅離奇」（突飛な焼きもち）と題して以下のようなニュースを掲載した。ある日、虹口にある「順興号」の主人・王茂生が工部局《こうぶきょく》（租界の最高行政機関）の警察署に、彼の店で雇っていたSHANUOという日本女性が突然店からいなくなり、その際五〇元と時計を一個盗んだので調査してほしいと訴え出た。そこで工部局警察署は、人員を派遣してSHANUOを探し出して取り調べを行った。するとSHANUOはもともと順興号の雇用人ではなく、主人の王茂生の妾であったということが分った。しかしSHA NUOはその分に安んじていた訳ではなく、イギリス汽船のコックに出会って恋愛感情が生まれ、最後まで添い遂げようと思うようになった。SHA NUOは王茂生に対して不実ではあったが、窃盗行為はしていなかった。しかし、彼女の出奔に王茂生は逆上して、警察署に嘘の訴えを行ったのだった。翌日王茂生は再び警察署に出向いて、SHANUOが既に店に戻ったのでもう追究しないよう頼んだ。王茂生は前言を翻したが、実情を知った警察署は、彼の誣告の罪をそのままにはせず、会審公廨の中国人裁判官の楊星恒に口上書を渡した。会審公廨はすばやく王茂生の一件を事件として取り上げ、中国人官吏と日本領事が合同で審理を行った。この時王茂生は再三跪いて恩情を求めたが、その甲斐なくついに「誣告罪」で罰金刑に処せられた。

『点石斎画報』はこのニュースを掲載する際に、わざわざ真に迫った「会審図」を配し、さらにこの義理も人情もない女性の目的はカネだったのに、王茂生は「それを悟れず溺愛し」自らの首を締める結果になったと風刺する文章も添えている。

日本人妓女と芸妓

長崎市の丸山町《まるやままち》と寄合町《よりあいまち》は、遊郭で知られる町である。鎖国の時代、長崎は日本で唯一の対外貿易港で、オランダ人や中国人は市内に入ることは禁じられていたが、指定された場所に住むことは許されていた。それゆえ長崎には「オランダ人屋敷」や「唐人屋敷」の名前が今に残っている。そして長崎繁栄のための一種の策略として、長崎側は日本人妓女が自由にオランダ人、中国人の居留地へ出入りすることを許可し、さらに妓女がいったん妊娠したら、相手がその母子の一生の生活費を負担するという規定を作った。丸山町と寄合町の遊郭には、毎日五、六〇人の妓女がおり、多い時には二〇〇人あまりにも達した。

明治維新後には、長崎人が海外事業を始めようと志して上海へとやって来た。長崎の妓女たちもこの機会を逃さず、百方手を尽くして上海に来て商売を探した。最も早く上海に来た日本人高級妓女は「三三」という名の「日本の名妓」で、一八六九（明治二）年に上海へ来た後は当地の文人たちの寵愛を受けるようになった。この頃島原と天草の妓女たちもまた上海に登場し始めている。一八七〇（明治三）年に上海の日本人居留民は僅か七人だったが、その後一〇年の間に毎年五、六人ずつゆっくりと増えてゆき、男が三分の一、女が三分の二を占めるようになった。そして女性たちの大多数は「からゆき」と呼ばれる妓女であった。

日本人妓女は、最初は日本商店のそばにあった小さな旅館に泊りながら、通りに立って客を勧誘していた。一八七七（明治一〇）年の工部局の記録では、すでに数名の日本人妓女が上海に出現しており、その数はさらに増すであろうと予想している。租界の最高行政官である工部局総董事《そうとうじ》と日本領事の相談の結果、日本側は日本人妓女は工部局の性病病院（四馬路にあった）に行って性病検査を受けることや、工部局妓女管理条例の管轄下に入ることに同意した。すなわち外国人を接待するいかなる妓院も必ず申請書を提出しなくてはならず、いかなる妓女も衛生検査を受けずに、あるいは検査後に病気がみつかったら客をとることは許されないことになったのである。

明治初期、上海で妓女になった長崎女性

茶楼は昔から人々が茶を飲む場所であり、また一般の市民が憩う所だった。しかし一八八〇年代の初めから、日本人妓女は中国人が喫茶を好むのに目をつけ、四馬路や西華徳路等に、「東洋茶楼」と名づけた売春宿を開くようになった。一八八二（明治一五）年に長崎の博徒・青木権次郎は、数十名の日本人妓女を集めて西華徳路に「日本女郎屋」という名を借り、大規模に売春を組織したことから、上海の花柳界で東洋茶楼はその名を大いに広めることとなった。統計によると、当時上海には東洋茶楼が一六軒あり、うち二軒は中国人が経営し、一四軒は日本人の経営で、日本人が経営する茶楼には六九名の妓女がいた。当時の日本の新聞によると、以下の茶楼に妓女がいたことがわかる。四馬路の「東京楼」三人、「玉川楼」七人、「関東楼」六人、「長崎屋」四人、四川路《しせんろ》の「東洋茶館」三人、江西路《こうせいろ》の「東洋茶館」三人、フランス租界の「岩田楼」五人。

上海の東洋茶楼と長崎の丸山遊郭の状況は極めてよく似ていた。各店とも七、八名の妓女を置いており、店主は毎月一人の妓女から二、三〇元の利益を得ていた。作家・金一勉は『日本女性哀史』（徳間書店、一九八〇年）の中で、一八八二年から三（明治一六）年にかけて、「東洋茶楼」は全盛期を迎え、ほとんどみな長崎方言を話す日本人妓女たちが、全体で七〇〇から八〇〇名の遊び客を引きつけていたと記している。

一八八三年に『申報』編集者の黄式権は『淞南夢影録』の中で、「いわゆる東洋茶社とは、彼らの行楽の場所である。以前は三盛楼という名の店しかなく、遠く外白渡橋の北にあったので、きれいに身支度した若者が花柳の巷を求めてそこをたずねるのみだった。最近はイギリス租界、フランス租界の至る所にそのような店ができている。そこの女性は蓬莱の仙女が人間界に下ったかのようで、六寸の両足は何の束縛も受けていない。この上なく軽い着物は影雲が高く舞い上がるかのようで、袖がひらひらするのはまことに風情がある。わずか西洋銭一、二角払うだけで彼女たちに苦茶を入れ哀愁あふれる箏曲を演奏してもらえ、さらには彼女たちの口と靴を杯代わりにして酒を飲むことさえでき、どんなことでもやってくれないことはない」と書いている。胡祥翰《こしょうかん》も『上海小志』の中で、「光緒の初め、虹口および四馬路一帯には三盛楼、関東楼、玉川品香社、登瀛閣という名の日本茶社があった。そこにはべるのはみな日本の若い女性で、彼女たちは髷を高く結い上げ、雪のように白く化粧をしているのはまことに風情があった。そこに入った者はお茶代わずか二角を支払うと、杯に碧螺春《ピロチュン》という茶を浮かばせ、拍板（拍子をとる打楽器の一種）で曲を奏でてくれ、ふざけて、春を売れと要求しても、少しも腹を立てない」。

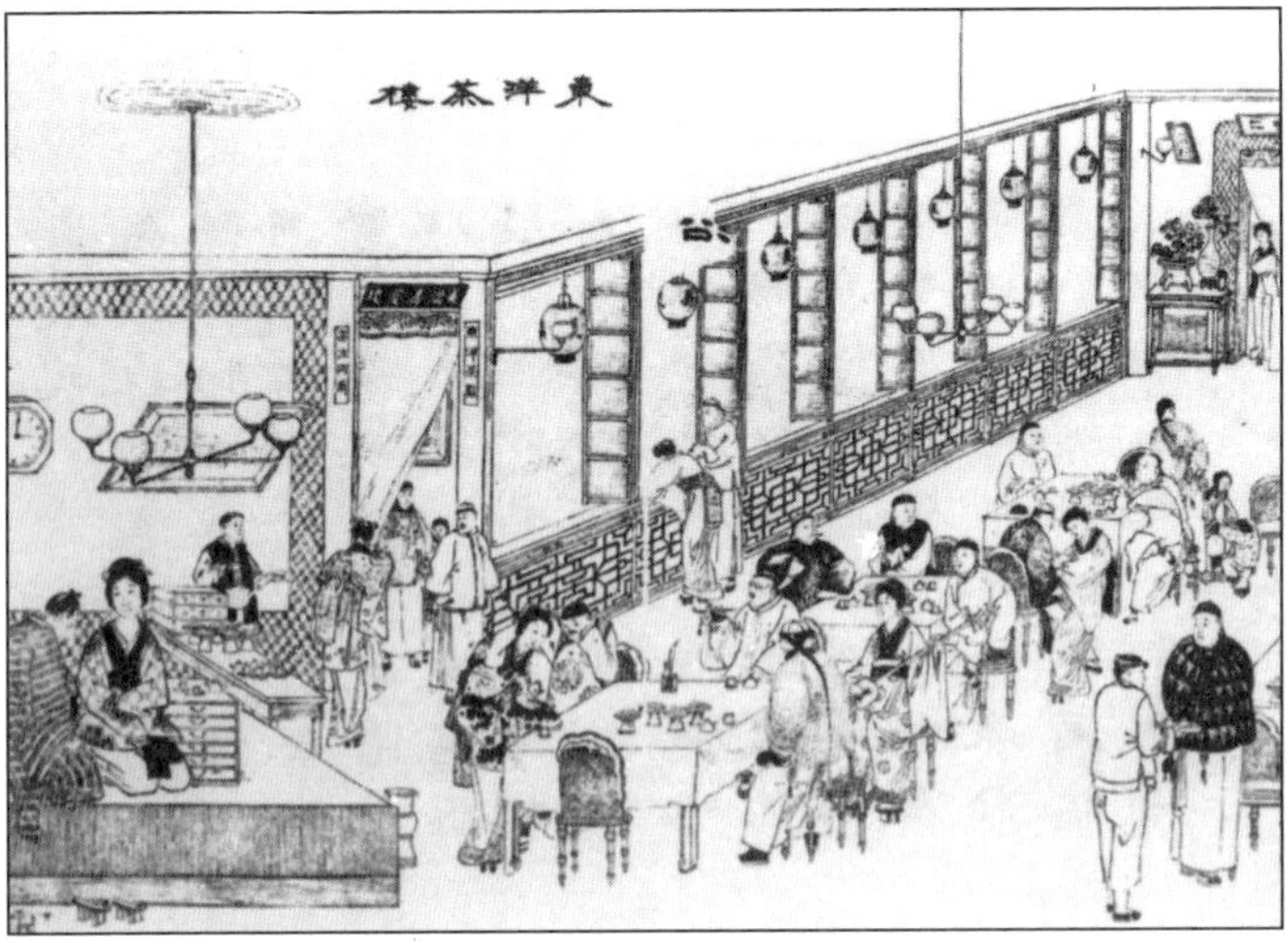

東洋茶楼。相伴しているのは日本の妓女（『申江勝景図』1884 年版より）

東洋茶楼の様子は、『点石斎画報』の中にも見ることができる。「乃見狂且」（またも軽はずみなことをする人を見る）という絵には、数人の巷の無頼たちが退勤後の紡績工場の女工を侮辱している姿が描かれており、その背景には、「日本薈艶《かいえん》楼」、「東洋茶室」という看板を掲げた東洋茶楼と、入り口で和服を着た日本人妓女たちがお得意様を招く姿が見られる。当時上海の東洋茶楼はすでに一〇〇軒余りに達しており、上海の花柳界において東洋茶楼は重要な地位を占めていたことが見てとれる。また「和尚尋歓」（和尚歓楽を尋ねる）という絵には、「上海一の金銭消費窟」と呼ばれたイギリス租界・宝善街の「日昇茶楼」に、日本人妓女との快楽を求めて遊びに来た僧侶や、中国人の使用人、租界警察官の姿が描かれているが、この絵によって、妓女と客の間でいざこざが起こった時には、租界警察官が仲裁役を果たすということや、東洋茶楼の経営者が、いかにして租界当局の「保護」を求めるのかのノウハウを承知してい

「乃見狂且」（『点石斎画報』より）

たことがわかるのである。『点石斎画報』は東洋茶楼関係の絵を載せる際には、日本女性が列を為して中国にやってきたことを風刺して、「上海で妓楼を始めた者、および、茶楼を設けてそれを妓楼とした者のほとんどは、女性をからかうし、そうすることに全く羞恥心がない」と述べている。

上海の竹枝詞にも、日本人妓女と東洋茶楼についての描写が少なくない。日本の妓女は髪飾りが中国の女性と違っており、また下駄をはいていて、さらには下着をつけていないといわれていて、そこで、洛如花《らくじょか》館《かん》主人は『春申浦竹枝詞』の中で、「頭上には霧のような鬟と雲のような髻があるが、そういう彼女たちが下着をつけているかどうかはあなたの想像に任せます。ただ、彼女たちが下駄をはいてあなたを出迎えたのは、まさに遊び客をもてなす妓女であるからこそですよ」と書いている。また、招隠山人の『申江紀遊』にも東洋茶楼の描写があり、「〔東洋茶楼が〕開かれていることで、大いに視野が広がり、会香亭〔有名な東洋茶楼の店名〕に出入りする者は多い。中国内地に美女が少ないというのではないが、春を売る女性はやはり海外から来ている」と記している。

「和尚尋歓」（『点石斎画報』より）

　東洋茶楼の壁には、日本人妓女たちの名前が表示されていた。日本人の呼称は中国人とは違い、若い女性を普通「小姐《シャオジエ》」とは呼ばず、たいてい「さん」をつけて呼んでおり、その音は中国語の「生」（ション）の発音に近かった。そのため、名前のうしろに「生」の字をつけて、美玉生、金玉生としていたが、それはすなわち美玉小姐、金玉小姐の意味であった。ある人は『申江百詠』の中で、「東洋の茶室はすっかり有名になり、店内には至る所に某某生の名前が貼ってある。わずかに西洋銭一角を払いさえすれば、名茶を味わうことができ、彼女たちは茶壺を運んでくる時は、ほほえみながら秘かに秋波を送ってくる」と記している。

東洋茶楼の上海での繁盛振りは、日本国内で強烈な反響を呼び起こした。一八八四（明治一七）年に日本人記者の尾崎行雄は『遊清記』の中で、次のように語っている。「四馬路は酒色の街にして、両辺の家根概ね皆酒楼妓館に非ざるはなく、本邦の醜名を遠く流せる東洋茶館の如き、亦多くは此街に在て開設す。酒楼乎、将に娼婦乎…」。しかし、九州のある地方は日本政府に対して「娼妓輸出の請求書」を提出し、生活苦に陥った日本女性を上海に連れて行って売春をさせるべきだと求めると共に、彼女たちの上海滞在時間には制限を加えることを要求している。

工部局の情報によると、日本人妓女はみな日本人や中国人の経営の下にいたわけではない。斉特考というフランス人は日本の妓院は利益があがると見て、虹口の百老匯路四七二号に日本人妓院を開設した。工部局警察署は、「中には三人の日本人妓女がいて、調べによるとそのフランス人はこの三人の妓女の稼ぎで生活している。さらに閔行《びんこう》路と百老匯路の角にもう一軒妓院を開いて、そこには五、六人の妓女を置き、社会に悪影響を与えるようになってきているようだ」と報告している。

上海における日本人妓女は、工部局の不安を引き起こしていた。警察署が工部局董事会に宛てた手紙の中で、日本の妓院はみな西洋人が通る道にあり、妓女たちがいつも入り口に立っていることで騒ぎになっていると指摘し、これらの妓院を封鎖して妓女たちを性病病院へ強制的に送ることも提案した。工部局董事会総董事は日本領事へ手紙を書き、妓院の閉鎖を求めた。日本領事はこれを承諾し、工部局に対し警察署に命じて妓院の妓女たちを逮捕し、日本領事館へ送るよう、要求したのであった。

日本人妓女が東洋茶楼を利用して行った売春は、最終的に日本政府の注意を喚起し、政府はこれを日本の体面を損ねる大事であると認識して、「海外日本婦女保護法」を公布することとなった。その規定は以下の通りである。
一、海外で日本女性を売春に勧誘した、あるいは売春の場所を提供した日本人は、一か月以上六か月以下の禁固に処し、併せて二円以上二〇円以下の罰金に処す。
二、売春を目的とした日本人密入国者は、一一日以上二か月以下の禁固に処し、併せて二円以上二〇円以下の罰金に処す。
三、売春目的であると知りつつ密入国を助けた日本人は、二か月以上一年以下の禁固に処し、併せて五円以上五〇円以下の罰金に処す。
四、女性を組織して海外で売春活動を行った日本人は、六か月以上三年以下の禁固に処し、併せて一〇円以上一〇〇円以下の罰金に処す。
五、上述の法律によって処罰された者は、一か月以上一年以下の監視を受ける。
一八八四（明治一七）年、日本政府は上海日本領事館の要請に応じて四名の巡査を上海に派遣し、領事館と協力して四馬路の東洋茶楼と西華徳路の「女郎屋」を取り締まり、売春を組織した青木権次郎を逮捕した。こうした日本領事館の厳しい取り締まりの結果、多くの東洋茶楼が閉鎖に追い込まれ、日本人妓女の一部は日本へ送還され、一部はシンガポールや香港へと追いやられた。その後上海の日本人居留民の中で国民覚醒運動が展開されるにつれて、売春行為は姿を消していった。

妓女とは違って、芸妓は宴席にはべることや、歌い舞うことをもって、特殊な職業として明治時代に活躍した。当時駐日公使館の参事官だった黄遵憲は、彼女たちの職業技能について詩によってこう描写している。

手に三味線を抱えて茶楼で上演し、へり下って小さな声で心づけに御礼をする。

毎日なごやかに歌い踊り、ただ楽しみを語り、憂いは語らず。

日清戦争後、上海へやって来る日本人は日に日に増加していったが、日本人のための娯楽の場所は少なく、わずかな飲食店があるだけで、人との集まりはふつう自宅か旅館で行うくらいだった。「藤村家」（乍浦路四二号）は上海で最初の日本料理店で、店内の什器等必要な物はすべて日本から運び込んだものであり、女将は芸妓の出身で、その経験を生かして料理店を切り盛りし、店は上海の日本人居留民の人気を博して、商売はまたたく間に繁盛していった。人手不足から芸妓を数人雇い入れ、時にはその芸妓仲間にも手伝いを頼むほどになり、だんだん規模が大きくなっていった。

二〇世紀初めになると藤村家以外の上海の日本料理店は、六三亭《ろくさんてい》、月廼家《つきのや》、松廼家《まつのや》、浜吉《はまよし》、あづま、京亭、東語《とうご》、新月、生花、新六三、若松、美濃家《みのや》、叶家《かのうや》、宝亭、ライオン、松葉、新鵜、三福、新陽、富貴楼等二〇余りを数えた。いずれの店も芸妓を置いていて、少ない所で四、五人、多い所では四、五〇人置き、六三亭の最盛期には芸妓は六〇人にも上った。

六三亭は上海の日本料理店のトップで、次いで月廼家と松廼家が並び、それぞれ支店をもっていた。かつて日本総領事は上海の芸妓の数を二〇人を超えないように制限していたが、六三亭等の日本料理店が増加し繁盛するにつれて、この規定は事実上反古にされた。

月廼家花園新館（月廼家の支店）は、一九一三（大正二）年に交通の便のよい虹口の狄思威路《デクスウェル》（Dixwell Road、現在の溧陽《りつよう》路）に建てられたが、そこの日本式庭園は趣があり、園内にはテニスコートも設けられていた。一九二三（大正一二）年八月六日の晩、三菱商事上海支店長の秋山昱禧は月廼家花園で宴会を開いた。日本側の出席者には新任総領事の矢田七太郎、前総領事の船津辰一郎、および商業界の代表がおり、中国側の出席者には江蘇省特別派遣の交渉員・許沅《きょげん》、滬海道尹《こかいどういん》（当時の上海における外交責任者の役職名）・王庚廷、淞滬《しょうこ》警察庁長・徐国棟、上海県知事・沈宝昌、および上海総商会正副会長等がいた。松廼家にも六三園をまねて芝生に梅、柳、桜や四季折々の花が植えられた優雅で静かな庭園があった。

　芸妓がはべる日本料理店は、日本の官吏や居留民中の上層部分の社交専用の場所だった。一九二三年五月、日本全国料理飲食同業会第二一回代表大会が上海で挙行され、日本各地から代表二〇〇人余りがやってきて、六三園で開幕式が行われた。会議参加者は六〇〇名にも達して、会議終了後には盛大な宴会が催され、八〇名の日本人芸妓が陪席した。

上海日本総領事主催の北伐軍総司令・蔣介石歓迎会

　一九二八（昭和三）年に上海日本総領事の矢田七太郎が北伐《ほくばつ》軍総司令の蔣介石《しょうかいせき》を宴席に招いた際も、日本式社交の伝統として美しい和服を着た日本人芸妓が呼ばれていた。上海の『良友』画報には、この「蔣総司令」と日本人芸妓が一緒に写っている写真が掲載されている。

　上海での日本の芸妓たちの活動は、日本文化の一つの特色を表していると共に、日本人居留民たちの社交生活に欠かせぬものともなっていた。日本人が日本料理店で芸妓を呼んで客を接待することはごく当然のことだったが、中国料理や西洋料理の店で中国人の客を招く時にも、常に芸妓を呼ぶことを忘れなかった。一九一九（大正八）年一月四日、金物商をしていた東京の守谷会社の社長・前山三郎と中国における代理・倪《げい》子祥《ししょう》は、東亜菜館で宴席を設けて上海総商会長を始め上海の商業界人士六〇人余名を招いた。「その席上には歌い踊る芸妓たちの姿があった」。同年九月二一日には日本の鈴木洋行が同じ東亜菜館で南市（上海の旧城内を指す）の穀物業界の人士を招いて宴会を催し、その出席者は七〇〇人を超えた。席上「上等の西洋料理が出、日本の踊りがあって、一時大変に盛り上がった」。

一九二〇年代、日本の綿糸商たちは、機械紡ぎの綿糸を中国へ輸出するために大型の宣伝部隊を組織し、東亜菜館で盛大な宴会を催して数百名の中国人商人を招待した。その席で日本の芸妓たちは綿糸製のチャイナドレスを着てファッションショーを行い、また南京路の各大型デパートのショーウインドーにも機械つむぎの綿糸が飾られた。宣伝活動は成功しなかったものの、チャイナドレスを着た日本人芸妓の姿は、南京路の商業地区の語り草となった。

日本の芸妓たちは主に長崎の島原と天草からやって来た。一九一二年に出版された『大和民族新発展地事情』（子文出版社）は、上海の日本料理店は大変繁盛していて、そこでは二〇〇人余りの芸妓たちが活躍しているが、彼女たちはみな長崎やその近くの生まれで生粋の長崎弁をしゃべっている、そのため他の地方の出身者が上海の芸妓世界に入るためには、懸命に長崎弁を勉強しなくてはならない、と指摘している。

泰東図書局から一九二四年に出版された『老上海』は過去と現在における上海の飲食について紹介する際に、日本料理店と日本の芸妓について次のように述べている。「虹口の日本人が開いた料理店、例えば六三亭や松乃（廼）家は、日本の著名人のためには一人三元の料理と芸妓の接待をつけるが、日本語の分からない中国人の場合には日本人が同行しなければならず、料理も我が国の鍋料理の類で、薄く切った魚や鶏肉、牛肉等を入れ、二、三人で食べて一元ほどである。」

清末の日本人娼婦たちは、主に中国人相手に安くその身を売っていたが、それは当時の上海で日本人が置かれた弱小国としての立場に見合ったものだった。しかし日清戦争後、日本が治外法権を獲得してアジアにおける発言権を増すにつれて、日本人娼婦たちも自身の「体の価値」を引き上げていき、二〇年代にはおおっぴらに西洋人の客を相手とすることを誉れとするようになった。

初期の上海における日本人女性の数は、西洋人女性のそれを大きく上回っていたが、彼女たちは「外人の妾」の他には、妓女と芸妓が多いのは紛れもない事実だった。しかし、日本の商業活動が多様化するにつれて、日本人女性の中における妓女と芸妓の比率は減り続けて、代わりに職業女性たちが登場し始めた。日本のキリスト教婦人矯風会が編集した『海外醜業婦問題・第一輯』の統計資料によると、一九一八（大正七）年に上海にいた日本人女性のうち、芸妓が約二〇〇人、家事手伝いが七八六人で、その他に助産婦・看護婦（五一人）、理髪（九人）、飲食（八人）等の職業についていた。そして一〇年後の一九二八（昭和三）年の日本領事館の統計では、妓女と芸妓が六二八人に対して、職業女性は一三一四人と大幅に増加し、職業の範囲も一般企業、銀行、商業、教育、衛生など十数種にも及んだ。その中には学芸、娯楽、装飾品製造業（三人）、物品販売業（七三人）、被服品製造業（五三人）、物品賃貸業（三人）、会社員、銀行職員、商店員、事務員（九四人）、旅館・飲食等のサービス業（七七人）、理髪・銭湯（四二人）、その他の商業（六人）、郵政、電信業（三人）、官公吏等（六人）、宗教（二人）、教育（二二人）、医務（二二四人）、新聞（七人）、その他、自由業（一一人）、その他の職業（一四六人）、家事手伝い（五四二人）等が挙げられている。

仕事を終えて帰宅する、日本の職業婦人

第四章

新旧風俗の融合と共存

初期の日本人居留民たちは上海社会で、日本を象徴する風物（「東洋風景」といわれた）と見なされ、日本の商品、服飾、風俗、マジック、妓女はいずれも中国人や西洋人の目にも新奇なものに映った。青い絹の和服と灰色の袴を身に着けた日本人は、確かに国際都市化した上海の街で異彩を放ってはいたが、裸足で帯刀し街を歩く武士と、風で裾がはだけて脚が露出してしまう日本女性の様子は、道行く人々の非難をしばしば引き起こしていた。西洋人の中でも偏見を抱く者は日本人を野蛮人と見なし、一方で、「脱亜入欧《だつあにゅうおう》」に心引かれる日本人は西洋化された上海での同胞たちの粗野なふるまいを恥ずかしいものと感じていた。日本における近代新聞創始者の一人で一八八〇（明治一三）年に上海で楽《らく》善堂《ぜんどう》という薬店を開設した岸田吟香《きしだぎんこう》は、日本の『朝野新聞』に記事を投稿して上海における「東洋風景」を具体的に描写している。

「上海にて日本人と云へバ一種の奇風俗なりと常に中西各国人の指笑する所なるも無理ならず、領事館の官員と一、二の会社員との外《ほか》ハみな洋服を着せず、木綿の短き単衣《ひとえ》に三尺ヘコ帯を〆《し》めイガグリ坊主に大森製の麦藁シャップを冠《かぶ》り素足に下駄をはき、ギチギチひよこひよこと虹口辺を往来するハ贔屓目《ひいきめ》の我々日本人が見ても是が我同胞なりと云ふハ余ほど恥づかしく、夫《それ》よりハまだポルトガル人、印度人の方が衣服も調《ととの》ひ体格も宜《よろ》しき様なり」（『朝野新聞』、一八八四〈明治一七〉年一〇月二五日）。

日本人居留民が上海にやって来た時期はちょうど明治政府が文明開化、富国強兵、殖産興業を提唱している時期であった。文明開化とは西洋文明を学ぶことであり、広義には思想や精神、狭義には衣食住や風俗習慣を西洋から学ぶということであった。

日本民族は異文化の受容に長けた性格を持っているが、この性格は自然やその他の日本的環境によって制約を受けていた。日本文化の適応性や多様性は、大胆に西洋文化を受容し適応する点に現われているが、土着の文化を完全に排斥することはなかったのである。上海における日本人居留民はまさにこのような文化的な背景のもと、新旧の風俗を融合し、共存させていった。

「清国上海居留日本人取締規則」の公布

日本領事館は上海における日本人居留民を保護監督する最高行政機関である。わずかな日本人居留民が上海に姿を見せるようになると、「開店社」という名の民部省の一機関が上海に設けられた。日本商人の連絡機関として、開店社は一八七〇（明治三）年七月に円明園路の角、新天安堂の隣にあるイギリス租界、新大橋南川岸（現在の南蘇州路）三号に設置された。初代駐在員は通商権大佑・品川忠道、斉藤麗正、文書権少佑の神代延長の三名であった。このうち、品川忠道は長崎出身で英語とオランダ語に通じ、アメリカ艦隊来航の折にはペリーの通訳を務め、一八六九（明治二）年に会計官通商司兼造幣局の翻訳官に就任、同年一一月

「佐藤官次」と名乗る日本人が、上海の「大世界」で生きているニワトリとヘビを食べるパフォーマンスを行った。上海日本領事はこれを日本を辱めるものとして、数日の勾留処分とした（『良友画報』1931年1月号）。

には民部省通商権小佑として上海へ調査研究に赴き、翌年には通商権大佑に昇進して開店社の責任者となった。この開店社が開設されて間もなく、外務省は各国の上海領事との連絡と日中国交に関する準備の必要から、開店社内に日本領事館の前身となる外務省上海出張所を併設し、品川忠道が初代の代理領事に就いた。一八七一（明治四）年九月には日清修好条規と日清通商章程が締結され、一八七二（明治五）年四月、外務省上海出張所も日本公館と改称、さらに一八七三（明治六）年六月には日本公館の正式名称が上海日本領事館となり、予備陸軍少将・井田譲が領事に就任した。同年八月、日本領事館は閔行路三号に移り、一八九一（明治二四）年には総領事館に昇格した。そして一八九七（明治三〇）年、日本総領事館に領事館警察が設けられたが、当初の管轄対象は日本人居留民で、治外法権を有する日本人居留民と中国人との間に民事刑事の各種事件が発生した場合に領事館が領事裁判権を行使し、日本人居留民が領事館令に違反する事件や違法行為を行った場合には領事館警察が介入することとなった。一九一一（明治四四）年には日本総領事館が黄浦路《こうほ》一〇六号の新館へと移転した。

上海の日本領事館が設立された当初、政府の文明開化の方針に照らして、居留民に対する文化的な啓蒙と管理監督が行われ、日本居留民在留規則等の諸規則がたびたび公布された。当局にとり国民の質は国家の文明度の高さを測る基準であり、国民の質を高めることは科学技術よりもさらに重要であるとみなされた。強大な国力による支えがなければ国民の海外進出にも支障をきたすし、また強大な国家は国民の努力によって実現されるものでもある。日本領事館によって公布された規則は主に風俗や生活習慣に関わるもので、居留民にたいし国家の体面を汚すようなことをしないよう強調している。日本の妓女が茶屋で売春行為をはたらく事件が発生してより、領事館は国民教育を一層強化し、好ましからぬ風俗に対する取り締まりを行うようになった。一八八三（明治一六）年九月二五日、日本領事館は「清国上海居留日本人取締規則」を公布し、居留民の日常行為に対し以下のように厳格に規定している。

一　飲食店旅籠屋の営業を為すものは領事館の成規に従いて願出許可を受くべし
一　上海に来る内国人は到着より四十八時間内に其趣を届出べし
　但已むを得ざる事故ありて届出延引したる時は其事故詳細に申出べし
一　転居旅行帰国等は其前日迄《まで》に届出べし
　但届出の時日なきものは其事情を申出当日届出べし
一　護照を受けずして猥《みだ》りに清国内地を旅行すべからず
一　商店を開くものは少くとも三日前に届出べし
一　結髪者断髪者に拘らず帽子を冠らずして外出すべからず
一　婦人にして謂《いわ》れなく断髪し又は男装を為すべからず
一　男女外出する時は必ず相当の衣服を着用すべし
一　室内と雖《いえど》も往来より見透かす場所に永く裸裎袒裼《らていたんせき》或は股を露わす等の都面見苦しき所行をなすべからず
　以上の諸件に違背するものは一日以上十日以下の拘留に処し又は五銭以上一円九十五銭以下の科料に処

す（沖田一『日本と上海』大陸新報、一九四三年）。

当然このような規則と処罰だけでは不十分で、生活や精神面に対して配慮し指導することによって上海における日本人の結束を強める必要があった。居留民の関連団体や有識者の協力の下、領事館も教育、衛生、生活といった各方面を業務計画に取り入れ、たとえ居留民の数が多くなくても決して疎かにしなかった。

多年の努力を経て日本人居留民は次第に独特の日本人らしさを具えた、外部世界と隔絶して生存できる日本人コミュニティを形成していった。彼らは日本語を話し、日本料理を食べ、日本風に改造した家屋に住んでいた。その生活圏には日本人のための学校、病院、商店、公園や娯楽施設、宗教施設等もあり、彼らの上海での生活は、基本的に日本国内と同じだった。虹口の日本人街は、多くの日本人居留民のノスタルジーの対象となっているが、その実、上海におけるもう一つの「島国」であったのである。

陋習から文明へ

明治維新以後、日本人居留民が上海で海外事業を開拓していったのは、もちろん上海という西洋文明の集積地に魅せられたからである。上海での西洋の文化と科学技術の普及は日本人の視野を広げ、中国が西洋の戦艦や大砲、実業を学ぼうとする洋務運動に日本人たちは深く影響を受けた。日本でも近代化を推し進める一連の改革が進行中であり、それは中国を追い越す勢いであった。こうした状況下において陋俗を排して文明に向かうことが、上海の日本人居留民にとっては日本のイメージに関わる重大事となったのである。

武士はかつて日本社会の中堅を担う階級であった。明治維新後、武士たちは非常に多くの利益を失ったが、国と民族の大義のために毅然として改革の中心となってきた。維新後、武士の俸禄は取り消されたが、政府の公債がその補填に充てられ、武士たちはその公債を元手に自由に商売を始めるようになった。初期に上海にやってきた日本商人の中には少なからず武士が含まれており、田代屋の主人・田代源平もその一人であった。彼は上海の三馬路（現在の漢口路）にある写真館で帯刀した写真を撮ったことがあるが、その姿はまさに武士の身分を象徴するものだった（二四ページの写真参照）。しかし、これまで算盤を手にお世辞を言って人に頭を下げることのなかった武士たちが商売を始めたところで、失敗は免れなかった。初期に上海に来た日本商人の多くが失敗している要因の一つには、このような理由もあったのである。

武士にとって帯刀とは忠義と名誉を表わす精神的行為でもあった。それゆえ、政府が一八七一（明治四）年に帯刀を禁じた後も、強制的ではなかったため、多くの武士は依然として帯刀していた。武士出身の商人たちもまた、上海において帯刀して外出している。それは彼らの捨てがたい武士への想いであると同時に、初めて会う人間に対し自らの過去の栄光を見せつける行為でもあった。しかし武士の帯刀の様子は西洋化された上海において、管理者である工部局には非常に非文明的な行為に映った。一八七三（明治六）年に日本領事館が開設されたばかりの頃、工部局は武士に対し巡捕房（「工部局警察署」を中国人はこう呼んだ）にて武器所持の登記を行うよう要求したが、それに対し日本領事の井田譲は、「日本では武士あるいは士族階級に属するものは、少数例を除いて帯刀を許されており、今は亡き先帝にお仕えしたものは皆武士階級に属しているため、彼らは当時在職していたかを問わず自由に帯刀する権利を有している。しかし、商人や農民は武士階級に属していないため帯刀を許されていない」と曖昧な説明をしている。一八七六（明治九）年三月二八日、日本政府は「廃刀令」を発し、大礼服を身につけた者や軍人および警官以外の帯刀を禁じた。国内で武士の廃刀が完全に実現されるようになると、上海における日本人武士の帯刀も姿を消しはじめた。

初期の日本人の粗雑さは工部局管轄下の公園においても嫌われていた。一八六八（明治元）年に建設され

（上）外灘公園の日本人母子

（下）虹口公園入り口の表示

た上海の外灘公園《パブリック・ガーデン》はヨーロッパ風の余暇を楽しむ空間であり、園内には銀一万両に相当する西洋の名花芳草が植えられ、銀三五〇〇両をかけた音楽堂では、しばしば楽隊が西洋音楽の演奏を行った。音楽堂の近くには噴水が設けられ、噴き出す水は花壇や音楽に生命力を与えていた。このような調和のとれた静かな環境のなかに「奇妙な服」を身にまとった日本人たちが現われて騒ぎ立てることは、工部局には公園の洗練された環境に影響を及ぼすものと映った。このため、工部局総董事はわざわざ日本領事館に責任者を派遣し、遊覧者は身なりを整えるべしという規則を理由に、日本人に身なりに気を配るよう指示してくれと要請し、さもなければ外灘公園への入場を禁止するとした。虹口公園入口に掲げられた日本語の告示、「公園内ニ入ル者ハ必ズ洋服又ハ羽織袴ヲ着用ノ事」は日本人をいっそうきまり悪くさせた。その結果、日本領事館の指導の下、日本人は洋装や礼服を着用して公園に入場するようになっていった。ちょうどその時期日本人社会の欧化運動がさらに進んで、流行のスタイルが目に付くようになり、防寒帽をかぶりステッキを手にした男性や、

20 世紀初頭の外灘公園

黒髪を赤褐色に染めてカールにする女性も現われた。

日本人居留民は墓地におけるふるまいについても西洋文明と衝突した。上海の外国人墓地は普段、上品で静謐な場所であり、静安寺の外国人墓地などは上海の名勝にもなっていた。ところが日本人が墓参する場合大変喧しく、多くの西洋人から反感を持たれていた。例えばお盆になると、亡者に思いを寄せるために日本人は故郷の伝統に則り墓地の前で提灯を下げ、ゴザを敷き、酒肴を並べて、涙を流しつつ痛飲し、さらに三味線でもの悲しい曲を演奏した。日本領事館は、西洋文明の影響下にある上海においてはこのような日本の伝統的墓参のやり方は日本の文明国としての体面を汚すものと判断し、禁止令を出した。

経済的な事情により、初期の日本人居留民が洋館に住むということは非常に少なく、普通の中国式もしくは中国と西洋の折衷式の住宅に分散して居住するのが一般的で、入居後には、板の間に畳を敷き、障子を設えて静かな趣を持たせるなどして、内装を日本式に変えることが多かった。しかし、中国人の家主は、日本人住人が部屋を改装するのを見て、不満に思っていた。他の住人が日本風の部屋を好むとは限らず、日本人との契約が切れ別の人に部屋を貸す際に、改装し直さなければならなかったからである。このような問題は日本式住宅が上海に建設されるようになってようやく多少解決されるようになった。

上海の日本人は初期の段階では外出に人力車を利用することが多かった。人力車はフランス人メナードが日本から導入したもので、「東洋車」「黄包車」とも称された。小回りが利き、料金が安いため大衆に歓迎された。上海における最初の人力車夫は日本人で、「竹の帽子に、前には中国語、背中には横文字の屋号を刺繍した青の印半纏《しるしばんてん》を着込み、なかにはぴったりとした袖の短い上着を着て、裾が絞まったズボンを履き、脚絆に草履ばき」という出で立ちであった。しかし言葉が通じず、道路事情に疎いといった原因で日本人車夫は徐々に減り、後にはすべて中国人車夫になった。上海の日本人はこの故郷よりやって来た人力車に思い入れがあり、そのため日本人乗客と中国人車夫との間には頻繁に揉め事が発生し、中でも日本人乗客が中国人車夫を殴打する事件が多かった。一八八三（明治一六）年七月一四日の夕暮時、日本人二名が虹口まで人力車に乗り、料金のことで揉めて車夫に殴りかかり、工部局巡査の制止も聞かず、付近の豆腐屋に入り

日本人職業婦人たち

込み、包丁を持ち出して振り回し、その包丁が通りがかりの人間に奪われると、今度は木の棒で巡査に襲いかかるという事件が発生した。二人は衆人の協力で巡査に取り押さえられている。また一八八五（明治一八）年七月二三日の晩には、一人の日本人が大橋の北のたもとにある日本旅館まで人力車に乗った際、これもまた料金のことで揉め、事もあろうに刀を抜いて車夫の額に傷を負わせた。しかし、知らせを聞いて駆け付けた巡査の逮捕を公然と拒み、最終的に三名の巡査でやっと取り押さえた。これらお騒がせ日本人たちは最終的に日本領事館により処罰を受けたが、「日本人は人を殴る」という悪い評判も、上海のあちこちに広まっていった。

一八九一（明治二四）年の沈開福殺害は、さらに上海を騒がす事件となった。犯人の尾本、福元、七厘、

（上・下）日本人居留民の住宅内部

荒川、奈良の五名は南市の石皮弄にある馮公館に居住して中国語を学んでおり、沈開福はその近所で小商いをしていた。沈家の飼い犬が尾本たちを見かけるたびに吠えるので、尾本らは飼い主である沈開福が犬の吠えるに任せていることに恨みを抱いていた。七月三日の夜九時、酔って沈家を通りかかった尾本らは犬に吠えられると、酒の勢いを借りて木の棒で沈開福を思う存分殴打し、斬殺に及んだ。検死の結果、沈開福の体には一〇か所の刀傷が見つかり、頭とこめかみの傷が致命傷となっていた。それ以外にも体には棒で殴られた跡が無数にあり、見るに堪えない無残なものであった。尾本らはまず日本領事館に拘束され、その後長崎地裁に送還、審理を経て懲役九年の罪に処せられた。

これ以外にも日本人が酔ってトラブルを起こし傷害に及んだり、また女性にわいせつ行為を拒絶され刺傷するといった事件がたびたび発生した。上海ではさらに、酔った日本人が無関係の人間に硝酸をかけるといったむごい事件が起きたが、犯人の小山岸雲鶴は日本領事館の審理を経て、わずか四か月の拘留に処せられた。

日本文化の窓をひらく

日本人居留民は始め、英仏両租界にまばらに住んでいたが、一八九〇年代に虹口地域に集まりだし、そこを中心にして徐々に日本人居住区を形成するようになった。

元旦から三日間は日本の「正月」で、新年の到来を祝い、日本領事館では新年、皇居に向かって拝む遥拝式が行われた。日本人倶楽部では名刺交換会が挙行されたが、これは皆の年始回りを省くためにわざわざ開催されたもので、上海の日本人商人たちが最も活発に社交をする時でもあった。日本人家庭の玄関口にはしめ縄が張られ、門松が飾られて神様をお迎えした。新年の間は一般の日本人も皆正装するか外出着を着て、初詣に行ったり年始回りをするか客人を迎えるかして、酒を飲んだりお節料理を味わった。

暮春の三月には江南の緑が芽吹き、龍華の桃の花が満開となり、人々は競って参拝や花見に行き、古塔に登って遠景を眺めた。日本人も四月の第一日曜日には龍華へ花見に出かけた。当時、日本堂から出版された『新上海』によると、龍華は上海郊外にある桃の花見の名所で、上海北駅から列車で一時間ほどのところにあった。当時の日本人は馬車を雇って行くのが一般的であった。日本人は桜の花見に倣い、満開の桃の木の下にゴザを敷き、そこに持参した弁当と美酒を置いて座り、飲んだり歌ったりして思う存分に大自然の趣を満喫した。六三花園に植えてある桜が満開の時期になると、庭園は桜を見に来る人で一杯になり、夜になると人はさらに増えた。それゆえ上海のガイドブックにはこの六三花園の夜桜の美しさは龍華の桃の花に匹敵する美しさであると記されていた。

（上・下）居留民のピクニックの様子

陽春の四月は様々な野外活動が盛んに行われる時期であり、長崎凧揚げ大会が上海郊外で行われた。長崎は日本の他の地方と異なり凧を「旗」と呼ぶため、凧上げ大会の間、上海の上空には多種多様な「旗」が飛び交い、それはまるで長い帯が

（上）龍華周辺のクリークで舟を漕ぐ東亜同文書院の学生
（下）日本上海紡績会社のボートレース

舞っているかのようであった。上海に住む同郷人と共に楽しむため、この凧揚げ大会には、長崎からも凧揚げ名人がわざわざやって来ていた。

　レガッタは一八世紀欧州に始まり、正規のレースは一八二九年の、イギリスのオックスフォードとケンブリッジの両大学間によるものを嚆矢とする。日本にレガッタが入ってきたのは明治維新後のことで、青年たちに好まれた。毎年四月中旬になると、上海でも東亜同文書院《とうあどうぶんしょいん》が龍華付近の黄浦江でレガッタを開き、同校の学生以外にも、日本の各大企業の若い駐在員たちが参加していた。新緑の水面で、参加チームが旗を掲げラッパの音が響くさまは大変壮観であった。一九一九（大正八）年四月一四日の『申報』は日本人居留民のレガッタの模様を以下のように報道している。「東亜同文書院学友会は第二回レガッタ大会を龍華鎮百歩橋南黄浦江で挙行した。午前八時から午後五時までに二〇レースが行われ、予選は六艘で毎回三艘が赤青白の三色に分かれ、各艘に七名が乗り込んだ。各界の見物人は三〇〇名余りで、そのうち日本人が九割を占めた」。

四月一五日から一〇月一五日にかけては野球が盛んであった。アメリカ発祥の野球は西洋文明を追い求める日本人に喜ばれ、その人気はアメリカにも引けを取らないほどであった。上海でも東亜同文書院や日本の大企業はいずれも野球場をもっており、その時期には「新公園」〔工部局は虹口公園と呼んだが、日本人はこう呼んで親しんだ。現在の魯迅公園〕や競馬場では日本人が野球を行うスペースを開放していた。五月の中旬には東亜同文書院の校内で上海の日本人による定期野球大会が行われた。

旧暦七月七日の七夕は、中国の伝説と日本の習俗とが融合してできたもので、上海の日本人も家でとうもろこしや茄子などのお供えをし、色とりどりの短冊に歌や文字を書いて笹に飾り付け、女の子の手先が織姫のように器用となるよう願った。

中山公園でくつろぐ日本人居留民

八月のお盆には、日本人居留民の祭祀活動が上海の夏の風変わりな光景をつくり出した。先祖の霊を送り迎えするため、浴衣を着た日本人の老若男女が麦わらでできた「精霊船」を手にし、街頭で盆踊りを踊り、その隊列からはたびたびドンチャンドンチャンという鉦や太鼓の音が鳴り響いた。そして日本領事館前の黄浦江に到着すると、先祖の霊を遥か遠い彼岸へと導かせるため「精霊船」に灯りをともして流した。

「日妓歌舞」(『点石斎画報』より)

中秋の名月には日本人居留民の多くがススキを飾り、団子やクリ、ブドウ、月餅、酒などを供え、世の中の安寧、家内の安全などをお祈りした。なかには郊外の草むらで月明かりの下、酒を飲んで楽しく騒いだりするものもいた。

天長節、すなわち天皇誕生日は、日本領事館が毎年盛大な祝賀会を催した。もちろん各時代の天皇の誕生日が異なるので、天長節も異なる。例えば、明治時代は初め旧暦の九月二二日、太陽暦を採用した明治六年(一八七三年)からは新暦の一一月三日となり、大正時代は一〇月三一日、昭和時代は四月二九日になった。日本語新聞の『上海新報』では一八九〇(明治二三)年の天長節の祝賀風景を、「当日は天気晴朗風静気暖にして恰も小春の如し」と記し、領事館には日章旗と数百の提灯が掛げられ、階上には天皇の写真が掛けられたこと、午前八時より一一時まで参賀の客が陸続と訪れ、その後領事館領事と職員は来賓と庭園で記念撮影をしたこと、領事館前の黄浦江に停泊した日本船上にも日章旗や提灯が掲げられ、夜七時から一一時までは日本領事が五、六〇名の紳士淑女を招待して祝賀会が催されたことなどを報じている。『点石斎画報』はかつて「日妓歌舞」というタイトルで日本人居留民たちが天長節を祝う様子を描き、そこに「日本の役人が祝賀会を催し客人をもてなして慶賀の意を表し、一般家庭は色絹の飾りを、商店はあまねく日章旗を掲げてそれらがそよ風にはためくさまは色鮮やかでまさに新年の光景である。戦艦は礼砲を撃ち鳴らし、音楽が奏でられてはいるが、見るに値する最たるものは妓女たちが優雅で華やかな衣装をまとい大皿を頭にのせているような髷を結っている姿である」と記されている。一九一六（大正五）年一〇月三一日の『申報』にも、「有吉明駐上海（日本）領事が領事館にて天長節の祝賀会と舞踏会を催した」と報じている。招待を受けたのは上海の軍事と政治における主要人物や英・米・露・仏・葡の正副領事、そして日本人商人であった。

日本居留民が散策や集会を好んで行った虹口公園（新公園）

　当初日本人居留民には大型の活動施設がなかったため、祝賀行事は大体領事館内で行われ、時に中国人の公園を借りることもあった。一九二八（昭和三）年七月、虹口公園が正式に日本人に開放されると、そこが大きな集会を行う会場となった。同年一一月一〇日、京都御所で昭和天皇の即位の礼

上海神社に参拝する途中の日本人児童（北四川路内山書店前）

ならびに大嘗祭が挙行されると、虹口公園においても盛大な祝賀行事が行われた。まず午前中に日本総領事が遥拝式を行い、次いで八〇歳以上の居留民に対する天杯授与式、さらに居留民団の各学校による拝賀式と徒競走や相撲大会が開催された。午後は礼砲を鳴らして軍隊のパレードを行い、さらに芝居や奇術の公演もあり、お祝いに駆けつけた日本人たちによる芝生上の踊りは、深夜まで続いた。また、上海居留民団行政委員長の河端貞次は宮内大臣へ天皇即位の祝電を送った。

宗教活動は日本人同士を感情的に結び付ける紐帯であり、上海では国内と同様に仏教、神道、キリスト教等の多種多様な宗教が奇妙に共存していた。日常生活においては仏教との結び付きが特に強かったが、正月には神社に参拝に行き、婚礼においては神道かキリスト教の様式が用いられた。

神社は先祖の霊や自然神を祀る場所であり、国内の各地に大小様々な神社があって、日本人はそこでの祭祀を通じて生活中の祈りや願いを祖先や神に伝えた。明治維新後は皇室を崇拝する国家神道の実施により神社には神官が任じられ、政府の資金援助を受け、愛国の誓いが社会と国家を結びつける要となった。上海の日本人に祭祀の場所を提供するため、六三園の創設者である白石六三郎は長崎の諏訪《すわ》神社の祭神を請来して六三園内に社殿を立て、長崎と同じように神事をとり行った。一九一二（明治四五）年四月一四日、六三園にて諏訪神社落成式が行われ、ここは上海で最も早くに建立された日本の神社となった。さらに同年、白石は浦東の金毘羅宮と恵美須神を合祀した小さな神社を諏訪神社に合祀させ、日本総領事はそれを「滬上神社」と命名した。滬上神社の初代神主となったのは元諏訪神社の神主である鶴田栄治であるが、彼は長崎市大黒町の出身で、少年時代は神童と称せられていた。一九一五（大正四）年七月一二日、滬上神社は六三園から同園そばの天通庵路へ移転した。一九三二（昭和七）年の第一次上海事変の際に六三園と滬上神社はいずれも日本

（上）虹口の街を歩く神主
（中）神事を行う居留民
（下）滬上神社（1912〈明治 45〉年）

(上) 上海神社にて (1943〈昭和18〉年)
(下) 東本願寺での法事を終えた居留民たちと僧侶

軍の砲火によって灰燼に帰した。一九三三(昭和八)年、江湾路一八一号に滬上神社を改称した上海神社と招魂社を造り、ここに神社は、日本人居留民の祭神であると同時に戦死者を招魂するという二つの性格を備えることになった。

上海における日本の宗教活動は、一八七六(明治九)年の東本願寺上海別院開設を嚆矢とし、その後西本願寺上海別院や本圀寺が相次いで開設されたが、これらが上海における日本の三大寺院であり、日本人の葬儀や追悼会を開く主たる会場となった。一九一二(明治四五)年、上海の明治天皇の死を悼む法要と天皇のために殉死した乃木将軍夫妻の追悼会がこの三大寺院共同でとり行われた。居留民団が言うところの「居留民葬」も本圀寺《ほんこくじ》で始まった。通夜から僧侶の読経まで上海での葬儀方法は国内と全く同じであったが、写真で見る遺族の呆然とした様子からは、異郷で親族を失った苦痛と無念さが見て取れる。

飲食における日本らしさも極だっていた。日本人居留民たちはふつう和食を主とし、洋食や中華を従とした。日本の魚と野菜（葱、牛蒡、蕪や独活など）は多くが九州から運ばれた。日本人は一般に、朝八時か九時には買い物に出かけた。市場には米、酒、醬油、砂糖、玉子、肉など必要なもの全てが揃っており、安くて豊富であった。一八九〇（明治二三）年を例にとると、中国の牛肉一ポンドが〇・五〜〇・九元、玉子一ダースが〇・七〜〇・八元、大麦一〇〇斤が一・三元であった。魚は、市場の魚屋で注文し、家まで送り届けるという、日本国内と同じ方法を用いていた。当時日本人の家庭でもし中華料理を主にした場合、そのひと月の食費は一人当たりわずか五、六元で、中国人の使用人を雇うよりも安く済んだ。当時の中国人使用人の月給は五―一〇元であったからである。

「常盤のすき焼き、熊本屋のお汁粉」が当時日本人居留民の間で非常に流行った日本食である。上海に日本料理店がなかった頃は、自分たちで宴会の場所を見つけていて、天潼路にあった「三省号」という甘味処の二階で宴会が開かれていたという記録が残されている。上海に日本旅館が開設されるようになると、多くの宴会は旅館の食堂で行われるようになった。豊陽館、万歳館、増田旅館といった当時一流の旅館では、日本酒一瓶が〇・二元、ビール一瓶が〇・二五元、宴会料理は一人一・五元という価格で、「六三亭」はさらに高く、日本酒一瓶が〇・二五元であった。日本旅館の酒の値段は国内の倍以上はした。

初期の日本人居留民は、生活風習や宗教活動等の面で、上海において日本文化の特徴を強烈なまでに発揮し、居留民が激増し組織が整備されるに伴い、行政管理、学校教育、生活保障、公衆衛生、広報宣伝活動の面において、いっそう日本人の文化的特徴を顕著にしていった。また同時に、西洋文明を学ぶ中で、いかに民族の伝統的側面を継承していくかという点に関しても、上海に新たな啓示を与えたのである。

第五章

文人商人・岸田吟香

一九九七年〈平成九〉三月、「桜と湖の町」と称される岡山県旭町〈現・美咲町〉に、同町出身の岸田吟香〈一八三三〈天保四〉―一九〇五〈明治三八〉〉記念館が建設された。館内には岸田吟香に関する多くの貴重な資料が陳列され、その中には今から一〇〇年以上前に彼が上海から家へ宛てた手紙やその他の墨跡もある。美しい旭川湖畔には岸田吟香の銅像と記念碑も建立され、その辺り一帯の緑地は「吟香苑」と命名されている。これら一切に、幼くして故郷を離れ上海で起業した教養ある商人を慕う、岡山県民の気持ちが込められている。

楽善堂書薬舗の創設者

一八三三年、岸田吟香は岡山県久米郡に生まれ、太郎と名付けられた。幼年時代は寺子屋に学び、一二歳より漢学を学び始める。一七歳で「大魚は小池に棲まず」の志をもって江戸に遊学し、中国の詩人の「梅花吟じ句もまた香る」の詩句を好んだため名を吟香と改めた、という説もある。後には大阪で蘭学を修め、そこでは、銀次郎と呼ばれた。

一八六四（元治元）年四月、目を患っていた岸田は人の紹介により、横浜在住のアメリカ人宣教師、名医であり言語学者でもあるヘボン博士（James Curtis Hepburn、一八一五―一九一一）と知り合った。当時ヘボンは和英辞書を編纂中であり、ヘボン夫人は日本初の女子ミッション・スクール（フェリス女学院大学の前身）を横浜に設立していた。ちょうど英語を学習中であった岸田はヘボンと面識を得られたことを大変喜び、ヘボンの方でも喜んで彼を助手にした。一八六六（慶応二）年九月にヘボン編纂の『和英語林集成』が脱稿すると、ヘボン岸田はヘボン夫妻と共に上海へ行き、原稿を当時評判の高かった美華書館に渡して印刷させた。美華書館の前身である寧波華花聖経書房はアメリカ長老派教会の宣教師ガンブル（William Gamble）により運営され、一八六〇年に上海南市東門外に移り、さらにはイギリス租界の北京路に移った。ガンブルは電胎法による中国語版活字の母型製造法の発明者であり、以後この方法による活字は「美華字」と称された。一八六一年、ガンブルは日本語版活字の製版も始め、明治維新前後の時期には、日本の和洋書籍の大半がこの美華書館で印刷された。

岸田吟香（愛知大学東亜同文書院大学記念センター提供）

上海でヘボン夫妻が病に倒れたため、和英辞書の校正作業の大部分は岸田が担当することになった。彼の月給はわずか一〇元で、半分が食費に消えたが、その残りで好きな書画を購入した。一八六七（慶応三）年五月に『和英語林集成』が出版されると、初版一二〇〇部は直ちに完売して人々の座右の辞書となり、年を経るうちに、いくら高値でも古本市場で手に入れるのが難しくなった。黄式権著『淞南夢影録』に、岸田が「智恵を出して銅版のポケット版を作ったが、それは牛の毛のようにきめ細かく、サイの角よりも輝いていた。一尺以上の本が寸にまで小さくなり、

（上）『和英語林集成』
（下）ヘボン夫妻（いずれも横浜開港資料館所蔵）

その「人工の巧みさは天の技も顔負けであった」と記されている。

岸田の上海最初の滞在はわずか九か月の短い期間であったが、開港後の上海の新たな様子を直に肌で感じ、このときから中国との縁ができた。明治初年、岸田は政府に日中貿易発展の意見書を提出し、「商業報国」を人生の理想とした。

一八六七年五月に帰国した岸田は、『和英語林集成』編纂や印刷制作への協力に対する報酬として、ヘボンより西洋目薬の調合方法を伝授されるとともに、その生産販売の許可を得た。岸田はすぐに目薬を調剤し、「精錡水《せいきすい》」と名付けて販売を始めた。翌年一月、単身で上海に向かうと、小東門外の「瑞興号」や洋涇橋の「万祥号」と契約を結んで、「精錡水」の販売代理店とし、「東洋岸田吟香先生監製、眼薬水、〃精錡水〃寄売」の金看板を店先に掲げさせた。岸田は同年四月に帰国した。

一八六八（明治元）年六月、岸田は横浜において「もしほ草」の創刊に協力した。一八七三（明治六）年には、創刊間もない『東京日日新聞』に入社して同紙四大記者の一人となった。一八七四（明治七）年に日本が琉球船民の被害を口実に台湾に出兵すると、岸田は記者として台湾に赴き、多くの報道記事を書き、また台湾の風俗に関する記事を多数発表し、同紙の発行部数を激増させた。

一八七五（明治八）年、岸田は東京・銀座に「精錡水」の専売店である「楽善堂《らくぜんどう》」薬局を開いて大成功を収めると、一八七八（明治一一）年には再び上海へ視察に出かけた。当時の日本は西洋の薬を崇拝していたが、中国は漢方薬の故郷であり、上海が各国の商人が鎬を削る市場となっていたことが、岸田の上海で事業を発展させようという情熱を掻き立てることになった。一八八〇（明治一三）年一月二一日、岸田は『郵便報知新聞』に、「私は今日出帆の郵船東京丸に乗込み支那へ精錡水を売り弘《ひろ》めに参ります」という挿絵入り広告を載せ、中国大陸における事業拡大を正式に宣言した。岸田は二月に上海に到着し、三月一三日、イギリス租界・河南路の老巡捕房（旧警察署）脇に楽善堂をオープンした。

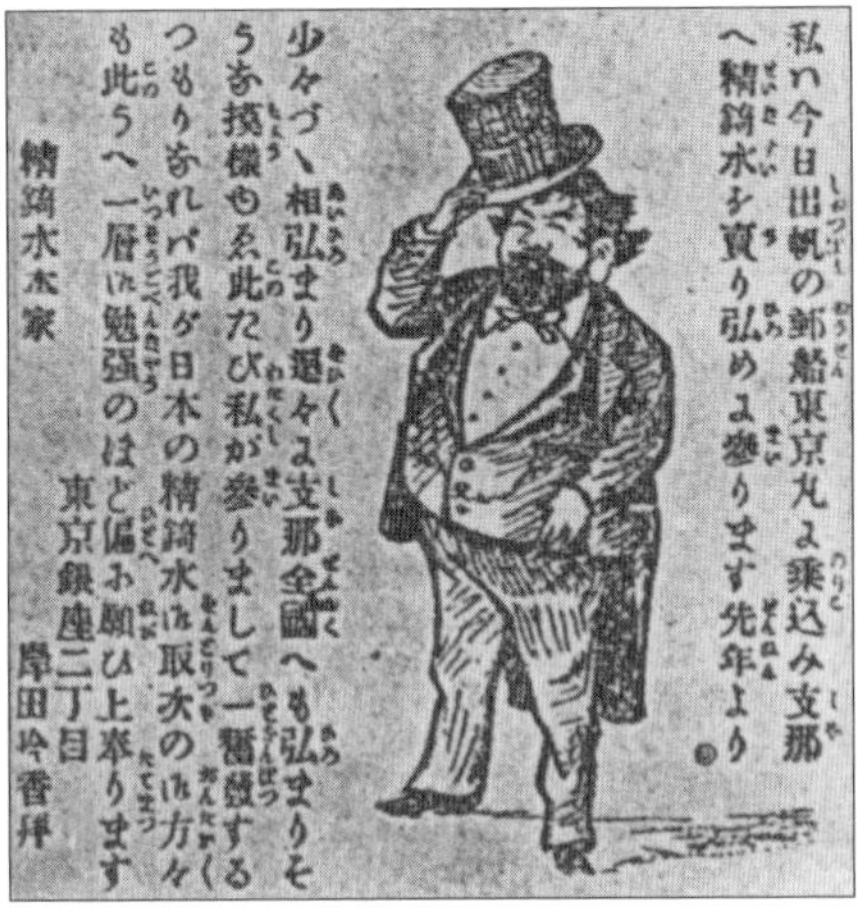

『郵便報知新聞』に岸田吟香が掲載した広告

楽善堂開店後、岸田は上海で最も影響力のあった新聞『申《しん》報《ぽう》』に「東洋目薬・神效・光明・精錡水」の広告を載せ、「日本は扶桑《ふそう》の東にあり、古来蓬莱と称す、仙山霊水多く、奇樹異草を産す、故に医術においても神技多し。本堂は日本東京に開設して数年、調合する良薬はそれぞれ先祖伝来の秘方にて、なかでも目薬の精錡水は特別な調合を施して効果てきめんのため世にその名を轟かす」と謳っている。それと同時に「東瀛仙

楽善堂が『申報』に掲載した広告
(上) 麦液潤肺膠
(中) 宝丹
(下) 千金保真丹，等

伝」のうたい文句を掲げた「海龍聚精丸」を、「精力保存、活力増強」の効果があると称し、「本堂の薬は他の店のと異なりますので、皆様是非ともお試しあれば、その効果てきめんで絶対に間違いないことをお分かりになります」と宣伝した。楽善堂は薬の販売だけでなく銅版制作の『諸子百家』等の書籍を出版し、木版に比べ小型で携帯に便利なため科挙受験生に非常に喜ばれ、「楽善堂版」と称された。

上海は、江南地方の特殊な場所に位置しており、土地が狭くて人口が多く、夏は蒸し暑いので、開港以後の生活スタイルの変化に伴い「淫靡な風潮が日増しに強まり」、「花柳病」や「急性伝染病」の患者が特に多くなっていった。岸田は疫病流行下の市民の需要に応えるため、コレラなどの疫病治療の薬品販売を積極的に行うとともに、『申報』で大々的に広告して、それらを上海の家庭における常備薬であると称し、以下のような調子で宣伝した。

東方公一粒金「この薬は疫病や暑気あたりなど男女の万病を治しますが、その効能は述べ尽くせません」

広済至宝丹「コレラによる吐瀉や腹痛など諸般の急性伝染病に効きます」

急救時疫霊丹「気の交わる中におりますとその淫熱邪気に中《あ》てられ、鼻、口、毛穴よりそれが侵入し、鬱積して解消されぬと流行熱や暑気あたりやコレラ等の病となります」、「この薬は身体を冷やすことも温めることもなく、解毒を主とするので何ら副作用もなく、コレラや急性病になって一時身体を冷やすか温めるかわからない時でも服用しますと効果てきめんです。つつしんで皆さんにお伝えします。家でも旅行に携帯されても、自分だけでなく人助けにもなる正に救世の良薬であると」

秘方紫雪丹「暑気あたり、コレラ、腹痛、吐瀉《としゃ》、流行熱、瘴気《しょうき》、疫病、虫毒、精神錯乱、ひきつけ、内臓に入り込んだあらゆる難病もこの薬で効果てきめんの衛生の至宝」

宝丹「暑気あたりやコレラ、吐瀉、腹痛、一切の急性伝染病、水中り、瘴気などによる病は、これを服用すれば起死回生で効果てきめん」

岸田吟香はさらに『痧《さ》症要論』『花柳辨症《かりゅうべんしょう》要論』等のパンフレットを作成し無料で配布した。『申報』主筆の何桂笙が序文を書き、『申報』にも広告が掲載された。その序文で、「日本の岸田吟香氏は中国に滞在されること数年、中国の風土や人情に通じられ、商売の方も順調である。近頃では薬の販売よりも啓蒙活動が重要ということで『痧症要論』と『花柳辨症要論』の二著において、急性伝染病や毒物についての治療法を解説されている。そこで取り上げられている治療法はいずれも効果てきめんで、衆生に裨益《ひえき》するものであり、その功績は小さくない」と記している。また『申報』では楽善堂が『痧症要論』を無料配布する情報を載せ、「病を治すにはまず症状を把握する必要があり、それからその陰陽いずれかを判断すればいいのである。陰陽がわからなければ症状に合った薬が選べずに乱用することになり、病魔を追い払うことはとてもできない。急性病のような病は突然猛威をふるい明日とも知れぬ危険な状態になり、咄嗟の間に判断するのが難しく、もしも陰陽を誤れば致命的となって誠に哀れむべきこととなる。急性病は天候不順や生活環境が悪いことで起こるが、発病するのは寒暖が一定せず、実際の状況が考えていることと違うところからくることで、多くは、冷たいものを口にしたり、酒や女に溺れたりして、内では胃腸を傷つけ外では悪気に中り、それが内臓に溜まり、また、涼しくなると突然気が詰まって不通の状態になり、危険な症状となる。世に言う陰痧《いんさ》、陽痧、交腸痧、烏痧《うさ》、痧、吊脚痧《ちょうきゃく》、麻痧《ま》、子午痧《しご》、羊毛痧《ようもう》などである。その症状はさまざまであるため、その見分けがつかなければ薬も何ら役に立たない。そこで本堂では『痧症要論』を数千部印刷し、配布して広く宣伝しており、各家庭に一冊備え、急性伝染病に遭った際には病状を判断して正しく薬を服用し間違いのないように願います」と記す。楽善堂の伝染病治療薬と岸田のパンフレットは当時の上海で注目を集め、岸田自身も瞬く間に有名人となった。

上海文人界の中心人物

『申報』は一八七二年四月三〇日、イギリス商人メイジャーによって上海で創刊された。『申報』以前にも中国語の『上海新報』（一八六一年）があったが、完全に西洋式の紙面構成にしたため中国人の反応は芳しくなく、発行部数は四〇〇部以内にとどまっていた。それに対し『申報』では、上海の事情に通じた中国人を主筆として迎え入れて編集業務を任せ、社説やニュース欄を重視して広告のスペースを増やし、無料で中国文人の詩、短文、時論等を載せたため、多数の上海の文人の支持を得ることに成功した。十数年の努力を経て、一八八〇年代中期になると、『申報』は上海で中国人が運営する、メディアの中心となっていった。

『申報』の一大特徴としては、「吟壇」欄をつくり、そこが上海文人の活動拠点となったことがあげられる。当時「吟壇」で活躍した上海の文人は百名を超え、中でも高悞軒《こうごけん》（雅号は太痴生）、何桂笙《かけいしょう》（高昌寒食生）、王韜《おうとう》

（弢園老民《とうえんろうみん》、天南游叟《てんなんゆうそう》）、王恩博（甬東小楼《ようとうしょうろう》主人）、袁祖志《えんそし》（倉山旧主）、黄協塤《こうきょうけん》（夢畹生《むえんせい》）、銭昕伯《せんきんはく》（霧里看花客）らが有名である。このうち、高悗軒、何桂笙、黄協塤、銭昕伯らは『申報』の主筆を担当したことがある。

岸田が上海で楽善堂を開いた時期はちょうど『申報』の発展期にあたり、岸田も文化的素養を具えた商人の嗅覚で上海一の新聞『申報』の社会的影響力を感じ取り、「吟壇」に強い関心を抱いた。楽善堂と『申報』館は歩いて数分の位置にあり、岸田は楽善堂の二階に書斎を設けた。上海文人の輪に融け込むため、中国人名のように「岸吟香」と漢字三文字に改名し、書斎を「借楼」と称し、また「海上売薬翁」を別名とした。岸田は当時の中国人がイメージする「背が低い日本人」とはかけ離れて、身長一メートル八〇センチ、体重九〇キロ、二重まぶたの大きな力強い目のため、「東洋仙客」という美称を与えられた。岸田はこれまでの経歴とその人柄により上海の文人にも好感をもたれ、同志の一人とみなされるようになった。『申報』の主筆であった黄協塤は、「友人の岸田吟香氏は日本の名士である。朴訥な性格で浮ついた所がなく、人との交流も丁重で学者らしく、言葉をあらげたことなどない」「私が氏と面識を得てから数年、休日のたびに御宅に伺い雑談をし、氏の蔵書を拝見するとまさに汗牛充棟で、その多くが海外に残されたもので、中国にはないものである。それらを見るといつも天帝の書庫に足を踏み入れたような感じがし、まさに宝の山である。氏はそれらを口で諳んじ、心の中で反芻し、時に我々とその要点を考え議論したりして倦むことがなく、老いを知らぬ程である。氏の学問に対する姿勢はまことに好ましいもので、学問で名を上げようとはせず、ふだんは実は医業に身を隠している」と評している。

岸田は「吟壇」に加入して間もなく、上海に「玉蘭吟社」という詩社を設立した。それは楽善堂の前にあるハクモクレン（玉蘭）の木にちなんで名付けられた。一八八八（明治二一）年四月八日、上海で五五歳の誕生日を迎えた岸田は、楽善堂前のハクモクレンの木に玉のような花が咲き誇っているのを目にして大いに気

王韜

を良くし、王韜ら上海の名士たちを楽善堂に招いて心ゆくまで吟じあった。王韜（一八二八—一八九七）は欧州遊歴を経て、一八七四年に香港で『循環日報』を創刊して変法自強（制度改革）を唱え、一八八四年に上海に戻ると『申報』の編集部主任となり、その一方で格致書院（私立の理科教育学校）を運営していた。岸田はその日、吟社の設立ならびにその社長に王韜を推すことを提案し、参加者の賛同を得た。岸田がどんな社名をつけたらよいかを問うた際、王韜がうれしそうに建物の前のハクモクレンの木を指し「玉蘭」と名付けようと言った。それから一〇〇年あまり後、「玉蘭」は上海の市花となった。

玉蘭吟社は毎月一、二回、読書や書画の鑑賞、詩を作って唱和する、山水に遊ぶといった中国文人の伝統的な活動を行った。岸田は「玉蘭吟社」設立後、「詩や酒を求めて休むことなく」、上海文人との関係はさらに深まった。『申報』もスペースを惜しまずに玉蘭吟社の詩人の詩を掲載し、その活動状況を紹介した。

一八八八（明治二一）年春、岸田が上海を暫時離れ漢口へ向かう際、玉蘭吟社の友人たちとの別離に際して、岸田は、

「そぼ降る雨が離別の憂いをかき立てる時、私は晴川閣（武漢の有名な楼閣）まで船出します。磚（レンガ）を投げて玉を引き寄せるやり方をあえてまね、しらがの海客が瀛州（東海の仙山）のことを語りました。灯下、送別の歌を唱う客人が新たな愁いをそそります。江南はまさに暮春の頃、清和節（旧暦四月一日）はまもなくやってきます。その時は長江上ですばらしい客人たちとお会いしたいものです」

と詠んだ。それに答えて吟社同人の蘭月楼主は直ちに、

「春風は漢陽にも吹いており、遠い山河の空は晴れ渡っているでしょう。二度の花見の会で私を酔うほど

歓待して下さいましたが、この度は数人が柳を折ってお見送りします。上海の雲や樹木は異郷の地の夢ですが、旅立つ時は、感情のこもった薬籠や詩嚢を携えることができます。本日の別れは一時的なものですので、詠む詩歌に別離を含むものは入れないようにしましょう」

と詠んだ。

同年一〇月の菊香り蟹肥える時期に、漢口より上海に戻った岸田は吟社同人を招いて、高級日本酒を振舞い、日本画家・塩川一堂の山水画を広げて皆の鑑賞に供した。塩川の画は「青青として美しく、文湖州（宋代の画家・文同を指す。湖州知府に任じられたが任地に赴く前に亡くなり、「文湖州」と称せられた）の作風を思わせ、雄渾の気に溢れて」、同席者に深い印象を与えた。その後、岸田はまた、友人たちを西洋人のボートレースの観戦に誘った。詩人の甬東小楼主人（王恩博）は「西洋人のボートレースを観戦し日本の岸田吟香氏の求めに応じて」と題する詩で、

「潮声は静まり波も収まって、小艇が軽やかに河口に向って進む。西洋人がボートレースで勝ち負けを競い、両側で漕ぐオールが月の照る水面を打っている」

と当時のボートレースの珍しい光景を表現している。

吟社の詩人との交流以外に、岸田吟香は清朝考証学の大家である兪樾《ゆえつ》とも極めて深い交流を結んだ。兪樾（一八二一―一九〇七）、字は蔭甫《いんほ》、号は曲園。翰林院《かんりんいん》編修や河南学政を歴任、一八六二年以降、蘇州や上海にて学問を講じた。一八六八年より杭州に詁経精舎を開設し、著書に『在春堂全書』がある。一八八八（明治二一）年秋、岸田は『東瀛《とうえい》詩選』の編纂を兪樾に依頼、兪樾は五か月を費やして翌年春に五〇〇〇首余りの作品を収めた『東瀛詩選』四四巻を完成、日本で出版した。これは日中文化交流史における一大成果である。その序文で兪樾は以下のように述べている。

兪樾

「壬午〔一八八二年〕秋、岸田国華即ち吟香氏から蘇州で療養中の私に対し、日本人が詠んだ百数十の詩歌集から詩歌を選定するよう依頼があった。病気を理由に断るつもりであったが、考えてみると中国と日本は海を隔ててその習俗に異同はあるが文字は同じである。私は図らずも海外にまで虚名を流し、本を出したことがある。日本の文人たちと文字を通じて交流するのは晩年の楽しみの一つであり、辞せずにお引き受けした次第である。秋から春にかけて五か月で五〇〇〇首を選び、全四〇巻と補遺四巻の『東瀛詩選』が成った。私はそれらを読むたびに、姓名の下にその詩の典故を略記し、学統については名前の下に付し、まだ選定されていない詩は摘録した。『東瀛詩選』は日本で刊行されるが、私が記した部分は二巻として、自分の文集である『在春堂全書』に収めて、『東瀛詩記』と命名した。その中には過分な賛美がないわけではないが、他人の長所を吸収するのは春秋時代に行われたすぐれた方法である。本書には五〇〇余名の詩が収められ、その内私が記したものは一五〇名に止まり、記さなかった人が多くいる。光緒九年夏六月。曲園居士兪樾記す」。

岸田は五〇歳で子をもうけた際にも、兪樾にその名付け親になるよう依頼し、兪樾は喜んで引き受け、次のように語った。「吟香氏が五〇歳を超えて初めて一子をもうけ私に名付け親になれと頼んできたので、私は五〇を艾《がい》ということから艾生と名付けると共に、詩を贈る。「一〇〇の半ばにしてついに鳳雛の鳴き声を聞き、この男子に艾を以て名付く。二〇数年後争いて東瀛に向かい艾生を訪ねてみたいものよ」。

一八八九（明治二二）年三月、岸田は上海での仕事を終え帰国することとなった。王韜は玉蘭吟社の同人全員を招集し、上海北部の自邸「淞隠廬」にて送別会を開いた。席上、岸田は塩川一堂の絵画『春江送別図』を取り出し、出席者にこの絵に題して詩を詠むよう頼むと、『申報』の編集者であった黄協塤はただちに詩をつくって盛大な催しに華を添えたばかりか、「春江送別図」という題で『申報』の一面に岸田を送る文章を載せた。別離の際、岸田が中国の友人たちに日本酒を贈ると、詩人の袁祖志は酔ったあとに、「梅のつぼみが開きかけた時は酒に酔いかけた時でもあり、梅の香りと酒の香りの区別がつきません。詩情が瞬時にわくのですが、春の気配に驚いてつい酒杯に手が伸びてしまいます。酒の味はたとえようがなく濃いもので、ここでの交歓を淡くも忘れ去るということがないようにしましょう。今までは日本からもどる船を論じるのみで、酒を味わってあなたの故郷を思うということがなかったのですね」。という詩を吟じた。

新旧暦の組み合わせカレンダー

カレンダー（月份牌）は近代に上海で生まれた新しい年画であり、それは旧来の木版による年画や暦画の形式を踏襲して、細密画の技法で神話や伝説、歴史上の物語等を精密に描き、絵の上に商品宣伝の文章を載せて石版でカラー印刷したものである。カレンダーは大衆的商品の宣伝物として広く普及し大衆から好まれていた。しかし一部のカレンダー研究者の言う、「月份牌」という言葉が初めて現れたのは一八九六（光緒二二）年であり、当時四馬路にあった鴻福来呂宋大票行が宝くじを買った人に贈呈した「滬景開彩図・中西月份牌」が上海におけるカレンダーの最初であるとするのは正しくない。一八八〇年代初めに岸田吟香が上海に楽善堂を開店した時すでにカレンダーを発行しており、これ以後「月份牌」という単語も『申報』ではしばしば見られるからである。
一八八〇（明治一三）年の開店より楽善堂は、毎年春節になると『申報』を通じて読者に精緻なカレンダーをプレゼントして楽善堂とその薬品の社会的影響力を拡め、人々に馴染みの店となっていった。一八九三年一月二九日の『申報』には、「我々楽善堂は毎年春節に銅版五色刷りカレンダーをお配りして既に十数年、常に世間の称賛を受けております」という文章を載せている。『申報』では楽善堂のカレンダーを受け取ると紙面に「贈呈感謝」の文章を載せたが、感謝の意を表すというものの実際はその機会を借りて、岸田と楽善堂のために宣伝をしていたのである。

日本の岸吟香氏は蓬萊の仙客として薬草の処方に精通し、上海に滞在され長年を経た。その人となりは真面目で隠遁者の趣がある。かつて漢籍の珍書数十種を捜し出し、銅版のポケット版にて出版して、それを手にした読書人から珍重されている。また医術にも専心して人助けを旨とし、薬を調合してそれを服用したものに効果が現れている。まさに古人の詩に言うところの「陰徳を積みつつ学ぶ」とは氏のことを指す。本紙に進呈下さった自製の新旧暦併用カレンダーは、その紙質は牛毛のようにきめ細かく、サイの角より輝き、色鮮やかでまことに貴重なものである。本紙でもそれを賞玩し、ここに数言をもって感謝の意を表する（『申報』一八八五年四月八日）。

日本の岸吟香氏は博学好古、文字の訂正に通じ、また医術に優れ、その名声は久しく知れ渡っている。昨日、今年の新旧暦併用カレンダーを贈与頂いたが、その印刷は精工で色鮮やかであり、座右にかけて愛でるに足り、ただ吉凶を占うだけではなく、何時でも目を通すに充分な内容である。ここに数語を綴っ

（左）河南路にあった楽善堂書薬房
（『支那大観―第１集 中部支那』）
（右）楽善堂が中国の読者向けに発行した書籍目録

て感謝の意を表する（『申報』一八八六年二月二三日）。

岸吟香氏が楽善堂を上海の河南路に開いてより、新年になると必ず新旧暦併記のカレンダーを作成され、同人に贈与されている。その絵には日本の神々や名勝が描かれ、すばらしくて美しいことは、すでに多くの紙上で報じられている。今年岸氏は日本に帰国されたが、我が友、藤田重遠氏を招いて一切を取り仕切らせている。昨日数十幅のカレンダーが贈呈された（『申報』一八九〇年二月一〇日）。

これらの『申報』掲載記事により、楽善堂のカレンダーは広告であると同時に、上海の文人たちの生活に風雅さを添える鑑賞品でもあったことがわかる。

楽善堂は定期的に『申報』の読者にカレ

ンダーを贈るだけでなく、新年になると精美な薬品目録も贈呈していた。一八九二年二月の『申報』は「日本の岸田吟香氏は中国医学に精通して、行き届かないことはなく、妙薬の調合は極意を得ている。一〇数年前に上海にて楽善堂を興して、現在は帰国したが、代理を務める藤田氏は薬材の加工に専念し、薬の効き目は抜群である。このたび銅版で印刷された薬品のリストには名人が描いた雲龍の絵が使われ、そこには新年のお目出度い文句も付けられている。ついては本日、読者机下へ進呈をすることになった」と述べている。カレンダーと同じやり方で精美な薬品のリストを制作するというのも、楽善堂の新しい広告のアイデアであった。

楽善堂のカレンダー贈呈方法は次々と新しいアイデアを生み出した。一八八九（明治二二）年年末には日本の劇団、服部松旭斉一門の有名な芸人、松旭斉天一が上海で興行を行った。まず「西楽園」、次に四馬路の「桃源趣」にて、全部で二か月近く公演した。時はちょうど春節（旧正月）にあたり、演目の最後に天一が登場して紙幣数十枚を皿に載せ、皆さんへの新年の贈り物ですと言って手を翻すと突然楽善堂のカレンダーへと変わり、それを観衆に配布した。春節時期の観衆が日本からの「珍しいプレゼント」を貰い、とても喜んだことは言うまでもない。

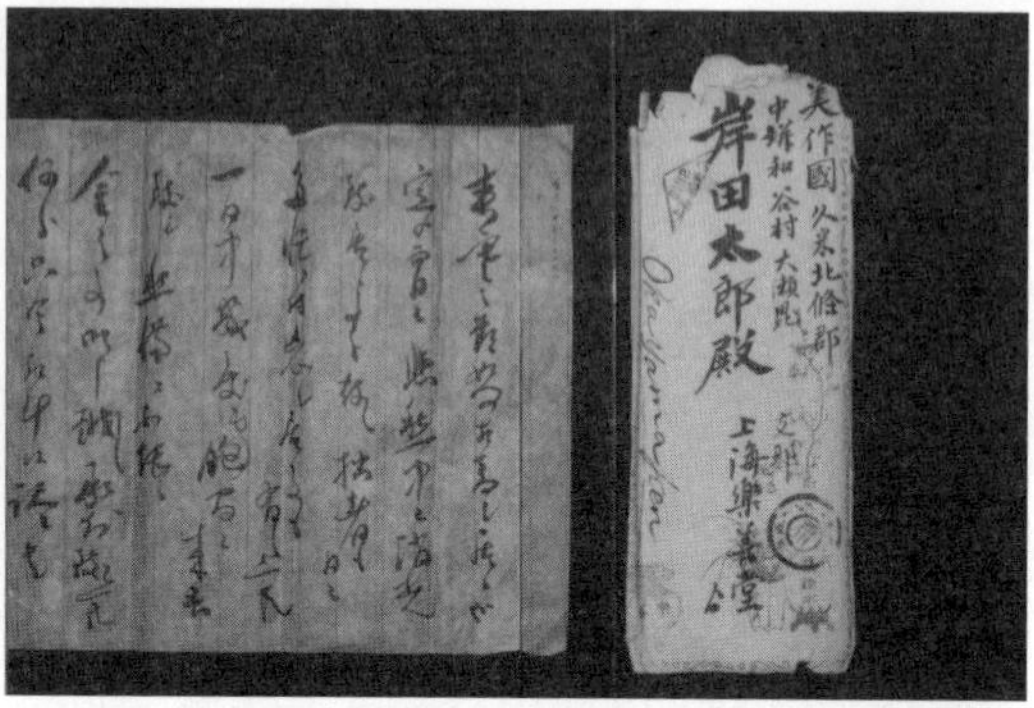

岸田吟香が楽善堂から故郷に宛てて出した手紙

岸田は日清貿易研究所、同文会、東亜同文書院等の日本の対華文化組織の設立に参与し、また漢口の楽善堂は、のちに日清貿易研究所を創設した荒尾精が岸田の名義を借りて開いたものだった。その著書に『呉淞《ウソン》日記』（一八六六年）、『清国地誌』（一八八二年）、『上海城廂租界全図』（一八八六年）などがある。日本の有名な洋画家・岸田劉生《りゅうせい》（一八九一―一九二九）は岸田の四男で、一九二五（大正一四）年、父を記念した「吟香案詩之図」を制作している。

第六章 医師・薬局・病院

明治維新後、日本は医学の近代化の時代を迎えた。西洋医学が政府によって奨励され、日本の医学の主体となっていった。同時に日本は海外の居留民の衛生施設と医療条件も大変重視したため、上海の日本人の医師や薬局、病院の設備は国内と遜色ないもので、また日本人居留民数の増加と共にその数も増えていった。そして一九三〇年代までには、英米などの外国人病院の数をはるかにしのいで、上海の外国人居留民社会では最大規模となっていた。

名医が結集した明治期の上海

一八七六（明治九）年一一月、上海のわずか一〇〇人余りの日本人居留民の医療上の問題を解決するために、日本総領事の品川忠道は広業洋行支配人・松尾巳代治《まつおみよじ》、有馬天然代理人・栗田富之助《くりたとみのすけ》、三菱会社上海支配人・内田耕作《うちだこうさく》、東本願寺別院輪番・河琦顕成等六名の代表を集めて相談し、日本政府に対して日本人医師一名を派遣することを請願した。その理由は、上海は西洋人の医師は多いが居留民は言葉がわからないので診察を

小竹歯科医院（北四川路）

篠崎医院（文監師路）

受けづらく、また西洋人の病院の高い診察代は居留民の負担に堪えない、中国人医師の診察代は比較的安いものの、まだ西洋医術に習熟していないというものだった。

翌年七月、上海で最初の日本人医師として早川純瑕が政府から派遣され、東本願寺上海別院に診療所を開設し、日本人居留民には診察代を免除して薬代だけとり、貧しい者は領事館の証明によってすべて無料とした。診療所開設後の一か月の間に、五七名の日本人居留民（男四六名、女一一名）と二四名の中国人を診察した。一年後に早川は帰国し、大山雪格が後を継いだ。大山は一八七九（明治一二）年六月に日本領事館の委託を受け、黄浦江に入水自殺した日本人女性の遺体を検死している。

明治時代に上海にやってきて開業した日本人医師は西洋医が主で、しかも専門家としての学歴と資格を備えた名医たちが結集しており、その中には日本の近代医学の創始者も含まれていた。上海で最も早く個人病院を開設したのは日本人医師・用吉佐久馬で、東京医学校の卒業生であった。この学校は、一八七七（明治一〇）年には東京開成《かいせい》学校と合併して東京大学となった。用吉は北蘇州路二六号に開業し、五年後に東京へ戻った。

雨夜考太郎は日本の西洋歯科医の草分けの一人である。一八八二（明治一五）年に神戸で開業し、一八九〇（明治二三）年に大馬路に医院を開設、一年後に帰国した。

坂田石之助は西洋歯科医で、一八九一（明治二四）年一一月に東京で歯科医の資格を得て、一八九六（明治二九）年に大馬路に坂田歯科医院を開設、上海に三五年滞在した。

血脇守之助も西洋歯科医で、一八九八（明治三一）年に上海にやって来て、四馬路に歯科医院を開設、一年後に帰国し、東京歯科専門学校校長と日本歯科医師会会長を兼任したことがある。

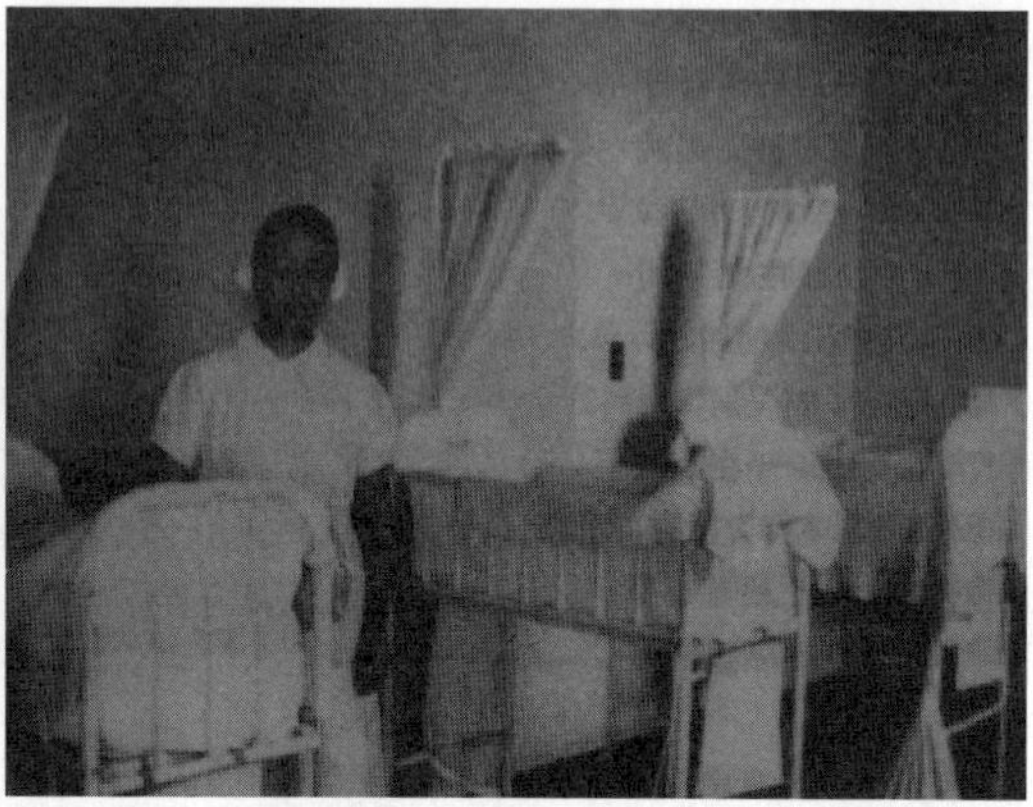

日本人小児科病院の病室（虹口）

片山敦彦も西洋歯科医である。一八九〇年にアメリカのアイオワ州立歯科大学を卒業し、日本で最も早く歯科鎮痛薬を使用した。一八九九（明治三二）年に大馬路に開業し、一九〇八（明治四一）年に上海で病死している。

篠崎都香佐は鹿児島県立医学校を卒業した後、東京帝国大学選科に入り、長野県立伊那病院院長や東京の吉原病院院長等を歴任した。そして一九〇〇（明治三三）年に三菱、三井等の日本の大企業の招請で、上海の西華徳路一一号に病院を開設した。その後患者が増えたため、一九〇六（明治三九）年に北四川路一四九号に、さらに一九一一（明治四四）年に文監師路に移っている。その苗字から名づけた「篠崎医院」は、上海で最も長い四〇年の歴史をもった日本の病院の一つだった。篠崎は上海日本医師会会長を務めたあと、一九二二（大正一一）年一二月にこの病院を医学士・秋田康世に譲って帰国した。

佐佐木金次郎は東京帝国大学医学部を卒業後、一九〇一（明治三四）年に上海に来て、常盤旅館に投宿した時から診療を始め、後に武昌路仁徳里《ぶしょうろじんとくり》に佐々木医院を開設した。また文監師路と南潯路の角に佐佐木第二医院（一九〇四〈明治三七〉年閉鎖）を増設した。一九〇五（明治三八）年九月佐佐木医院は北蘇州路に移り、一九〇八（明治四一）年にはさらに黄浦路に移った。

上海神社で記念撮影をする日本人看護師

綿貫与三郎は群馬医学専門学校を卒業した。一九〇〇（明治三三）年に武昌路仁徳里に日本博愛医院（別名綿貫医院）を開設、その後前後して四馬路と静安寺《せいあんじ》路（Bubbling Well Road、現在の南京西路）へ移った。患者は主に中国人だった。

吉益東洞は代々医者の家系で、東京帝国大学医学部を卒業し、高知県立医学校校長、秋田県立医学校教頭、大阪医学校教頭などを歴任した。一八八六（明治一九）年に大阪で私立吉益学舎と病院を創立した。一九〇一年に上海に来て、斐倫路（Fearon Road、現在の九龍路）一三号に吉益医院を開設した。一九〇四年一月一日の日本語紙『上海週報』には、「内科（胃腸病、肺病）、産科、婦人科、小児科、眼科、梅毒及び結核診療を設置。外来診察時間：午前八時——午後三時。往診時間：午後三時」という当医院の広告が掲載されている。同年中に西華徳路に移った。一九一四（大正三）年六月、吉益は上海を離れて香港へ向かい、その後南洋一帯で開業した。また吉益は、上海で病院を開設しただけでなく、一九〇八年には日本人幼稚園も創設している。その幼稚園は、一九一〇（明治四三）年一一月、日本居留民団立小学校付属幼稚園が創設されると閉園された。

丸橋シヅ子は日本で最初の女医の一人で、上海で最初の日本人女医でもあった。派克《パーク》路（Park Road、現在の黄河路）に丸橋医院を開設し、一九〇二（明治三五）年には上海日本医会会員になっている。宋恕（一八六二―一九一〇、中国近代の啓蒙思想家）の日記には、「丸橋女医」の紹介で松林孝純、鈴木信太郎《すずきしんたろう》等と知り合ったと書いている。

里見義彦は一九〇二年に長崎医学専門学校を卒業した。一九〇七年に文監師路八号に診療所を開設し、「里見医院」とも呼ばれた。後に武昌路、四馬路等に移転し、再び文監師路に戻ってきた。

明治年間には、上述した医師以外にも、不完全な統計ではあるが四〇名余りの日本人医師が相次いで上海に診療所や医院を開設して医療業務に携わっていた。二〇世紀に入ると、日本人医師と日本の病院は上海で激増したが、それらは虹口地区の主要な通りに集中していて、日本人居留民が治療を受けるのに大変便利であった。例をあげると以下のようになる。

西華徳路：佐久間三郎（一九〇三年一月上海着。篠崎医院）、北村久男（一九〇五年一月上海着。篠崎医院）、渡辺綱男（一九一二年上海着。吉益医院）、華岡青洋（一九〇八年五月上海着。吉益医院）

閔行路：齋藤斉十郎（一九〇四年七月上海着。日本医院）

南潯路：溝口幹樹（一九〇四年九月上海着。佐佐木第二医院）、山県弥太郎（一九〇六年五月上海着。山県医院）

崑山路：中野貢（一九〇四年一〇月上海着。中野医院）、立川秀一（一九一二年六月上海着。立川医院）

百老滙路：柳堀喜一郎（一九〇五年九月上海着。神仙堂《しんせんどう》医院）

乍浦路：小山田繁三郎（一九〇五年一一月上海着。小山田医院）、中村勇三郎（一九〇九年四月上海着。中村弘済医院）

北蘇州路：鈴木弘道（一九〇六年四月上海着。佐佐木医院）、南雅雄（一九〇六年五月上海着。佐佐木医院）、辻一（一九〇六年一二月上海着。辻医院）。

文監師路：向谷能太郎（一九〇六年六月上海着。向谷医院）、三輪虎亮（一九〇六年一一月上海着。三輪医院）、早川虎雄（一九〇九年四月上海着。早川歯科医院）、吉永端三（一九一〇年一一月上海着。篠崎医院）。

有恒路（現在の余杭路）：鈴木弘道（一九〇七年六月上海着。鈴木医院）、青木藤五郎（一九〇九年一〇月上海着。青木医院）、吉住慶二郎（一九一二年一〇月上海着。吉住医院）。

密勒路《ミラー》（Miller Road、現在の峨眉路）：松岡玄雄（一九〇七年六月上海着。松岡医院）、林肇《はやしはじめ》（一九一〇年一月上海着。林医院）。

愛而近路（Elgin Road、現在の安慶路）：中島秀雄（一九〇八年二月上海着。中島医院）。

北河南路：秋野公顕（一九〇八年五月上海着。秋野医院）、前島敬（女医、一九〇九年二月上海着。東華医院）。

北四川路：井野春毅（一九〇八年九月上海着。井野歯科医院）、渡辺缶南（一九一二年六月上海着。渡辺医院）。

武昌路：右田力太郎（一九〇八年一二月上海着。右田医院）。

靶子路《はし》（Range Road、現在の武進路）：高橋（一九一二年七月上海着。高橋医院）。

瑪礼孫路《モリソン》（Morrison Road、現在の茂林路）：伊藤（一九一二年七月上海着。伊藤医院）。

天潼路：内山（一九一二年七月来訪。内山全生医院）。

一九〇二年（明治三五）に上海に日本医会が成立し、会員は篠崎都香佐、佐佐木金次郎、吉益東洞、綿貫与三郎、宮崎徳太郎、丸橋シヅ子、坂田石之助、片山敦彦の八名であった。上海日本医会は、日本人経営の病院では日本人医師の初診、再診料と入院費を統一して規定し、それらを免除することもあるとした。

一九〇六（明治三九）年、日本政府が公布した「医師法」に基づき、上海日本医会は上海医師会と改名した。上海の日本居留民社会における医師の地位は高く、一九〇七（明治四〇）年九月に上海日本居留民団が成立した時に、吉益東洞は副議長に、佐佐木金次郎は行政委員に選出され、一九〇九（明治四二）年には篠崎都香佐も行政委員に選出されている。

日本人薬局——上海から全中国へ販路を伸ばす

一七八三年に小東門に創設された童涵春《どうかんしゅん》薬店は、上海に現存する最も古い漢方の薬局である。開港後、雷允上国《らいいんじょうこく》薬店（一八六〇年）、蔡同徳堂《さいどうとくどう》薬房（一八八二年）、胡慶余堂《こけいよどう》薬号（一九一六年）が前後して上海に進出し、童涵春薬店と並ぶ漢方の四大名店となった。一方、西洋文明の流入と共に西洋薬も次第に上海の市場に出現するようになり、中国人商人も西洋薬局の経営に乗り出して、中西大薬房（一八八八年）、華美大薬房（一八九八年）、中法大薬房（一八九〇年）、五洲大薬房（一九〇七年）などが有名になった。

上海で最も早い外国商人による薬局は、一八五〇年にイギリスの薬剤師J・B・ディスペンサー・ロックが開いた上海薬房である。一八六〇年に香港のイギリス商人ワトソンが経営する薬局・屈臣氏《ワトソンズ》大薬房が上海に設立した支店は、上海でも長い歴史を持つ外国人経営の西洋薬局となった。外国人経営の薬局の創始者は、その多くは医師か薬剤師などの専門職の人たちで、それぞれの薬局は母国で登録を行っていた。そして、西洋式病院が開設され西洋薬の知識が広まると、人々は次第に西洋医と西洋薬の効能への信頼を深めてゆくようになった。また、外国商人の薬局は臨機応変、多様な販売方法で、業務を不断に発展させて、中国で莫大な利潤を得た。

岸田吟香（→第五章）が一八八〇（明治一三）年に創設した楽善堂は、自家製西洋目薬の「精錡水」の販売から始めたものの、のちに主力商品となったのは日本の漢方薬であった。最初の日本の西洋薬局は、篠田宗平が虹口の文監師路と西華徳路の交差点に創設した済生堂大薬房である。篠田は一八六六（慶応二）年一月、大分県大分郡別保村で父儀三郎、母リエ子の二男として生まれた。一八八二（明治一五）年春には長崎の渡辺吉薬舗の徒弟となるが、まもなく北海道の函館に渡って薬剤師の渡辺四郎のもとで学び、さらに東京薬学教習所でも学んだ。一八八八（明治二一）年に試験に合格して薬剤師の資格を得ると、独立して長崎で西洋薬局を開設、一八九五（明治二八）年六月に上海で済生堂薬局を開いた。上海に着いたばかりの時は資金不足のため、兄の援助でどうにか開設にこぎつけることができた。日露戦争の時には東京、大阪などから医薬材料を直接輸入した。辛亥革命の際には革命軍に大量の薬品を提供して、中国での知名度を大いに高めた。済生堂薬局の取り扱い品目は、医療用の薬品・器械・包帯材料、理化用薬品、工業用薬品、各種ガラス瓶、各種美容化粧品などで、さらに、特別に名医のために薬品を処方し提供したりした。篠田は日本上海薬業組合長や居留民団課金調査委員などの職を務めた。

日本人薬局の一つ，仁寿堂（呉淞路）

一九〇五（明治三八）年の日露戦争後には、日本の薬商人が上海を拠点として中国に大量に進出してきた。同年に「仁丹」の代理商である

「清快丸」の広告

東亜公司《コンス》が上海に店を開いた際には、『支那貿易案内』の著者である長谷川桜峰が、六、七〇人の日本青年からなる「東来行商団」を組織して、中国で日本の薬品、化粧品、日用雑貨の宣伝、販売を行った。一九〇六（明治三九）年には丸三《まるさん》大薬房、日信大薬房、重松大薬房（広東路五三九号）、広貫堂薬房（乍浦路九号）、恒春堂薬房（呉淞路一四五〇号）が、一九〇九（明治四二）年には中東大薬房、広光堂薬房（文監師路二三〇号）が、さらに一九一三（大正二）年には仁済堂薬房（北四川路九〇一号）ができた。一九二六（大正一五）年までには上海の日本人薬局や薬品の代理店は四〇となっていたが、その多くは日本人居留民が集中していた虹口地区にあった。例えば、石川商店（乍浦路）、晩香堂（呉淞路）、日昇堂薬房（呉淞路）、長寿薬房（北四川路）、長生堂薬房（乍浦路）、為政薬房（乍浦路）、矢野薬房（呉淞路）、公済堂薬房（文監師路）、恒春堂薬房（呉淞路）、広貫堂薬房（乍浦路）、広光堂薬房（文監師路）、佐佐木薬房（施高塔路《スコット》。Scott Road、現在の山陰路）、済生堂（文監師路と西華徳路の角）、三浦南星（嘉興路）、仁済堂（北四川路）、百寿薬房（北四川路）など。

一部の日本人の薬局はイギリス租界にもあり、おもに薬の小売や卸売を行っていた。一九〇四（明治三七）年に四馬路の日信大薬房が日本の漢方薬「清快丸」の総代理店となり、上海で大々的に広告を出して積極的に販売を行った。清快丸は大阪の高橋盛大堂薬局が製造し、「狗頭牌」（犬の顔のマーク）の商標で中国で登録した。広告では「この薬は常備薬で、暑気あたり、寒気あたり、感冒、吐瀉腹痛、頭痛めまい、卒中気絶、胸やけ痰咳、消化不良、胃痛、不快嘔吐、胸やけ、胸と腸のつかえ、食物無味、憂鬱、食欲不振、流行性腸疾患、天候不順、気候風土不適応、乗り物酔い、深酒酔いなどすべての切迫した症状を解毒好転させる、まさに起死回生の効能を備えています」と謳っていた。その売れ行きは悪くなかったものの、清快丸の漢字の発音が「清快完」（「清国はまもなく終わる」）と似ており、この薬が出荷されるや、大騒ぎになった。

第一次世界大戦が勃発すると、上海の西洋薬の輸入量は次第に減り始め、日本の薬品がこの虚に乗じることとなった。税関の統計によると、一九一三（大正二）年の日本からの薬品の輸入量は七四万関平両だったが、一九一八年には一四一万関平両余りとなり、八九・三パーセントも増えた。仁丹、清快丸などの家庭薬を商っていた東亜公司は、取次販売店の売り掛け金の精算を七か月先という長期に設定しており、それは欧米の商社が設定している三か月より四か月も長いものであり、さらには値段を上げることがあっても下げることはないという優遇措置を受けていた。日本人商人は宣伝にも力を注ぎ、人を雇って住宅や茶楼、食堂の壁にカラーポスターを貼ったり、交通の便利な道路の塀に広告を描いたりブリキの看板を掛けたりした。また船を雇って水路沿いに江蘇・浙江の小さな町まで宣伝販売を行い、町の薬屋と長期の販売関係を作った者もいた。彼らはいつも「旗持ちデモ」のやり方で、クーリーたちに祭日に使う色とりどりの鯉の形の旗を持たせて一列に並んで行進させ、楽隊が先頭で演奏しながら医薬品の見本を見物人たちに配ったが、こうした宣伝方法はとてもききめがあった。

日本の薬商人の広告宣伝の方法は、中国の同業者の見本となったといえる。中国商人も鉄道、道路、水路の沿線の家の壁に、競って色鮮やかなペンキで商品広告を描き、それが当時の流行となったからである。これに対して作家の芥川龍之介は『江南遊記』の二で、「支那は抑如何なる国からこう云う広告術を学んできたか？　その答を与えるものは此処にも諸方に並び立った、ライオン歯磨だの仁丹だのの、俗悪を極めた広告である。日本は実はこの点でも隣邦の厚誼を尽したものらしい」と風刺を込めて記している。

一九一九（大正八）年に上海の学生が調査したところによると、中国の市場に流通しているおもな日本の家庭薬は以下の通りであった。

目薬　：大学目薬、老駕《ろうが》目薬、光明目薬、晴晴《せいせい》、万明水、光明真珠水、霊明水

胃薬　：胃散、胃活《いかつ》、強胃

清涼薬：仁丹、霊宝丹、寿宝丹、宝丹、八仙聚宝丹《はっせんじゅほうたん》、中興丹《ちゅうこうたん》、千金丹、清快丸、霊快丸、安知必林丸《あんちひつりんがん》

止痛薬：立止牙痛水《りっしがつうすい》、頭痛膏《とうつうこう》

痔病薬：痔症外薬（重字牌）、神効痔退膏《しんこうじたいこう》、痔瘡膏《じそうこう》（丸三牌）

淋病薬：哈郎《こうろう》士白濁丸《はくだくがん》、哈郎淋濁丸《こうろうりんだくがん》

殺虫剤：臭虫薬（猪牌、福牌、寿牌、虎牌、日安住、猿牌）、立斃臭虫薬《りっへいしゅうちゅうやく》（東亜《とうあ》、鶏冠《けいかん》、日月、双喇叭《そうらっぱ》、月虎）、臭虫全殲《ぜんせん》薬（東亜）、蚊取り線香（猪、安住、蝙蝠《こうもり》、東亜、丸三、丸上、鶏冠、福寿、猿牌、旭菊《あさひぎく》）、殺虫薬水《さっちゅうやく》（狗頭）

一九三一（昭和六）年までに、武田、平田、黒田、万有、明正など数十の日本の製薬工場が作った数百種の薬が、上海を代表とする日本の薬局を通して中国各地で広く販売されていた。日本の薬は種類が多く、効能も優れていて名前もわかりやすく、服用も便利で価格も適正であるなどの特色を備えていたため、市民に人気があった。しかし、薬の品質の問題ではなく、中国の人々の度重なる「日貨排斥」運動の強烈な衝撃によって、上海の多くの中小の薬局はあいついで店を閉じることになった。

日本人が開いた薬局で最も代表的なものは、富山県の重松大薬房である。富山県に関する一九〇一（明治三四）年の統計によると、人口は六万人余りで、七つの製薬工場、五八の薬材店があり、薬売りの行商は七〇〇〇人に達している。重松佐平は富山から海外に薬販売に飛び出した先駆者の一人である。一九〇六（明治三九）年に彼は五馬路に重松大薬房を創設した。当時その周囲にはすでに華美、五洲などの著名な中国系

の西洋薬局があった。それらと競争するために、重松は日本の「よろず屋」の経営方法を用い、薬の販売以外に洗面器、懐中電灯、日傘、化粧品、餅菓子などの日用品も扱い、さらに南京、常州および長江流域のその他の地方にも販路を開いた。重松大薬房はよく新聞に広告を掲載し、「薬の原料、各国の新薬、医療器材の専売店で、日曜、祝日夜間でも救急薬品を備えて対応致します。」と謳っていた。また広告には、五馬路三七八号と霞飛路《ジョッフル》（Avenue Joffre、現在の淮海中《わいかいちゅう》路）二六六号の二つの店舗の電話番号が添えられており、患者の方から連絡を取りやすいように配慮していた。

ライオン歯磨きは、ライオン株式会社（最初の社名は小林富次郎商店で、一八九一〈明治二四〉年に創立）のブランドで、ライオンの歯は固くて丈夫で虫歯もないことから名づけられたのだが、最初は歯磨き粉を袋に入れて販売していて、重松大薬房はライオン歯磨きの特約店となっていた。さらに重松大薬房は、中国の庶民に人気のあった清涼剤の「清涼丸」、風邪薬の「宝丹」、下痢止め薬の「正露丸」、胆石の薬の「千金丸」などの日本の漢方薬も大量に販売していたが、薬袋や効用、服用方法の説明書には、すべて中国語による説明が採用されていた。また、租界の中国人富裕層の需要にあわせて、高級薬品の包装箱には金文字が書かれ、箱の中の丸薬も金箔を施した赤い紙で包装されていた。

重松大薬房と他の日本の薬局との違いは、積極的に中国人の職工を招いて幹部に昇進させ、彼らに店と倉庫の仕事の責任を担わせたところにあった。そしてそのしっかりとした経営から、重松大薬房は日本の武田長兵衛商店、万有製薬株式会社、三共株式会社、第一製薬株式会社、大日本製薬株式会社、黒田薬品商会、森永製菓株式会社の中国中部地区の総代理店となった。一九三八（昭和一三）年には重松大薬房には日本人社員二八人、中国人社員四〇人がおり、事務所は虹口の崑山路にあった。

重松大薬房の中国人社員の中には、経営、販売方法などを学んだのちに自ら開業して、有名になった者もいた。たとえば、姚俊之はもともと重松大薬房の社員で、一九二七（昭和二）年に漢口路に新星西洋薬行を開いたが、外国商の薬を模倣して商売を立ち上げたのである。彼は日本の淋病薬の「利比児」の売れ行きが良いことを知ると、それをまねて「楽的能」という薬を作って莫大な利益を得た。後日日本商人が「強利比爾」を出すと、彼はまたそれをまねて「新楽的能」を作るという具合で、日本商人の側もお手上げ状態だった。姚俊之は日本の薬品だけでなく、スイスやドイツの薬品も模倣して、広く華東、華南、西部地区で販売し、一九四二（昭和一七）年には新星化学製薬工場を創設した。

頓宮寛《とんぐうゆたか》と福民医院

一九二〇年代半ばには、上海の日本人居留民は二万人近くになり、日本人が創設した大小の病院もあっという間に増えていった。統計によると、婦人科、小児科、歯科、動物病院を含めて、日本の病院は四八を数えた。頓宮寛が創立した福民医院は、その中でも最大の総合病院だった。

頓宮寛（一八八四〈明治一七〉―一九七四〈昭和四九〉）は香川県小豆郡小部村（現在の土庄町）の医者の家系に生まれ、祖父の頓宮貞斉、父の頓宮正平も医業を生業とした。父の代の影響を受けて、頓宮寛も幼い頃から医者を志した。一九〇九（明治四二）年に東京帝国大学医学部を卒業し、翌年東京三井慈善病院の外科医局に入局した。一九一二（明治四五）年に東京の日本医学専科学校の教授となり、一九一八（大正七）年には東京帝国大学医学部医学博士の学位を取得している。そして同じ年に中国へ赴き、湖北省大冶の中国最初の鋼鉄連合企業である「漢冶萍《かんやひょう》煤鉄廠鉱《ばいてつしょうこう》公司《コンス》」の病院長となった。一九二〇（大正九）年には上海に移り北四川路に病院を開く準備を進めた。一九二二（大正一一）年には上海南洋医学専門学校の教授となり『南洋医学』

（上）福民医院の日本人スタッフ
（下右）頓宮寛
（下左）福民医院

誌編集主幹となった。一九二四（大正一三）年に福民医院を建て、一九二七（昭和二）年には上海共同租界衛生委員会日本代表委員に、一九三三（昭和八）年には上海日本医師会会長となった。

虹口公園爆弾事件発生当時の様子

福民医院は北四川路一四二号（現在の四川北路一八七八号）にあり、地下一階、地上七階の鉄筋コンクリート造りで、内部にはエレベーターがあり、病室の設備は通風、採光、防音などを十分考慮したものとなっていた。病院には外科、内科、泌尿器科、小児科、婦人科、口腔科、眼科、耳鼻咽喉科、放射科などが設置され、技術に精通した専門医が配置された。一九三三年を例にとると、頓宮寛（医学博士）、松井勝冬（医学博士）、庄野英夫（医学博士）、小原直躬（医学博士）、高山章三（医学士）、小林元隆（歯科医学士）、吉田篤二（医学士）、高橋淳三（帝大技師）、山本顕（薬学士）などがいた。看護師の多くは中国人で、守衛と雑役にはインド人が雇われた。病院の最盛期には医師、職員は二〇〇人余りに達して、上海の著名な総合病院の一つとなっていた。その規模は当時の日本国内でもあまり見ないほどであった。一九三二（昭和七）年四月二九日、日本軍と居留民団が連合して虹口公園で「天長節」閲兵祝賀活動を行った際、韓国人愛国団団員の尹奉吉《ユンポンギル》が謁見台に向かって爆弾を投げ、上海派遣軍司令官・白川義則、居留民団団長・河端貞次が死亡、中国公使・重光葵《しげみつまもる》、第九師団長・植田謙吉陸軍中将、第三艦隊司令・野村吉三郎海軍中将など五人が重傷を負うという事件が起こった。負傷した軍人は日本軍の病院へ、軍人以外はみな福民医院へ送られた。中国公使の重光は爆弾で右足を負傷し、福民医院で切断手術を受けてようやく命をとりとめた。

医者としての頓宮寛の理念は、患者はみな病院の客であり、人種や階級の差別なく最大の努力を払って丁寧に話しかけるべきであり、患者の前では他人の悪口を言わず、不満を述べず、怒らず、また、治療する時には自身を中国人と思い、できるだけ通訳に頼らないようにする、というものだった。こうして頓宮寛が経営する福民医院は、ふつう日本の病院は日本人だけを診るという慣習を破り、中国人を主な治療の対象とし、その次が上海の欧米人や日本人だった。そのため彼は、イギリス、ドイツ、ロシアなどの医者を病院に招き、病院の中では日本語、中国語、英語、ドイツ語、ロシア語などさまざまな国の言葉を聞くことができた。

福民医院は、魯迅が病気治療に利用した主な病院の一つだった。一九二九（昭和四）年九月二七日、魯迅の息子の周海嬰《しゅうかいえい》は福民医院で生まれた。夫人の許広平が出産後入院していた一五日間、魯迅はほとんど毎日福民医院に見舞いに訪れた。許広平《きょこうへい》が退院してからも、魯迅は検査や種痘接種などのために周海嬰を福民医院に連れてきた。さらに、魯迅はいつも友人たちに福民医院で治療するよう紹介していた。一九三三（昭和八）年七月、魯迅が南京鉱路学堂と日本の弘文館で学んだ時の同級生・張協和の次男が、入院して手術が必要となった時に、魯迅は内山完造の関係を通して、福民医院への入院を紹介した。一〇月二三日、病院が張協和の次男を治療してくれたことへのお礼として、魯迅は上海の杭州料理店「知味観《ちみかん》」に院長の頓宮寛、外科医の吉田篤二、放射科医師の高橋淳三や会計担当者などを招待し、自ら「乞食鳥」、「西湖ジュンサイスープ」など杭州の有名料理を注文している。

一九四五（昭和二〇）年の日中戦争に勝利して、福民医院は国民政府に接収されて「上海市立第四医院」

となり、さらに一九四九（昭和二四）年には「上海市第四人民医院」となった。近年また名前が変わり、「復旦大学医学院附属上海第一人民医院分院」と呼ばれている。しかしいくたびかの名称変更はあったものの、八〇余年来、それは虹口地区最大の総合病院の一つである。

魯迅の主治医・須藤五百三《いおぞう》

上海の日本の病院は、大型総合病院の福民医院以外、その大半は個人経営の中小病院だった。その中で、魯迅の生涯で最後の主治医であったのが、須藤医院の創設者である須藤五百三であった。

須藤五百三は一八七六（明治九）年に岡山県下原村（現在は高梁市成羽町）で生まれた。第三高等学校医学部（現在は岡山大学医学部）で学び、一八九八（明治三一）年に医師免許を取得して陸軍三等軍医となった。その後中国大陸と台湾で従軍し、日本の善通寺予備病院と姫路衛戍《ひめじえいじゅ》病院などで働き、さらに軍医として朝鮮総督府黄海道（海州）慈恵病院の院長を務めた。一九一八（大正七）年の除隊後まもなく、上海にきて開業し、内科、小児科が主だったが、外科、婦人科の治療も行った。「一九三三（昭和八）年に上海に須藤医院を開設した」という説があるが、これは正確ではない。少なくとも一九二六（大正一五）年に出版された『上海年鑑』（上海日報出版部）の「上海邦人営業別」には、すでに「須藤医院」の名前があり、当時の住所は、密勒路六号であった。

一九二九（昭和四）年九月、魯迅の息子の周海嬰が福民医院で生まれた。周海嬰は幼い頃から体が弱く病気がちで、魯迅は最初は家から一番近い福民医院と石井医院を選んで診察してもらっていた。しかし、おそらく治療費が高額であることが原因で、一九三二（昭和七）年からは内山完造の紹介で、文監師路にあった篠崎医院の小児科医、坪井芳治に一年あまりの間診てもらった。坪井は医者の家系に生まれ、京都帝国大学医学部を卒業して、一九二六（大正一五）年秋に上海にやってきて就職した。

須藤医院は密勒路にあり、文監師路の篠崎医院に近く、須藤と内山完造は同じ岡山の出身で、生まれたところも近かった。ということで、一九三二（昭和七）年に内山の紹介で須藤と魯迅は出会い、同年一〇月に魯迅が須藤に手紙を書いてから二人の交流が始まった。一九三三（昭和八）年四月二三日、魯迅が知味観に宴席を設け、内山、須藤ら二〇人の上海在住の日本人の友人が出席した。六月二日には魯迅が人を通して須藤への診察を依頼した。七月一日周海嬰の診察を依頼して、それ以来頻繁に往来するようになり、この前後三年の間に須藤には一五〇回以上も診察を頼んでいる。周海嬰の治療の過程で、須藤が魯迅の自宅を訪ねることが多く、診察の後すぐに魯迅が須藤病院へ薬を取りに行くこともあった。また、魯迅と夫人はたびたび周海嬰を抱いて病院へ診察に通っていた。そして一九三四（昭和九）年四月一七日に、魯迅自身が須藤医院へ胃病を診てもらいに行った後は、須藤は魯迅のほぼ唯一の主治医となり、魯迅は亡くなるまでずっと彼の診察を受けることになった。

晩年の須藤五百三

魯迅は須藤を大変信頼していた。魯迅はかつて友人に宛てた手紙の中で須藤医師を推薦し、「彼は六〇歳余りのベテランで経験は豊富であり、私も大変よく知っている。決して騙して金銭を巻き上げるような人物ではない」（許寿裳あて一九三四年一一月二七日の手紙）と書いている。医者と患者という関係以外に、個人的なつき合いも良好だった。一九三五（昭和一〇）年六月二〇日に魯迅が日本で出版された『魯迅選集』（岩波書店）を二冊受け取ると、そのうちの一冊を須藤に贈呈しており、時には茘枝（れいし）などのみやげも贈っている。魯迅が周海嬰を連れて須藤医院に診察に訪れた際には、須藤もチョコレートなどのプレゼントを贈った。しかし魯迅と須藤の交流は、基本的にはなお、いわゆる「実の兄弟のように親しくてもけじめはきちんとつける」というものだった。たとえば一九三五年一月一〇日午前、魯迅と夫人が周海嬰を連れて須藤病院へ診察に行った際に、『飲膳正要』を所望していた須藤に渡すと、須藤は代金の一元を払っている。また同年夏に魯迅が『野菜博録』を須藤に贈ると、須藤は受取ってすぐに代金二元七角を届け、魯迅もそれを受け取っている。

一九三六（昭和一一）年三月二日、魯迅は現在の溧陽路の蔵書室に本を探しに出かけた際に、寒風のため喘息を起こしたが、治療を受けて三月中旬には治癒した。しかし五月一六日に発熱と喘息が続き、この日から病状は深刻になっていった。魯迅は、須藤先生は「肺病の専門家ではないが、年輩であり経験も多く、医学を学んだ時期から言うと私の先輩であり、またよく存じあげていて、話好きであった」（「死」、『且介亭雑文末編』）と書いている。実際のところ、上海で唯一の西洋の肺病の専門家であると言われたアメリカ人の医師が魯迅を診察した時に、魯迅は最もよく病気に抵抗することのできた典型的中国人で、もし欧米人だったら五年前にすでに亡くなっていただろうと話したことがあるくらいで、魯迅は肺病と何か月も闘い、遂に治癒することなく一〇月一九日に亡くなった。

病気が重くなってからは、須藤はほとんど毎日魯迅の診察にあたっていた。二人は治療中にも気がねなく会話を交わしているが、魯迅にとってそれは心の安らぎとなったのではないだろうか。

一九四六（昭和二一）年に須藤は岡山へ帰り、成羽町の生家で医業を再開した。成羽町の有志は彼の「医は仁術」の理念と実践を顕彰して、「須藤老医を讃える会」を創設した。一九五九（昭和三四）年、須藤五百三は世を去った。享年八三歳。

第七章 東洋旅館――「邦人の家」

かつて上海には、日本人が経営していた旅館がたくさんあった。そこは、日本人が上海にやってきて、最初に暮らし、働き、学ぶために逗留する場所であり、彼らが上海で事業を発展させるための揺籃にもなったであろう。上海の日本旅館の大部分は、外灘東部の汽船埠頭の辺りに近い虹口地区に散在していて、サービスが良かったので、日本人旅行客は、親しみをこめて「邦人の家」と呼んだ。日本国内では、日本式旅館の多くは木造であり、洋式旅館の建築は一般に鉄筋コンクリート造りだが、上海においては日本式旅館の多くが、「西洋的な都市」の標準に合わせて外観は鉄筋コンクリートを採用し、上海の都市建築に溶け込ませている。しかし、内装は、一部の特定の洋室以外は、基本的には日本式となっている。

日本の外交特使が逗留した旅館

一八四〇年代に上海が開港して以来、中国の内外から商人が続々とやって来るようになり、彼らの宿泊の需要を満たすため、外灘の洋涇浜《ヤンチンバン》（現在の延安東路）付近に中国の伝統的旅館が次々とできた。葛元煕は『滬遊雑記』で以下のように書いている。「上海は貿易港であり、南は福建、広東、北は煙台、天津、あるいは外洋に出て外国に行く汽船は、必ずここを通過しなければならない。商人の乗船が最も多く、このため旅館業も盛んである。汽船が埠頭に着くと、宿の者たちが乗船して客を迎え、ごったがえす。同宿者も各地から来た人が入り混じっており、荷物は自分で点検して、間違いのないようにしなくてはならない」。もちろん、こうした旅館が応対する多くは、長江の両岸から来た中国商人であった。

同時に、外国商人もまた上海での逗留場所を求めていた。一八四六年、イギリス人リチャードが、外灘付近の公館馬路（現在の金陵東路）に西洋人向けホテルを建てた。これがリチャーズ・ホテル（Richard's Hotel、現在の浦江飯店）の前身で、上海で最初の近代的な西洋式ホテルだった。その後、フランス人も、フランス租界天主堂街（現在の四川南路）に密采里（Hôtel des Colonies）というフランス式のホテルを建てた。西洋人が経営するホテルは、ビリヤード・ルーム、バー、トランプ・ルームなどの娯楽施設を備えていて、料金は高かった。

一八六二（文久二）年、江戸幕府の官船、千歳丸が上海を訪れた時には、幕府人員は中国人が経営する旅館を借りるしかなく、四部屋の宿代は、毎月一三〇米ドルにもなった。随行してきた長崎商人や役人の従者は、千歳丸の中に留まり、狭い船室で二か月余りも過ごすほかなかった。

一八六八（明治元）年八月、上海で最も早い日本人商店である田代屋が開業した。当初上海にやって来た日本人の中には貧しい者が多く、中国式旅館や西洋式ホテルの宿泊代を払えなかった。また、言葉の壁のため、たとえ金があっても、異国で言葉も通じない、習慣の違いも大きい旅館に泊まるのは、いっそう心細いものがあった。田代屋主人・田代源平〔↓第二章〕は、同胞が上海で逗留先を探す際のさまざまな不便を目の当たりにし、他人への奉仕と自らの利益を兼ねて、同胞のために住居の便を提供した。田代の温かい応対は、同胞のホームシックを素早く解消していった。田代屋は、上海で最も早く登場した、中国式宿屋と似た日本旅館であった。

田代屋は小さいながらも当時上海で唯一の日本人経営の旅館だったため、日本政府の特使や維新の有名人もそこに泊まることがあった。一八七〇年代、日本政府が清朝政府と外交交渉を行う際、外交特使として柳原前光《さきみつ》、副島種臣《そえじまたねおみ》、大久保利通、品川弥二郎らを、相次いで中国に派遣したが、彼らは日本から汽船で上海に来て、それから天津に向かった。上海での滞在期間中は、田代屋旅館に宿泊した。例えば、一八七〇（明治三）年九月四日、中国と友好通商条約を結ぶ交渉の事前準備のため、外交正使・柳原前光、外交副使・藤原義質ら五人の外交官が上海に来て実地調査を行った。柳原前光一行は、上海に二〇日近く滞在した際そこに泊り、上海道台・涂《と》宗瀛《そうえい》や英・米・仏・独・オランダ各国の駐上海領事を訪れ、税関制度を調査し、さらには西洋科学関連の書籍を出版していた江南製造局編訳館で多くの書籍を買って日本に持ち帰った。

一八八四（明治一七）年一〇月二二日、記者の尾崎行雄が上海を訪れた時も、田代屋旅館に宿泊している。この日、他に同旅館に泊まった者として、『時事新報』特派員の本多孫四郎、自由党の小室信介、駅逓局（郵便局の旧称）員の渡辺豊などがいた。当時、尾崎行雄は弱冠二五歳で、すでに日本で立憲改進党の結成に参加しており、後に犬養毅《いぬかいつよし》と並んで日本の「憲政二柱の神」と呼ばれることになる。その九〇年余りの長い生涯において、黄浦江のほとりの粗末な日本式小旅館は、さぞかし忘れがたいものであったろう。

田代屋以外では、荒木屋、木綿屋、崎陽号など、一八七一（明治四）年前後に上海で開業した日本人経営の雑貨店も、旅館業務を兼ねていた。一八七二（明治五）年、長崎から上海に来た書画家の岡田篁所《こうしょ》は『滬呉日記』の中で「漢口路を行き、大馬路にぶつかったところで、崎陽号客舎に入る。ここは長崎の上野弥平がいる所で、日本の磁器を売っていた」と書いている。

「邦人の家」の艱難辛苦

日本人商店が経営する小旅館が中国式旅館の性質を備えていると言ったとしたら、本当の意味での上海の日本人旅館は、東和洋行から始まったことになる。田代屋の創業から東和洋行創業までに一五年が経ち、日本人居留民は、ようやく上海で自ら「邦人の家」と誇れるものを築いたのである。

一八八六（明治一九）年、東和洋行は、鉄馬路（今の河南北路）と北蘇州路が交わる辺りに開業した。

一八八九（明治二二）年、一七歳の船津辰一郎（後に駐上海日本総領事、在華紡同業会総務理事などを歴任）は、日本駐華公使館交際官試補・鄭永昌《ていえいしょう》の随行員という身分で、長崎から乗船して上海に初めてやって来た。それと同じ船に、東和洋行の創業者・吉島徳三夫妻が乗っていた。若き船津は、蘇州河北岸の背の高い円塔を見て、物珍しそうに何かと訊ねたところ、吉島夫妻は得意げに、あれが私どもの旅館の所在地にある給水塔ですと答えた。船津の記憶では、その給水塔は当時遠くから見ることのできた唯一の目印だった。上海に滞在した四〜五日の間、船津はずっと東和洋行に宿泊した。以後、彼は上海で人生の大半を過ごすこととなる。

日本領事館が一八八三（明治一六）年に発布した「上海居留日本人管理規則」では、日本人が上海で旅館業を営むためには、領事館の章程に従い、許可証を取らなくてはならなかった。吉島が経営した東和洋行は上等旅館に分類され、一日の宿泊費は半元以上した。一八八八（明治二一）年一〇月、常盤長太郎の常盤舎や矢野福太郎の矢野旅館も相次いで開業したが、それらはいずれも中等旅館であり、一日の宿泊費は半元以下だった。『上海新報』（日本語）によれば、一八九〇年までに、日本旅館は基本的に虹口に集中していった。一八九〇（明治二三）年九月一三日、もともと大馬路にあった矢野旅館も、百老匯路一八号に移った。その開業広告には、元は上海勝利旅館だったところを改装して面目を一新し、東京の日本料理の名料理人を招聘し、洋食と中華も提供すると書いている。当時上海の日本旅館は、益田旅館が五馬路にあるのを除くと、田中旅館（西華徳路三二五四号）、旭館（文監師路一号）、豊陽館（文監師路二五六号）、松崎洋行（乍浦路一九―二三号）、寿恵広（文監師路二五二号）、虎家（閔行路）、吉川トヨ（文監師路一一七号）、近藤慶四郎（呉淞路三一三号）、長沢チケ（文監師路三六一号）、吉馴キノ（呉淞路久遠里九〇八号）、横山マサ（呉淞路八九九号）、井上キク（乍浦路一六九号）、森旬太郎（有恒路武陵村五六号）など、全て虹口にあった。

初期の上海の日本旅館は、日本人商人や旅行者に宿泊の便を提供するとともに、上海で売春をしていた日本人娼婦に、売春のための場所を提供した。日本人娼婦の活動は一般の日本人居留民の強い不満を引き起こしたが、娼婦たちは、ついには至る所で公然と活動するようになった。東和洋行は日本人の体面を守るため、日本人娼婦に売春活動の場所を提供することを拒むという、経営上の措置を採った。東和洋行は『上海新報』一八九〇（明治二三）年一〇月に告示を出し、「醜業婦」の宿泊を拒絶すると宣言し、さらに、「御婦人にては、御夫婦連の外は、相当の御添書にても有之の外、あいまいなる婦人は一切御断申す事と致候」と声名した。これより、東和洋行の上海日本人社会における知名度は大いに高まった。

東和洋行

一八九一（明治二四）年三月の楽善堂創業一二周年

東和洋行の広告

記念の宴会は、東和洋行で催された。

一八九四（明治二七）年三月下旬、上海で内外を驚かせる大事件が発生した。それは、朝鮮の親日派が組織した開化党の指導者である金玉均《キム・オッキュン》が洪鍾宇《ホン・ジョンウ》に射殺された事件であるが、それが起こったのが東和洋行だった。金玉均、字は伯温、号は古筠・古愚（一八五一―一八九四）は、一八八四（明治一七）年一二月、ソウルで日本公使と甲申政変を画策して開化派の政府の成立を宣言したが、わずか三日で清朝政府によって鎮圧され、このため、「三日天下」の誹《そし》りを受けた。政変の失敗後、金玉均は仁川から日本に逃亡し、その後偽名で欧米を遊歴した。一八九二（明治二五）年、朝鮮政府は東京に人を派遣して、金玉均暗殺の適任者として洪鍾宇を見つけ出した。任務を受けた洪は金を追跡し、接近する手段を講じて、一八九四年三月二七日、金と同船して日本から上海に着き、東和洋行に宿泊した。金は日本人随行員の北原とともに二階の一号室に泊り、洪は別に一室を取った。

当日午後三時、洪は朝鮮官服に着替え、突然金の部屋に入った。このとき、金は昼寝の最中で、洪は部屋に入ると、日本人の北原を出て行かせ、金が熟睡しているのに乗じピストルを抜いて彼に連射した。金は数度転げ、たちまち命を落とした。洪は暗殺の後、あわてて旅館を出た。銃声を聞きつけた東和洋行店主・吉島は、驚いて日本領事館に事件を通報した。しかし、日本領事がこの件は朝鮮人同士の殺し合いとしてかかわろうとしなかったので、吉島はアメリカ租界警察に通報した。二九日明け方、洪は呉淞口で逮捕され、東和洋行に連行されてきた。この日の昼の一一時三〇分、上海県の役人、日本副領事・山座、通訳・加藤、およびアメリカ・イギリス租界警察の関係者が次々と現場検証を行い、死者を金玉均と断定した。このニュースが日本に伝わると、世論は騒然となった。なぜなら、洪鍾宇が金玉均を暗殺した翌日、朝鮮人・李逸稷《イ・イルジック》が東京で開化派のもう一人の指導者の朴泳孝《パク・ヨンヒョ》を暗殺しようとして、未遂で逮捕されたからである。日本の警察はこれを口実に、駐日朝鮮公使館に闖入して捜査を行い、数人を逮捕した。日本側が無断で公使館に入って逮捕した行為に抗議するため、駐日朝鮮公使・兪箕煥《ユ・ギファン》は東京を離れて帰国した。日朝関係は緊迫した。

四月五日、朝鮮政府の特使が天津経由で上海に至り、上海知県・黄承暄《こうしょうけん》と会見し、洪の身柄、および金玉均の死体を朝鮮に送り返すことを取り決めた。四月一二日、中国の軍艦が朝鮮政府の使者を護送し、洪の身柄と金の死体を上海から仁川に送り返した。朝鮮の守旧派の大臣は金が暗殺されたことに狂喜し、夜のうちに死体を辱め、洪は数日後に釈放された。金の死後、日本側は東京で大規模な追悼活動を行い、金の死は清朝政府の画策によるものだと非難して、清に対し宣戦すべきだという声が次々に挙がった。ちょうどこのとき、朝鮮の東学党《とうがくとう》が農民蜂起を起こし、清朝政府は朝鮮の求めに応じて鎮圧に出向くと、日本もこれを口実に、朝鮮に出兵した。金が上海の東和洋行で暗殺されたことが、日本が日清戦争を起こすための口実を与えたと言える。

日清戦争後、朝鮮は日本の植民地となり、金も「名誉回復」された。東和洋行は、金がそこに泊まったことを大いに宣伝して、「日清役の前、韓国の志士金玉

洪鍾宇が東和洋行で金玉均を暗殺した場面
（「膺懲義戦最新歴史　金玉均の横死」年英画、金松堂、1895 年、東京経済大学図書館蔵）

均氏が上海に遊び宿泊せられしは、実に現在の東和洋行なり」と述べた。数十年後、東和洋行は依然として閑静な蘇州河畔にあったが、金暗殺のことは忘れられていなかった。一九二一（大正一〇）年、芥川龍之介が上海を訪問した際、人に紹介されて東和洋行に宿泊しようとした。彼が入った客室は、壁がすすけていて真っ黒で、窓掛けは古びており、椅子も満足なものは一つもないことに気づいた。彼は、金玉均の幽霊でもなければ安住できるような部屋ではないと考え、そこから遠くない万歳館へ移ることにしたのだった。

人気があって、便利なロケーション

初期の上海の旅館の大部分は、黄浦江、蘇州河両岸の汽船の船着場の近くにあった。汽船が船着場に着いたばかりで、旅客がまだ右も左も分からないうちに、旅館の店員が船に乗ってきて旅客の荷物をかつぎながら、旅館の方角を示すと、客は彼らの熱いサービスに乗せられて、思わず彼らについて旅館に入ってしまう。これが、昔の旅館のサービスの賢いところであった。

旅館を設立するのに、場所の選定は重要な要素である。初期の日本人は租界内に分散して住んでいたので、蘇州河の船着場は最も便利な水上交通の拠点であり、そこから遠くない東和洋行の従業員は、汽船が着くと旅館の幟を掲げてすぐに船着場に客を迎えに行くことができた。日清戦争の前後、日本人は虹口地区に集中し始めたので、日本の水運会社は中国での運輸事業の発展に適応するため、外灘東部で大規模な土地の買収を行い、船着場を建設して、もともとあった日本郵船会社埠頭以外にも、大阪商船埠頭、満鉄埠頭、匯山埠頭を作った。このため、外灘地区は日本人旅客の送迎の新たなスポットとなり、日本旅館が客を争う新しい戦場となった。当時の陸上の交通手段は人力車が主だったので、埠頭から旅館の道のりは遠すぎてはならなかった。こうした要素を考慮して、日本旅館は、客を呼ぶために「人気があって便利なロケーション」ということを重視した。こうして、初期の著名な日本旅館の大部分は、外灘東部の埠頭からあまり離れていないところに建てられたのである。

一八九四（明治二七）年、豊陽館が西華徳路五号に新館を建てた。店主は米田藤吉で、和室、洋室五〇室余りであり、「遊技場、応接間、雑誌縦覧所等総テ完備」し、洋室は豪華で、「清潔衛生ヲ重ジ、各室電風扇ノ設備」があった。一九一一（明治四四）年の宿泊費は二〜五元で、団体割引価格だと一元、一月契約だと四〇元だった。豊陽館は上海を訪れた多くの高官名士をもてなし、一九一七（大正六）年に日本の実業代表団が上海を訪問した際にもここに宿泊した。後に日本人居留民が呉淞路、海寧路一帯に広

豊陽館の内部（上）と外観（下）

西華徳路の日本人旅館・万歳館

がっていくに従い、北の北海寧路六四号に移った。

万歳館は一九〇四（明治三七）年に創業し、店主は相川清九郎、場所は西華徳路と閔行路の交差点に位置していた。建物は現存しており、ぼろぼろの赤レンガが、古めかしい空気を漂わせている。万歳館は、建物は洋式だが、内装は完全に日本式だった。ここは、中・上流の日本人が上海に来た時の宿泊地であり、大阪貿易同盟会や海員協会の指定宿でもあった。

松崎洋行は、乍浦路に位置する上海の日本旅館の老舗で、和・洋さまざまの客室を設けており、その広告には、「瓦斯、電鈴、電話、玉突場等ノ設備」が整い、「家族的ノ慰藉ヲ捧ルハ本館ノ主旨ニ候」とある。『魯迅日記』に、魯迅が松崎洋行に宿泊した経緯が記されている。一九一三（大正二）年七月二九日、故郷の紹興から大東公司の汽船に乗って上海に来た魯迅は、「上海についたのは午後五時で、船が埠頭に着いた時には旅館の客引きもなかった。船頭と車夫がぐるになって騙してきて、旅館を何軒か訪ねたが、どこもいっぱいと言って断られ、そこで、大枚を払い車二台を乗り継いで虹口の松崎洋行に行って投宿した」。

東洋旅館は、田中勘次郎の創設で、閔行路五号に位置していた。日本郵船会桟橋から数分の距離にあり、大阪商業会議所や日清協会の指定旅館だった。

陸上交通手段の進歩と日本人居住地が徐々に北四川路に発展したのに伴い、新しい日本旅館は西へと移っていった。後、靶子路、海寧路一帯に、日本旅館街が出現し、常盤館、山崎旅館、井上旅館、新田旅館、八千代旅館、平和旅館などができた。しかし、外灘東部付近の日本旅館が大旅館だったのに対し、こちらは全て小旅館で、投宿者も普通の庶民だった。もちろん、租界内に開設した日本旅館もあったが、数は少なかった。漢口路の上海旅館もその一つで、一九一一（明治四四）年、日本堂が発行した『揚子江富源・江南事情』に掲載された広告では、「本館は支那中流以上の宿泊旅館にして、上海市の中央にあり、視察観光に至便なり」とある。

一九二六（大正一五）年の『上海年鑑』の統計によると、上海には当時二九の日本旅館があり、宿泊費は五等に分かれ、一等は銀一二ドル、二等は一〇ドル、三等は八ドル、四等は六ドル、五等は四ドルであった。

上海の日本旅館は、毎日客に刺身、てんぷら、味噌汁など、標準的な和食を提供した。食材は必ずしも日本に注文するわけでなく、近くの虹口マーケットには、日本で食べる魚、野菜や調味料の店が多数あった。

東洋旅館（閔行路）

客が夕食を終えて部屋に戻る時には、女将たちが柔らかい布団を敷き終わっている。日本旅館はどこも、客に家族のような温かさを提供し、列車や汽船の切符の代理購入、荷物を運んだり、名所旧跡の案内などのサービスを提供した。それゆえ、虹口一帯の埠頭の傍らでは、いつも日本旅館の幟を掲げた店員が、旅客を出迎える忙しそうな姿が見かけられたのである。

第八章
土着派が醸し出す呉淞路風情

上海の日本人居留民はその職業や地位の違いによって「会社派」と「土着派」に分類される。その二派の間に厳格な区分というものはないが、会社派は一般に共同租界かフランス租界、あるいはその他の高級住宅地に住む、日本人居留民の中でも上層部の人たち、例えば商社や銀行の支店長、高級官吏、大企業の経営者や幹部社員などを指し、一方の土着派とは虹口、閘北《ざほく》、楊樹浦《ヤンジッポ》等に住んで中小企業、商店、飲食店や旅館その他の職業を営む大多数の日本人を指し、彼らは居留民社会の中下層に属していた。両者の最大の違いはその職業や地位ではない。会社派は企業の経営方針や在任期間があることから上海が彼らの人生における単なる通過地点に過ぎないのに対し、土着派は上海を自らの事業発展を賭けた永住地としていることにあった。

呉淞路は南は北蘇州路に始まり、北は虬江路に至る、虹口地区で最も早く南北に通じた道路であり、その呉淞路を中心にした一帯が土着派の集中居住地であった。日本居留民たちのふだん使う言葉では「呉淞路」が「虹口」の代名詞であり、虹口日本人街のもう一つの中心地である北四川路は「北虹口」の名で通っていた。

日本人街の商業の中心・呉淞路

日本商店・商品の芸術性

店舗の立ち並ぶ呉淞路は上海で最も特色のある日本人商店街で、土橋号、松本号（酒類食品店）、岩崎呉服店、玉屋呉服店、稲垣呉服店、日本堂書店、至誠堂書店、文房洋行、石橋洋服店、晩香堂薬房、日昇堂大薬房、天寿堂薬房、長澤写真館、池田屋、松川屋、浜田商店など、多くの歴史ある老舗が軒を連ねていた。建築家・林《りん》徽《き》因《いん》はかつてこの呉淞路と霞飛路を比較し、呉淞路における「日本的雰囲気の濃厚さ」は霞飛路のロシア的雰囲気にはるかにまさると評している。

商店街は都市生活のスポットであってその地域の文化の特色を表すものである。呉淞路の日本商店街の経営者たちは、商品の美しさと顧客の購買意欲との間に因果関係があることを非常によく理解しており、どんな商品を売る場合でも新鮮で美しく、目に心地よく見えるよう陳列し、加えて穏やかで親しみやすい日本風の接客によって顧客に強い印象を残している。先ほどの林徽因も『沿呉淞路北行』において呉淞路の日本商店の文化のさまを次のように生き生きと描写している。

酒屋のショーウィンドーには「菊正宗」「舞鶴」「千福」といった日本酒の一升瓶が並んでいる。「菊正宗」は神戸の名酒で、菊の花は花の中でも純朴でどこにでもあることにちなんで名付けられた。「菊正宗」は、日本人商人が付き合いで飲む際、対面を保て、堅苦しさもないため特に好んで注文する酒である。毎年三月のひな祭りの時期になると日本商店のショー・ウィンドーには、お内裏様、三人官女、五人囃子、侍従、小使、家具などの日用品が揃ったひな人形が飾られる。ひな人形の陳列は節句の気分を高め人気を集めている。日本商品の陳列における周到さは日本独特の調和を感じさせ、「しかも、中国の商店のように店にある全ての商品をケースに並べようとして息が詰まるような感じを与えるのとは異なっている」。

和菓子の凝り具合や造形の精巧さ、さらに美しい包装と詩情や画意に富む名前は芸術性に溢れており、和菓子を賞味すると同時に美的な楽しみも得られる。呉淞路の和菓子店の和菓子には心ひかれるものがあり、林徽因が述べるには、「形は精巧、色彩はなめらか」で、ひな祭りの和菓子には「人間や動物、果物を模したものがあり、更にある店先には、今週の新しいお菓子は『春の舞』と書かれている」。

至誠堂書店は一九一三（大正二）年開店の、上海でもっとも古い日本書店の一つである。取り扱うのは専

酒類・雑貨を扱う土橋号（呉淞路）

ら日本の政治、経済、社会科学、文学等の書籍と雑誌で、日本の各新聞の代理販売店でもあった。店内の書籍や雑誌は自由に手にとって見ることができ、中でも日本の小学校各学年向けの児童雑誌が目を引いた。「商売で値引きし過ぎると同業者から文句が来ると考えるのも、日本人的な考え方である。しかし値引きが必要ならば値引きすればいいのである」。呉淞路の日本商店では顧客を惹き付けるため安くておいしいものを提供し、「淡い赤や緑や黄色の美しい白玉が入った」お汁粉一杯をただの一角で販売した。弁当二角五分も非常に安く、上海の他の日本商店ではなかなか手に入らなかった。また五角一分の定食は「赤い漆の盆に四つのおかずとスープが載り、おかずの色取りはバランスが良く、椀や皿が整然と並ぶさまは見るものを楽しませてくれる」。

中国の特産品を扱う店（呉淞路）

林徽因と同じような印象を持ったのが女流作家の張愛玲《ちょうあいれい》である。彼女は古代人の美しくて複雑な色合いの組み合わせは日本の生地の中にのみ見出すことができると考えていた。

「日本の更紗はその一枚一枚が一幅の絵である。買って家に帰ると仕立て屋に渡す前に、いつも何度もそれを見て楽しんでいる。例えば、小さな廟がシュロの葉で半分覆われ、雨のしとしと降っている、赤茶褐色のミャンマーの熱帯を描いたものや、初夏の池の表面に緑の膜がかかり、浮草や茎の折れた白や紫のライラックが浮かんだ『哀江南』の一節にぴったりの風景を描いたもの、更に『雨中花』という名の、白地に暗い紫色の大輪の花と雨のしずくを描いたものもあった」。そのため「虹口へ買い物に行くのが好きだった」と書いている（張愛玲「童言無忌」『旧上海風情録　上』文滙出版社、一九九八年）。

呉淞路の一日

呉淞路は上海の日本商店街であるだけでなく、土着派の暮らしぶりが至るところに見られる場所でもあった。一九三八（昭和一三）年五月一日、日本軍が虹口を占拠すると、『毎日グラフ』（一九三八年五月一日）が「呉淞路の表情」と題するグラビア特集を組んで、呉淞路の一日の様子を歴史のページに刻んでいる。

特集には三〇枚の写真が掲載され、時間は早朝五時から夜八時まで、場所は付近に虹口マーケットと日本人倶楽部のある、呉淞路と文監師路の交差点に限定されている。

早朝五時、人々はまだぐっすり眠っており、静寂の街に人はいない。犬が一匹、静かな街を散歩している。

午前七時、人力車が動き出す。乗客の多くは出勤する日本人である。内山完造はかつて日本人が上海で人力車に乗る様子をこのように描写している。「呼び声を聞いた人力車夫が客の方へ飛ぶような速さで向かうと、「洋服の日本先生が黙って乗った。彼は一度お客をフリ向いて見て指図を待った。お客はアゴで南の方を指した。彼は委細承知と云わんばかりに三つ頭を上下に振るなり、韋駄天走りに北四川路を南へ走っていった」（内山完造『上海漫語』、改造社、一九四三年）。

午前八時、日本人小学生がランドセルを背負い登校して行く。当時呉淞路から最も近い日本人学校は武進路の中部日本人小学校で、その次が北四川路の北部日本人小学校であった。

午前九時、インド人交通巡査が交差点に立つ。当時の虹口は共同租界に位置し、工部局の交通巡査は多くがインド人であった。彼らは赤いターバンを頭に巻いていたことから上海では「紅頭阿三」（「阿三」はチンピラのこと）と言われていた。一九三七（昭和一二）年の第二次上海事変以後、上海は蘇州河以南の租界を除いて全て日本軍に占拠され、租界は孤島となっていた。共同租界としての虹口地区は事実上日本軍のコントロール下に置かれたが、行政上の変化は発生しなかった。それゆえインド人巡査が相変わらず呉淞路の交通整理にあたっており、それは特殊な時期の政治的事情を物語っている。

午前一〇時、公共の交通機関が頻繁に呉淞路を行き来し始める。当時、イギリス人経営の白と緑二色の六路の電車が虹口消防署や工部局隔離病院などを通過するので、呉淞路は虹口でも特に往来の激しい交通の要路の一つとなった。

午前一〇時半、日本人女性と子供を乗せた人力車が呉淞路を行く。特集には「町の色をつくる人力車も走る」というキャプションが付けられている。

午前一一時、お昼の時間、食堂に駆け込む人がいる。

午前一一時半、虹口マーケットの八百屋ではまだ何人かのお客がいるものの、日本人の女店主はすでに仕事着を脱いで店を閉める準備に取り掛かっている。このマーケットは早朝から正午まで営業しており、午後は工部局からの要請によって水で店内をきれいに清掃しなければならなかった。市場外では買い物を終えたばかりの日本人女性が道端でおしゃべりをしている。

午後一時、呉淞路では交通渋滞が発生している。

午後三時半、日本の芸妓たちが日本人倶楽部や日本の料亭での夜の仕事のために化粧を始める。

午後五時半、日本の職業婦人たちが帰宅の途に就く。

ランドセルを背負って登校する児童（呉淞路）

夜八時、呉淞路が静けさを取り戻す。

夜八時半、日本人倶楽部にて歌舞音曲が響き渡る。

呉淞路と海寧路の一帯は日本の劇場や映画館、バー、ダンスホールが集まっており、それらの娯楽施設は完全に日本人居留民向けのもので、ふつうの中国人は入ることができなかった。文監師路の六三亭、松廼家、浜吉、乍浦路の月廼家、東語、新六三、叶家、美濃家、京亭、海寧路の若松といった高級日本料亭には専属の芸妓もいて客をもてなした。樋口弘著『日本の対支投資』は、「娯楽的な性質を帯びた在支日本系小企業が可成に多い事も日本の対支投資事業の一特徴であろう。英国その他の如く壮大なホテル企業を中心とした享楽機関はなく、又大衆的な慰安機関も日本の対支娯楽事業の中には見られない。併し邦人の居住する所、殆ど至る所に絃歌のさざめきが聞え、お待合の看板が上がり、カフェーにジャズが鳴り、ダンスホールが進

（上）「黄包車」に乗る日本人母娘
（中）メイキャップをする女優
（下）上海の日本人ダンスホール

出する。これは日本人の海外発展に伴う定石でもある様だ」と指摘している。

呉淞路の日本人向けの娯楽施設には、いわゆる「国威」を笠に着て酒に乗じて威張り、醜態の限りを尽くす日本人が少なからずいた。このような「日本文化」は中国人から大きな反感を引き起こしただけでなく、日本人有識者からの叱責にも遭っている。内山完造は、

呉淞路（1938 年 5 月撮影）

「素足も浴衣がけも尻まくりまでが横行するようになり、街上所々にグデングデンの放歌高吟と車夫泣かせとへどつきまでが文化日本人を代表したり、おでん、かん酒、一寸一パイの提灯文化が日本の代表的店舗と云う珍風景を描き出した。これなどは小事中の小事としても、どこの国でもかも知らんが戦争の成金と云うのが弱い者いじめの中国人から掠奪的成金か、でなければ日本の軍費を横領しての成金であって、いやはや封建日本、いや軍国日本より一歩も出なかった」（内山完造『花甲録』岩波書店、一九六〇年）

と皮肉っている。

「三角地」——日本人街の大マーケット

一九二七（昭和二）年の上海日本領事館の調査によると、呉淞路一帯に居住する日本人は一九九七世帯、七五八二人で、当時の上海の日本人総数の三分の一に近かった。彼らは主に現在の乍浦路と呉淞路辺りに住んでいた。文監師路と西華徳路一帯に四六世帯二六八人、閔行路と密勒路一帯に一一五世帯八〇七人、南潯路と西華徳路一帯に一二五世帯五二一人、文監師路と日本人倶楽部付近に四二世帯二五二人、乍浦路に一二一世帯六二三人、北蘇州路一帯に三一世帯一八一人、赫司克而路《ハスケル》（Haskell Road、現在の中州路）とその付近に四〇世帯一九二人、呉淞路と漢璧礼路（Hanbury Road、現在の漢陽路）、崑山路一帯に一八八世帯九四五人、崑山路の一部及び義豊里の一部に五九世帯二〇二人、呉淞路（崑山路以北、湯恩路〈Thorne Road、現在の哈爾浜路〉以南、海寧路と鴨緑江路一帯）に二六五世帯一〇一五人、靶子路に一二二世帯七二二人、呉淞路の一部と東興里の各一部及びその付近に五三世帯四二〇人、鴨緑江路、斐倫路、密勒路、瑪礼孫路一帯に一五八世帯八八五人、東有恒路、東鴨緑江路、梧州路、狄思威爾路付近に八三世帯四七〇人、西嘉興路一帯（徳馨里、厚徳里、映生里、中国市場付近）に一五九世帯五二九人、虬江路（長吉里、徳厚里、太富里、松柏里一帯）に一六〇世帯六七二人、東宝興路（順慶里、余潤里、邢家橋一帯）に一八一世帯五二八人、海能路（大安里、宝徳里一帯）に二三世帯一五〇人、であった。

このように人口の密集した日本人居住地域において人々の生活に大きく関係するマーケット、とりわけ日本の食材を供給するマーケットがこの地域の中心地点に現れた。それは呉淞路と現在の漢陽路、峨眉路、塘沽路をつなぐ三角地帯に位置し、中国人には「三角地菜場」、日本人には「虹口マーケット」と呼ばれていた。

毎朝早く、四方の路地からマーケットへわき出てくる賑やかな買い物客の流れは、呉淞路の繁華街のもう一つの風情を形づくっていた。

虹口マーケット（1916〈大正 5〉年頃撮影）

上海の最初のマーケットはすべて露天市で、商人は毎月わずかな税を納めれば、指定された道路で店を開くことができた。ただ露天だと不衛生であり、また町の景観を損ねるということで、工部局は町内の衛生管理強化のため一八八四年から一九二〇年代前期にかけて、管轄区域の主要な地点に一一の屋内マーケット（虹口、大馬路、愛而近路、伯頓路〈Purdon Road、現在の彭沢路〉、梧州路、東有恒路、舟山《しゅうざん》路、新閘《しんざ》路、馬霍《ばかく》〈Mohawk Road、現在の黄陂北路〉、楊樹浦、匯山〈Wayside Road〉の各マーケット）を設置していった。食品衛生部門の監督の下、商人は屋内で肉類、魚類、野菜類、果物など食料品を販売し、規定に基づいて道具や場内の衛生管理に努めた。

一八九〇年代初めにはすでに、現在の呉淞路と漢陽路の三角地帯で野菜の小売りをする露店が出現し、徐々に食料品マーケットが形成され、一九〇二（明治三五）年には屋根付きのマーケットに変わった。一九一二（明治四五）年、付近の住民、とりわけ日本人居留民の激増に伴い、工部局

（上）虹口マーケット（1933〈昭和8〉年頃撮影）
（下）虹口マーケット内の日本人経営の八百屋

は虹口マーケットを鉄筋コンクリートの二階建てに改築している。当時そこには日本の魚屋（その他の食料品も扱う）が二、三軒あり、毎日長崎から船で日本の魚類が運ばれていた。日本の魚屋の経営スタイルは国内と同様で御用聞きに回る一方で小売り販売も行った。マーケットにはさらに十数軒の日本の食材を扱う店があり、ねぎ、ごぼう、かぶ、うどなどの日本の野菜を売っていた。一九一四（大正三）年一〇月一五日にはマーケット内に日本商店による組合が結成され、規約も制定された。

一九二三（大正一二）年、工部局は一〇万両《テール》をかけ、もともとの虹口マーケットの場所に三階建てを新築した。面積約五〇〇〇平方メートル、一七〇〇店舗を収容でき、当時は一階が魚類と野菜、二階が肉類、三階が惣菜を扱い、その規模は極東第一と言われていた。その周りには和服や下駄、菓子を扱う店舗もあって、日本人居留民の各種生活の需要を満たした。一九四一（昭和一六）年夏の金風社による調査では、虹口マーケットには一一〇余りの日本商店があり、その業種の分布は表1の通りである。

虹口マーケット内の日本の食材の豊富さは国内と遜色なく、マーケット付近に住む日本人が、「内地（当時は日本のことをこう呼んでいた）にあるもので無いものはなかった。こんな環境だから、住んでいる日本人も外国に居ることなど忘れて暮らしていた」と語るのも無理からぬことだった。

虹口マーケットで商売をしている日本人の多くがその付近にある中国式住宅に住んでいた。長崎出身者が多く、店主は女性である場合が多かった。また一部には、当時日本の統治下にあった台湾や朝鮮の人たちもいた。彼らはいずれも「土着派」の一員であり、それゆえに「土着派」の人たちが生活で何を必要としているかについて、身にしみた体験もあり理解もあった。

前述の林徽因はこの虹口マーケットを上海百景の一つに挙げ、当時の賑やかな様子を以下のように描写し

食品雑貨店
尾崎号、森崎商店、金子商店、安仁屋洋行、福記洋行、南川商店、澤井号、大久保商店、高口商店、鶴屋商店、鈴木洋行、平野商店、田栗商店、松島商店、吉野屋、山野商店、江島洋行、田中号分店、出島商店、若葉屋、日興商店、丸越商店、北島商店、九泰号、天康洋行、小林商店、山崎商店、富永商店、福知屋、三木屋、中田号、日南公司売店、志賀江商店、達摩屋、大丸分店、〇五商店、松野商店、金虎洋行、佐藤商店、岡島商店、松美屋、松本商店、阪下商店
八百屋
天高商店、宜川商店、善日商店、天一商店、聖連商店、金海商店、上吉商店、持田商店、芦家商店、若杉商店、田原屋、相模商店、常行商店
魚屋
上山洋行、松崎鮮魚店、松伝商店、大津屋、宮恒商店、深堀商店、松尾商店、野村商店、渡辺商店、北福鮮魚部、本田商店
精肉店
松本洋行、美華精肉店、伊藤洋行、南洋商店、上海商店
菓子屋
新柳、山口屋、丸家商店、井上商店、福寿号、京屋、石田商店
寿司屋
大阪寿司、花蝶、浪乃家、土井商店、澤田屋、松屋、荒木商店、早安寿司、三屋、甲斐商店、藤田屋、丸田屋
豆腐店
浪花豆腐店、国枝商店、尾崎号、川野商店、丸山出張所
果物店
佐賀洋行、松本商店、多良洋行売店、台湾農園
饅頭屋
雲仙堂、植松屋、上海堂、丸吉商店
鰻屋
嵯峨商店、岩崎洋行、長崎水産商事、浅越鮮魚店、丸金商店
酒屋
岡村商店

表1　虹口マーケット内の日本商店

ている。

「かごの中に押し込められた魚たちは飛び跳ねることだけを考えている。飛び跳ねてもまたもとに戻るだけだとしても、魚たちが押し込められたかごから絶えず飛び跳ねているその様子は、まるで飛び跳ねることでせめて一口なりとも空気を吸おうとしているかのようである。」

「日本の豆腐はひとかたまりずつ緑色の紙に包まれているのに対し、中国の豆腐や大豆食品はひとかたまりずつ仕切り板を入れて並べられている。」

「野菜の種類は最も複雑で、大根一つをとっても、赤、黄、白、緑、青、藍、紫など色の異なる種類がある。」

「万国商団のトラックがやってくると、車から二、三人飛び降りて来て必要なものを選び、次いで西洋人の主婦や日本人下女がやってくる。最後に中国人の女性使用人だが、その中には奥様について来る者もいる。そしてこの頃が虹口マーケットの一日の中で最も賑やかな時となる。」

中華人民共和国成立（一九四九〈昭和二四〉年）以降も三角地菜場は依然として上海で最大規模のマーケットであり、祝日に上海の各地からわざわざ買い物にくる人が少なくなかった。一九九七（平成九）年にこの百年の歴史を有するマーケットは取り壊されてしまい、跡地には三角地ビルが建設された。現在の呉淞路にはかつて買い物客で絶えず賑わい、荷物を運ぶ貨車が頻繁に出入りしていた活気ある光景はもはや存在せず、それに代わったのはビルの下の静寂とわびしさである。

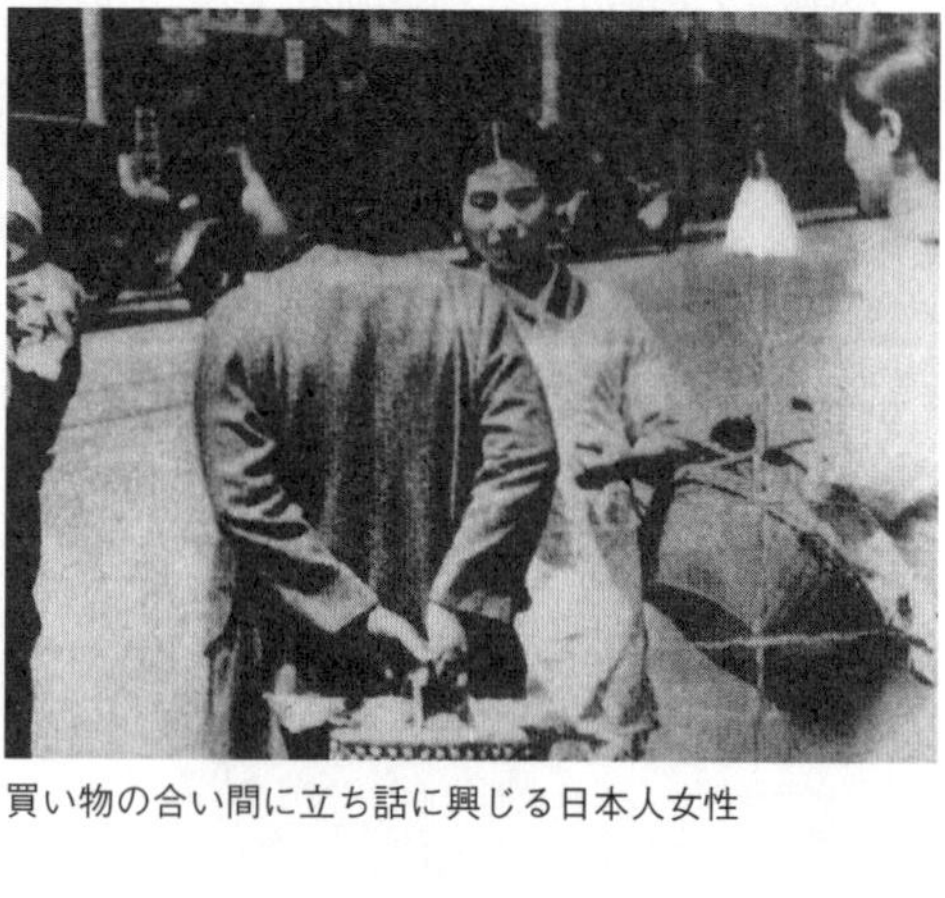
買い物の合い間に立ち話に興じる日本人女性

外洋内和——社交の西洋化と伝統

呉淞路は繁華街であるだけでなく、日本人の社交活動の中心でもあった。虹口マーケットの向かいにあるのが日本人倶楽部の四階建て洋館だった。外観が洋式のこの建物内は、内装のみか社交活動もみな日本式の伝統的なものであった。国際都市上海において日本は西欧文明に倣ったものの、日本人同士の交際における親近感はまさに大和民族のものであり、それは明治維新の基本的な国策を象徴するものでもあった。

上海が開港して間もなく、イギリスを中心とする西洋列強は各種の西洋人クラブを組織していった。それは単に自国の居留民に対し多機能な娯楽施設を提供しただけでなく、彼らが集まって議論する場所としても機能していた。「総会は高くそびえるビルを建て、そこに身なりを整えた西洋商人たちが顔をそろえる。毎日昼時には大宴会を開き、上海や江蘇に事件があると、そこであれこれ評論する」と当時記した者がいる（頤安主人新撰「滬江商業市景詞」『上海洋場竹枝詞』所収、上海書店出版社）。初期の西洋人クラブに、イギリスの「シャンハイクラブ」（イギリス租界の川岸に一八六一年創設した、イギリス上流階級のクラブ）、「ドイツクラブ」（広東路）や「税関クラブ」（虹口）などがある。当時これらのクラブは、アジアの弱国の地位にあった中国人や日本人の出入りを拒絶した。

明治維新以後、日本人の西洋文明への崇拝が始まり、一八八三（明治一六）年一一月に日本の上流階級の社交場として東京日比谷に鹿鳴館が建設された。この鹿鳴館完成の半年以上前の一八八三年二月、上海の日本総領事が日本での西洋化の流れに先んじて社交を旨とする日本人倶楽部の活動を始め、三〇名あまりの参加者があった。日本人倶楽部は会員制で入会時に会費を納めなければならなかった。

日本人倶楽部

一八九〇（明治二三）年一二月、日本の大企業の上海への相次ぐ進出（日本郵船が一八八五〈明治一八〉年、大阪吉田号商社が一八八七〈明治二〇〉年、内外綿が一八八八〈明治二一〉年など）に伴い、日本領事館では第一回倶楽部会議を招集し、日本人倶楽部は日本居留民の中の紳士による団体であることを明確にし、「一致団結、体面維持」をその旨とした。翌年一月、三井洋行において第二回の会合が開かれた。しかし、資金等の原因で活動は親睦会だけに限られ、会を継続することができなかった。一八九九（明治三二）年の静安寺路にある横浜正金銀行上海支店別邸の庭で日本人スポーツ倶楽部も結成されたが、一年後には別邸の移転に伴い休止となった。

一九〇三（明治三六）年、東京帝国大学の卒業生たちが乍浦路に赤門倶楽部を設立し、それが後に日本人倶楽部に改名した。同年に帝大以外の大卒者たちも南潯路に倶楽部を設立した。翌年両倶楽部が合併して日本人倶楽部と通称するようになる。この通称日本人倶楽部が一九〇八（明治四一）年四月、武昌路にある東本願寺上海別院において日本実業倶楽部、日本滬友会と合併することで日本人倶楽部が正式に結成され、会員数は二四〇名に膨れ上がった。一九一二（明治四五）年一月二六日には外務大臣の認可を得て財団法人となり、正式に活動を開始した。

上海日本人倶楽部が財団法人になる以前は、資金難で個人の家屋を借りていたため、活動に支障が生じていた。一九一三（大正二）年二月、横浜正金銀行から融資を受け、自らのビルを建てることとなり、一九一四（大正三）年三月に竣工した。日本工手学校（現在の工学院大学）の卒業生である福井房一（一八六九〈明治二〉—一九三七〈昭和一二〉）が設計し、坪数は八四〇坪、工事費用は六万五〇〇〇両《テール》だった。福井は上海を一度訪れたことがあり、広東路にある三菱商事上海支店ビルも彼の設計による傑作である。一九一九（大正八）年、日本人倶楽部は新公園の北側に八〇〇〇坪の付属庭園を開設し、日本人の挙行する娯楽活動に供した。

日本人倶楽部はイギリスのシャンハイクラブと同様会員制を採用し、入会金一〇元、年会費三五〇元で、一九二六（大正一五）年には会員数三七〇名あまりを擁していた。一般の日本人が倶楽部の活動に参加する場合は会員の紹介が必要で、例えば倶楽部で行う宴会は会員が参加者の三分の一以上に達しなければ認められなかった。倶楽部の一階は卓球場とバー、二階が食堂と宴会場、三階が劇場と和式の個室、四階が宿泊施

（上）日本人倶楽部での宴会（1941〈昭和16〉年4月）
（中）上海紡織会社の柔道部
（下）同、野球部

上海の日本人居留民による新年会の演し物

設となっており、一度に五〇〇人を収容することができた。上海居留民団の多くの重要な会議も、ここで行われた。賃料は一日五〇元、会議室は昼間が五元で夜は七元、小会議室の場合は昼間が三元で夜は五元、宿泊は一泊五元で素泊まりの場合は三元だった。一か月の宿泊は一二〇から一五〇元となり、洋食と和食を自由に選ぶことができた。正月になると日本人倶楽部でも新年会が催され、紅白のだんだら幕のかかった舞台では、日本の伝統的な歌、踊りや箏の演奏などが出し物として上演され、故郷の情緒が濃密に醸し出された。また夏になるとよく納涼映画観賞会が開かれた。

　日本人倶楽部は日中間の政治、経済、文化の交流の場所にもなった。『申報』の記事によるだけでも、一九一七（大正六）年の日本人倶楽部の活動に以下のようなものがあったことがわかる。

　五月二五日、滬海道尹・王庚廷が日本人倶楽部を訪れ、上海訪問中の参謀次長・田中中将と会見した。田中は上海訪問中日本人倶楽部に投宿している。

　六月五日、日清汽船会社が日本人倶楽部において上海の名士たちを宴席に招き、宴会終了後は『阿古屋』を観劇、物語は義侠心ある芸者の美談で、さらに藤娘の踊りもあった。

　九月二二日、日本画家・高橋哲夫の個展が日本人倶楽部にて開催され、写生作品数十点が展示された。

　一〇月三日、日清汽船会社は中国駐在一一年となる木幡恭三が帰国するに際し、日本人倶楽部にて上海総商会会長の朱葆三《しゅほさん》や沈聯芳など上海商業界の名士六〇名あまりを招待して送別会が開かれた。

一一月一三日、上海駐在の日本の新聞界は『日本国民新聞』記者・徳富蘇峰《とくとみそほう》や『時事新報』記者・石河幹明らの中国訪問を歓迎する会見の場を日本人倶楽部に設け、中国人記者もそれに参加した。翌日には上海にある九つの中国の新聞社共催で徳富らを歓迎する宴席が「一品香」にて開かれ、『申報』社長の史量才が歓迎の挨拶を述べた。

一一月二二日昼、上海駐在の日本の新聞関係者が日本人倶楽部において中国訪日新聞記者団の壮行会を行った。日本側から『上海日報』『上海日日新聞』『東方通信社』『春申社』『大阪毎日新聞』『大阪朝日新聞』等の責任者と記者、中国側から『新聞報』『申報』『神州報』『民国日報』『時報』『時事新報』記者、汪伯奇、張竹平、包天笑ら七名が参加し、夜には「六三園」にて日本料理が振る舞われ、芸者の踊りも披露された。

日本人倶楽部三階のホールではよくさまざまな絵画展が開かれた。一九二二（大正一一）年四月一日には日中美術展覧会が開催され、中国画一一四点、西洋画六四点、日本画一二三点が出展された。日中美術展覧会は同年六月にも催され、日本画家・宅野田夫、山田春甫、木村政子ら二〇〇余点の作品が展示された。

一九三一（昭和六）年六月二七日、魯迅夫妻と増田渉《ますだわたる》は日本人倶楽部にて、日本画家の太田貢、田阪乾吉郎（乾）の画展を鑑賞し、太田の水彩画『湖浜図』と田阪の銅版画『裸婦図』を購入している。また一九三四（昭和九）年一〇月七日午前に魯迅夫妻と内山完造夫妻は日本人倶楽部で堀越英之助の西洋画展を鑑賞した。

日本人倶楽部のビルは文監師路にあり、そこに出入りする日本人男女が日増しに増えていったため、文監師路（当時の日本人は「文路」と称した）は日本人の会話の中で最も多く口にのぼる通りの名の一つとなり、呉淞路はまた、日本人倶楽部とのつながりから、いっそう濃厚な日本情緒を醸し出す通りになっていった。

第九章

国内と足並みをそろえる海外子弟教育

小学校に始まる日本の近代教育は、明治維新の諸改革とほぼ同時に展開した。一八七二（明治五）年、明治政府はこれまでの身分制度の下での初等教育をなくして、あらゆる人びとを国家の公民とすることを主旨とした、単一の初等教育制度下の小学校教育を構築することに着手した。国民を涵養する基礎として、小学校教育は極めて重視され、日本の国家事業として、国家主義と民族主義を強調する教育を行った。それは海外居留民の子弟に対しても同様であり、居留民団の尽力により、上海の日本人学校は日本国内での国民教育と歩調を合わせ、改革の成果を享受できたのである。

東洋廟――日本人学校発祥の地

上海で「東洋廟」と呼ばれたのは、浄土真宗東派本山本願寺（略称「東本願寺」）上海別院のことで、上海における日本人学校の発祥地となった。一八七六（明治九）年八月一二日、東本願寺上海別院は北京路四九九号に開設し、八三（明治一六）年には武昌路に移転している。東本願寺は中国で最も早く仏教の布教活動を展開した日本の宗教団体である。

一八七二（明治五）年九月、日本は近代的教育体制の構築を旨とした「学制」を発布し、「自今以後一般の人民　華士族卒農工商及婦女　必ず邑に不学の戸なく家に不学の人なからしめん」と定めた。一八七三（明治六）年、日本の児童就学率は四六パーセントに達したが、上海に日本人学校はなく、日本人居留民の子弟は学齢期に達すると、日本に戻って教育を受けるよりほかなかった。東本願寺は、日本人の子弟がいわゆるアジア第一の貿易港である上海で近代的な教育を受けることができないのは日本の恥であると考えた。そこで自主的に教育を引き受け、まず一八七六（明治九）年に女学校を開設、翌年には「本願寺育嬰堂」を設立し、日本人児童に習字や算術などの基礎教育を施したが、これが開国して以降、海外居留民のなかで最も早くに取り組まれた教育活動となった。

東本願寺上海別院（武昌路）

一八八〇（明治一三）年、東本願寺は「親愛舎」を開設し、日本人児童に対して一月に数回、慈善事業の一環として教育講習を行った。一八八五（明治一八）年には、「親愛舎」を日本の伝統的な寺子屋形式の学校に改めて、読み書きや算盤など日常生活で必要な科目を教えた。入学した児童はわずかに一〇数人だった。一八八八（明治二一）年一月、日本国内の教育水準に合わせるべく、東本願寺は「親愛舎」を「開導《かいどう》学校」へと改組したが、これが上海で最初の日本人小学校である。第一期生は、古賀浅太郎、今田圓治、中尾繁太郎、東屋廣吉、北川友次郎、松尾かめ、北島文次郎、入江定治、金子いで、金子種吉の一〇人で、彼らを一時期担任したのが井手三郎（一八六二〈文久二〉—一九三一〈昭和六〉）であった。井手は熊本県の出身で、熊本の済々黌《せいせいこう》に入学して中国語を学

東本願寺の入口に掲げられた提灯

び、一八八七（明治二〇）年に上海に渡っており、確定はできないものの、おそらく開校まもない頃に赴任したものと思われる。のちに彼は、宗方小太郎らとともに東亜同文会を結成し、上海支部長となった。一九〇四（明治三七）年には日本語紙『上海日報』を創刊し、上海日本居留民団副議長、教育部長、青年団団長などを歴任した。開導学校時代の助手を務めた松林孝純も上海で活躍した日本人で、中国の革新的な人々と幅広く交際している。

近代日本における初期の初等教育は、尋常科と高等科の二つの段階に分かれていた。日本人の児童は、一般に六歳に達すると小学校に入学する。上海の開導学校は、日本政府の「小学校令」に沿って編集された教科書を採用し、東京市の規定を踏まえて読方、書方、綴方、算術などの科目に加えて、高等科では英語教育も実施した。たとえば、一九〇五（明治三八）年のカリキュラムを見てみると、尋常科では毎週読方が一、二年生は五時間、三、四年生四時間、書方四時間、綴方二時間、算術六時間、また、高等科では毎週読方が四時間、書方三時間、綴方二時間、算術四時間、英語二時間となっている。

一九〇五年一二月一七日、上海の日本人居留民のために各種の公共事業を運営する団体として、日本人協会が成立した。一九〇六（明治三九）年、日本人協会は開導学校を接収管理し、会長の伊東米治郎が開導学校の名誉校長となった。東本願寺は、これによって日本人居留民の子弟教育から正式に撤退した。

一九〇七（明治四〇）年八月一日、日本の外務省は告示第一八号を出し、上海、天津などの日本人居留民に対して、政府の「居留民団法」にもとづいて居留民団を設置するよう求めた。同年九月一日、総領事館告示第一八号により、上海居留民団は上海における日本人居留民の自治組織として成立した。一〇月一二日、日本人協会は解散し、協会が運営する事業はすべて居留民団に移行され、開導学校も正式に上海居留民団に移管、「上海日本尋常高等小学校」と改称された。同校はその後、北部日本尋常小学校となり、当時の上海では唯一の日本人学校となった。

上海日本尋常高等小学校（1907〈明治 40〉年）
（上）1907〈明治 40〉年
（下）3 年生の終業式（1916〈大正 5〉年）

一九一五（大正四）年四月、北部日本尋常小学校は、北四川路において新校舎建設に着手し、二年後に竣工した。ノルウェー人建築家マーラーの設計による最新の鉄筋コンクリート構造の洋館風の四階建てで、運動場は五七三五坪あった。校舎は、四一の教室、八つの特別教室、その他教室が一五あり、大講堂も併設していた。当時、日本国内の学校の多くは旧式の木造建築であり、このように立派な北部小学校の校舎は、国内と比べるまでもなく、当時の上海でも一流の水準にあった。この事実は、上海の日本人居留民が教育を重視していた表れである。

日本人学校の校舎は国内のものより

（上）上海日本尋常高等小学校附属幼稚園の卒業写真（1919〈大正 8〉年）
（下）1920 年代の北部日本尋常小学校

も立派で、生徒の服装も国内よりも清潔で整っていた。北部小学校の生徒の保護者の多くは、日本企業の上海駐在員であり、所得水準が高く、学歴もあり、その多くが国公立大学を卒業していた。それゆえ、生徒のなかには豪勢にも乗用車や人力車で通学する者もいた。

海外修学旅行の最初の駅

一八九六（明治二九）年七月二一日、日清講和条約（通称は下関条約）の関連条項の規定により、日清通商航海条約が北京で締結された。日本は中国における製造業営業権、領事裁判権、最恵国待遇条項など数多くの特権を掌中に収めた。日清戦争勝利により治外法権を獲得した日本人居留民は、このときからアジアにおける大国の国民として、上海租界への参与者となり、上海は、日本の学生にとって海外修学旅行の重要な場所ともなった。

修学旅行はふつう日本国内で実施されるが、一八九六年秋からは海外での修学旅行が始まった。日本で初めて海外修学旅行に出かけたのは、長崎県立商業学校であり、同校が目的地に選んだのが上海だった。それゆえ上海は、日本の学生にとって海外修学の最初の駅ということができ、また清末に中国の学生が日本へ留学する際の重要な出航地の一つにもなった。

長崎県立商業学校が当初予定していた修学旅行先は京都だった。しかし学生にしてみれば、対外開放により勃興していく上海のほうがより魅力的であった。このとき、調印されたばかりの日清通商航海条約に「日本国臣民は……現に外国人の居住貿易の為め開くべき所の清国の諸港諸市に往来し、住居し、商工業製造業を営み又は其の他一切合法の職業に従事し且其の商品を搭載し前記諸開港地の間を随意に往来すべく……」という条文があって、学生たちは学校側に対して、上海に行って商業や貿易の知識を学習したいとする要望を相次いで提出した。学生の懇願に対して、学校側は最終的に譲歩した。一一月一日の夕方、同校の五年生二五人は、教師二名の引率のもと、長崎港から日本郵船の神戸丸に乗って出発、一日半かけて三日の昼に上海に着いた。この旅行は、船中四泊を含めて八泊九日であった。上海で学生たちは日本郵船会社上海支店、三井物産上海支店、日本綿花交易所、東華紡績の工場そして日系の銀行などを見学するとともに、長崎出身者が経営する

20世紀初頭の虹口埠頭

旅館・東和洋行で歓待を受けた。渋谷辰三郎という一人の学生——彼は後に日本捕鯨会社の創立者となった——は、上海旅行の思い出を次のように記している。「まず眼につくものはさすがは国際的繁栄の都市で、見馴れぬ高層建物や多種多様の人々、居留地警官の長髯有躯のマドラス人の姿などでした」（『長商七十五年史』）。上海修学旅行の発案者である帯谷松五郎も「豊陽館に泊まり、東和洋行等では大歓迎を受け、言語に尽しきれぬほどの歓待だった」と書き記した。

長崎の学生が始めた上海修学の旅は、開放的で実務的という長崎人の気質を反映していた。もっともこの後、日本からの上海への修学旅行は実施されず、一九一〇（明治四三）年になってようやくブームが訪れた。すでに長崎の学生たちによる上海の旅から一四年も過ぎてからのことであった。

七月二三日、慶応義塾の学生三六名が来滬（「滬」は上海の別称）。

七月二七日、市立大阪高等商業学校の九名、京都商業学校の職員・学生五名、東京高等商業学校の学生一〇名が来滬。

八月三日、兵庫県立神戸商業学校の職員・学生一二名が来滬。

八月一三日、早稲田大学の学生二七名が来滬。

一〇月一九日、佐賀市立佐賀商業学校の学生三〇名が来滬。

一〇月二二日、福岡市福岡立商業学校の学生三七名が来滬。

一〇月二九日、熊本県立商業学校の学生三〇名が来滬。

大正に入ってからは、日本の学生が中国への修学旅行で訪れる場所の選択肢が広がり、その足跡は内陸部にも及び始めた。しかし、それでも上海は依然として修学旅行で欠かすことができない訪問地であった。

一九一四（大正三）年七月一九日、広島高等師範学校英語科三年の学生八人とその他の学部学生三一人は教員・

金子鍵二の引率で広島を出発、上海、南京、大連、朝鮮半島を回って八月八日に帰校した。翌年、彼らはこの修学旅行での見聞を『大陸修学旅行記』にまとめた。一九一九（大正八）年七月二〇日、東京高等商業学校東亜倶楽部の学生二九人は教員一名の引率で神戸を出発し、行程三〇〇〇里にも及ぶ中国大陸の修学旅行を敢行した。そのなかで、七月二三日から二七日までが上海での日程だった。当初、彼らの不安は市内交通や宿泊先、言葉の問題にあったが、上海駐在の日本の大企業の幹部は「東京高商」の卒業生が多かった。東京高商ＯＢの行き届いた配慮により、後輩たちは特別のもてなしを受けることができた。彼らは万歳館に投宿したが、そこは日本の中・上流の人士が上海を訪問したときの投宿先で、外装は赤いレンガ造りの洋館で、内装は日本式であった。部屋に入るときは日本と同じように、まず靴を脱ぎ、それからスリッパに履き替えるのは学生たちには格別に親しみを感じさせた。二日目の午前、彼らは日本郵船が用意した小型蒸気船に乗って黄浦江を遊覧、バンド風景を堪能した。午後は日本絹糸紡績工場を見学、夜は日本人倶楽部で東京高商上海同窓会による歓迎宴会に出席した。横浜正金銀行上海支店長、三井物産支店長らＯＢが歓迎の辞を述べ、学生たちは素晴らしい中華料理の数々に舌鼓を打った。

　上海の日本人居留民の中で長崎出身者が多数を占めていたことから、上海修学旅行ブームの中で長崎の学校からの実施も少なくなかった。一九二三（大正一二）年五月二一日、長崎県立大村中学校生徒五二人の見学団は、豊田亨、宮本庸平の教師二名の引率により上海に到着した。二五日は上海で有名な出版社・商務印書館を訪問して、『申報』で報道された。一九二九（昭和四）年五月、長崎の諫早《いさはや》中学校は七泊八日で上海・蘇州旅行を挙行し、上海で働く同校出身者が日本人倶楽部で歓迎会を開いている。生徒たちは上海旅行を終えて長崎に戻り、粗末な木造のバラックが立ち並んでいる故郷の様子を眼にした途端、上海の高層建築を思い出して長崎と上海の巨大な落差に溜息を禁じ得なかった。

上海は訪れた修学旅行生に忘れがたい印象を残したし、いかに人生を切り拓いていくのかという新たな啓示も与えてくれた。上海修学旅行に参加した学生たちのなかには、卒業後欧米諸国へ出かけることがあっても、最終的には上海を仕事と生活の場に選ぶ者も少なくなかったのである。

基礎教育のネットワーク――就学できない子どもをなくせ

一九二〇年代に入ると、上海日本居留民団は、基礎教育普及のため、学校増設計画に着手した。一般に学校の建設は人口の分布によって決まるが、居留民団の財源は主に紡績会社など大企業に依存していたため、上海の場合の学校建設は大企業の利益によって、北部、中部、西部、東部の四つのゾーンを形成することになった。

北部：北部日本尋常小学校がすでに虹口日本居留民住宅区のある北四川路に開設されていた。
東部：一九二三（大正一二）年、滬東紡績工業区（楊樹浦）の平涼路《へいりょうろ》に東部日本尋常小学校を開設。
西部：一九二七（昭和二）年、滬西紡績工業区（小沙渡《しょうさど》）の膠州路《こうしゅうろ》に西部日本尋常小学校を開設。
中部：一九二九（昭和四）年、虹口日本居留民の商業地区にあたる靶子路に中部日本尋常小学校を開設。

このほかにも、居留民団は日本高等女学校（一九二〇〈大正九〉年）、日本青年実業学校（一九三六〈昭和一一〉年）、日本商業学校（一九三一〈昭和六〉年）を設けた。

一九三七（昭和一二）年の第二次上海事変の後、日本人居留民の数は急増し、それに従って生徒の数も増加した。一九三八（昭和一三）年一二月の時点で、日本人生徒数は七三九五人だったが、一九四〇（昭和一五）年一二月には九八九〇人となり、一九四二（昭和一七）年四月には一万三四五三人にまで達した。このため、日本居留民団は日本中学校、第二北部日本尋常小学校、第二中部日本尋常小学校、日本女子商業学校などを相次いで建設した。一九四一（昭和一六）年三月、日本政府はナチス・ドイツの教育制度にならって「国民学校令」を公布し、四月からすべての日本の小学校を一律に国民学校と改称することを定めた。この法律によって、すでに開設していた北部、東部、西部、中部、第二北部、第二中部の日本尋常小学校は、それぞれ第一、第二、第三、第四、第五、第六日本国民学校に改称された。同時に日本人居留民子弟が急増した現状に合わせ、一九四一年には第七、第八、第九の三校を開設した。一九四二（昭和一七）年四月にはまた、第四日本国民学校南市分教場（別称、第十日本国民学校）と上海第二日本高等女学校を設立した。これにより、上海にある日本人学校は日本国民学校が一〇校、中等学校が六校の合計一六校となり、広範囲かつ多層的な教育のネットワークを形成、生徒数は一万四〇〇〇人近くに上った。上海の日本人小学校は居留民子弟の基礎教育に対する需要を満たすことができ、就学できない子どもはほとんどいなかった。

ところでこの時期、対照的に租界にある中国人学校とその生徒数は少なかった。『上海租界志』によると、一九二八（昭和三）年一〇月になって工部局はようやく中国人小学校二校（克能海路（Cunningham Road）小学校、荊州路小学校）を開設し、一九四〇（昭和一五）年の時点では、七校の小学校（前記二校の他、新閘路小学校、華徳路小学校、匯山路小学校、蓬路小学校、新嘉玻路小学校）があった。一九三一（昭和六）年、共同租界内の中国人小学生は一三〇九人で、四〇（昭和一五）年になってやっと四三四三人に達した。

上海の日本人学校には、日本の学習院に似た「貴族学校」があった。それは第二北部日本尋常小学校（一九四一〈昭和一六〉年に第五国民学校と改称）である。同校の生徒のほとんどは施高塔路を中心とする高級住宅地に住む日本人居留民の子弟であった。教師の中山清胤は『クオレの家――上海を離れて五十年』と題した回想録のなかで、第二北部小学校は「ホンキュウ地区の高級日本人住宅地域の中にあって、生活程度の高い人たちの

学校名	所在地	創立	児童／学生数	教職員数
居留民団立養正幼稚園	虬江路広東街	1934〈昭和９〉年６月	83	6
上海第一日本国民学校（北部小学校）	北四川路141号	1907〈明治40〉年11月	1586	53
上海第二日本国民学校（東部小学校）	平凉路1465号	1923〈大正12〉年４月	854	27
上海第三日本国民学校（西部小学校）	膠州路601号	1927〈昭和２〉年４月	563	17
上海第四日本国民学校（中部小学校）	靶子路86号	1929〈昭和４〉年４月	1494	38
上海第四日本国民学校南市分校(第十日本国民学校)	肇州路621号	1942〈昭和17〉年４月	106	4
上海第五日本国民学校（第二北部小学校）	松井通（現在の四平路）	1939〈昭和14〉年６月	1155	30
上海第六日本国民学校（第二中部小学校）	中州路	1940〈昭和15〉年８月	1418	36
上海第七日本国民学校	平昌街	1941〈昭和16〉年６月	398	16
上海第八日本国民学校	宝山路	1942〈昭和17〉年４月	1262	28
上海第九日本国民学校	塘山路333号	1942〈昭和17〉年４月	711	24
上海日本中学校	松井通	1939〈昭和14〉年４月	686	31
上海日本高等女学校	欧陽路221号	1920〈大正９〉年４月	814	33
上海第二日本高等女学校	東体育会路	1942〈昭和17〉年４月	539	25
上海日本商業学校	平凉路2103号	1931〈昭和６〉年４月	806	26
上海日本女子商業学校	欧陽路222号	1940〈昭和15〉年４月	427	14
上海日本青年実業学校	施高塔路20号	1936〈昭和11〉年４月	467	22

表２　上海日本居留民団立学校一覧（1942年５月）

子弟が通う学校として、俗に上海の学習院と言われてきた学校だということでした」と記している。中山が担任していた五年一組の生徒四〇人の父親に医学博士、居留民団職員、民団警察署長、三井物産上海支店長、日本郵船会社上海支店長、英和女学院経営者等、居留民中の上層の人々がいた。

生徒たちは、入学前の家庭環境や教育水準の違いから二派に分かれていた。一派は施高塔路一帯に長期にわたって居住し、都市生活に慣れ文化水準が比較的高くて、「スコット組」と呼ばれていた。もう一派は日中戦争勃発後、「出稼ぎ」のために上海に来た日本人の子弟で、服装はもちろん、立ち振る舞いも相対的に粗野であった。彼らの多くは以前中国人が居住していた天通庵路に住んでいたので、「天通庵組」もしくは「後来組」と呼ばれた。

第二北部小学校では、他の日本人学校と同様にインド人守衛を雇っていたが、彼らは夫婦で、子供も一人いた。校内には芝生で覆われた四八〇〇坪の大運動場があり、その苗はわざわざアメリカから取り寄せ、専門の職員が養生した。大きな池もあり、多くの魚を飼っていたので、生徒らはよく保護者と一緒に魚釣りを楽しんだ。校内の東側には木が茂っており、兎、羊、七面鳥、鹿などを放し飼いにしていた。同校の教師だった野上正氏の回想によると、学校には野菜畑やプールがあり、本当に特色溢れたキャンパスだったという。生徒たちは校内の林の中でテントを建て、キャンプすることもあり、朝食も夕食もここで摂った。「今想い起こせば、〝夢の国〟でありました」と野上氏は語っている。

（上）初期の日本上海高等学校の学生たち
（下）上海第一日本国民学校（1943〈昭和18〉年）

同校には男女それぞれの少年団があり、スポーツ活動を行っていた。一九四三（昭和一八）年の秋に開かれたいわゆる「大東亜八ヶ国運動会」では、同校の長刀チームが日本代表として参加した。また、毎年一回学芸会があった。秋には音

第二北部小学校の正門（1939〈昭和 14〉年）

楽会があった。毎年春と秋には遠足があり、近くは「敷島庭」（葉家花園）に、遠くは蘇州、太湖に出かけた。高学年生は日本軍の警護の下、列車に乗って杭州や南京への修学旅行を行った。軍隊を動かして旅行を護送したのは、上海の日本人学校の歴史でも前例のないことで、第二北部小学校と保護者の特殊な力を示している。

もっとも、生徒だけが特別待遇だったわけではなく、教師たちもまたその恩恵に与った。戦時体制に入ると、普通の学校では福利厚生的なレクリエーション活動は中止となったが、第二北部小学校では依然として職員会と職員福利部が存続して教職員の娯楽活動を請け負い、さらには南京路と四馬路のホテルでさまざまな宴会を開いたこともある。夏休みになると、教師たちは例年のように太湖、蘇州、無錫、杭州などへ旅行した。一九四二（昭和一七）年に上海の学校に赴任した藤井繁男氏の回想によると、保護者のコネで第二北部小学校の教師は飛行機に乗って上空飛行試験に参加する機会さえあった。こうしたことは、他の日本人学校の先生たちには夢にも思いつかないことであった。

上海の日本人学校は、校舎、運動場、講堂、体育館などの教学施設が一流であったため、戦後その多くが接収され、引き続いて使用された。こうした既存施設を使い、優秀な教師を新たに配属し、きめ細かな教育を行うことで、短期間のあいだに上海で指折りの高い教育水準を有するようになった学校も少なくない。たとえば、華東師範大学第一附属中学校（元第二中部日本尋常小学校）、虹口中学校（元中部日本尋常小学校）、洪湖中学校（元北部日本尋常小学校、その後虹口区教育学院実験中学校に改称）、虹口区第五中心学校（元第九日本国民学校）、上海第二教育学院（元第七日本国民学校）、上海外国語大学（元第二日本女子高等学校）、上海幼児師範学校（元第八日本国民学校）、静安区業余大学（元西部日本尋常小学校）、上海電力学院（元日本商業学校）など。

日本海軍陸戦隊の兵士に護衛されて登校する日本人小学生（1927〈昭和2〉年）

一九八〇年代に中国では、日本映画『キタキツネ物語』が人気となった。この映画の原案を作った高橋健氏は、かつて第二中部日本尋常小学校（第六日本国民学校）で学んだことがある。一九九九（平成一一）年一一月、高橋氏は五五年ぶりに故郷・上海の土を踏んだ。彼の記憶では、同校は共同租界と閘北交界線の北端にあり、もともとの交界線上は鉄柵で隔てられていたというが、日本軍が上海を占領して鉄柵を開いたため、その両側は子供たちの遊び場になったという。当時、高橋氏が学んだ教室は三階の西の奥にあった。彼が最も得意だったのは作文で、一二歳のときに書いた作文はコンクールで賞をもらった。上海再訪の日、七〇歳の高橋氏は、高まる感情を抱きながら、よく知っている、それでいて見慣れない教室に入っていき、授業中の上海の重点中学校・華東師範大学第一附属中学校の生徒たちに向かって、高橋氏は「文字で自分を表現できることは、いつの時代にも大切だと思うから勉強してほしい」と語った（上海日本中学校会報、第一七号、二〇〇一年）。これはあるいは、著名な作家となった彼自身の経験が語らしめたのかもしれない。

高等女学校と男子中学校

日本の近代教育の過程で、女子教育はとても重視された。「学制」では、「幼童の子弟は男女の別なく小学に従事せしめざるものは其父兄の越度たるべき事」と定めている。上海を含めた一部の地域では、学制が公布される前から女子校を設けていた。一八九九（明治三二）年二月八日、日本政府は「高等女学校令」を発布し、女子だけで構成する高等女学校は女子教育における高等学校であると定め、原則は四年の課程であるが、状況によって三年もしくは五年もありうるとした。

一九二〇（大正九）年春、上海で最初の日本人小学校は一三六人の卒業生を送り出した。当時の日本の中学は男女別学であり、そのため二四名の女子生徒が高等女学校への進学を希望した。同年四月一五日、上海日本居留民団は上海日本高等女学校（のちに第二日本高等女学校ができてからは、「第一高女」と略称。以下は便宜上「第一高女」を使う）を開設した。最初は二クラスから始め、五八人を募集、四年の課程であり、授業内容は日本国内と同じであった。もっとも、新校舎の完成が開校に間に合わなかったため、しばらくは北四川路の日本尋常小学校の教室を間借りして授業を行った。

第一高女は当初、西華徳路に建てようとしたが、一九二〇年代に日本人居住地の中心が新公園の方へと移動したことから、北四川路地区に変更した。一九二三（大正一二）年七月一四日、居留民団の臨時会議は施高塔路の旧三菱商事社宅だった土地と建物を購入して、第一高女の校舎に当てることを決定した。同年八月、民団債九万両（額面一〇〇両、利率年七分）を発行し、正式に着工した。敷地は約二〇〇〇坪で、五棟の校舎が立ち並んだ。一一月三日、第一高女は新校舎に移転した。一二月二八日、日本の外務、文部両大臣から「在外指定学校」の認定を受けた。一九二四（大正一三）年三月二日、第一高女は移転式と卒業式を挙行し、日本総領事・矢田七太郎がそれに出席した。一九二六（大正一五）年一一月、一二の教室を増設、二七（昭和二）年六月には外務省から一万三五〇〇円の補助金が交付された。ただし、第一高女は在外指定学校認定を受けていたとはいえ、生徒たちが日本に帰って転校や進学をする際には、いつも不利益を蒙っていた。このため、上海日本居留民団は日本政府に陳情を行った。一九二八（昭和三）年一月七日、日本政府は文部省令を出し、外務、文部両大臣が指定した海外学校の卒業生は均しく他の学校に入学できる資格を有すると明記した。

一九二三（大正一二）年九月一日、日本で関東大震災が発生し、上海の日本人居留民は「賑災義捐募集委員会」を設立した。第一高女の学生は積極的に震災義捐活動に参加し、制服姿で眼に涙を浮かべながら、上海の街角で被災者へ衣服の寄付を呼びかけると、半月も経たないうちに五五〇〇点の衣服が集まり、「山城丸」で日本に運ばれた。

日本人女学生の数は増加の一途をたどり、一九三五（昭和一〇）年三月、第一高女は新校舎の建設に着手した。新校舎の所在地は欧陽路二二一号で、岡野重久の設計によって、三六（昭和一一）年一月五日に竣工した。敷地面積は六五二五坪で、運動場は二七六一坪、近代的でシンプルな鉄筋コンクリート造りの四階建ての建物で、採光に優れ、教室は明るかった。敷地には大きな芝生があり、その周りにはさまざまな樹木が植えられた。当時の生徒数は四八二人で、一一のクラスがあったが、四一年には一一六四人にまで増加した。

一九四一（昭和一六）年一〇月二五日、上海第二日本高等女学校（略称は「第二高女」）は、東体育会路で建設が始まり、翌年の四月四日に開校した。校長は中泉正雄で、教職員は二三人だった。開校時、一年生は四クラスあり、生徒数は一八七人、二年生は三クラスで一六一人、三年生は三クラスで一四五人、四年生は一クラスで五三人であった。

日本高等女学校二校はどちらも虹口地区にあった。両校はその静かで落ち着いた環境や整備された教育内容から、多くの女子生徒を惹き付けた。第一高女は校内に室内体操館を造り、かつ二五メートルプールや弓道場などの体育施設を造った。第二高女は柔らかい毛のように敷きつめられた緑豊かな芝生のほかに、室内体操館も設けている。かつて虹口の日本人小学校に通っていた台湾出身の作家・林文月は『江湾路憶往』の中で、当時女学生をとてもうらやましく思っていた心情を記している。

上海日本高等女学校の生徒たち

「生徒は夏になると濃紺色で細いプリーツが入った長いスカートを履き、上半身には腰までの短いセーラー服を着ていた。この制服はとても見栄えがして、とくに中学に入るとランドセルを背負うこともなく、みんな右手に中くらいの手提げかばんを提げ、なかに本をいっぱい詰めていた。歩く姿はさっそうとして、とても勉強ができそうな様子だった」。

作家の林京子の父親は三井物産煤炭部に勤務しており、彼女は生後八か月のときに父親について上海に来て、密勒路に住んだが、隣人はごく普通の中国人だった。彼女は幼いとき、いつも路地うらで上海の地元の子供たちと遊んでいた。一九三七（昭和一二）年に中部日本尋常小学校に入学し、四三年に卒業して第一高女に進学した。彼女の記憶では、学校には、学生は卒業直前に二週間、日本への修学旅行に参加しなければならないとする規定があったという。彼女たちはまず、上海の匯山埠頭から出発し、船で長崎に着くと列車に乗り換え、九州や本州の主要都市を回りながら東京まで行き、それから長崎に戻った。全行程の旅費は船賃、宿泊費などを含めて一五〇円だった。旅費は入学時から積み立て、不足分は保護者が補った。保護者にとって、高額な旅費は負担だったが、この旅行は単なる修学旅行とは意味が違い、異国で勉学を積む娘に祖国を理解させたいというのが両親の願いであった。一九四一（昭和一六）年、太平洋戦争が始まると、日本への一時帰国を兼ねた女学生の修学旅行は中止を余儀なくされ、それに取って代わったのが中国国内での修学旅行であった。一九四五（昭和二〇）年二月、林は彼女の母親と姉妹とともに帰国し、長崎高等女学校の三年に編入した。同年八月九日、アメリカは長崎に原子爆弾を投下、彼女は瓦礫に埋まったが、そこからなんとか抜け出し、人に道を尋ねながら、丸々三日歩いて自宅に戻った。一九七九（昭和五四）年、林が書いた自伝的小説『ミッシェルの口紅』は、戦前の上海での生活を回想したものである。この小説によって、かつて上海で学んだ元日本人学校の生徒たちは上海に対するノスタルジーを呼び覚まされ、同窓会を結成して上海を再訪するブームを誘発した。

上海日本高等女学校全景

上海の日本中学校設立は、日本高等女学校と比べて、かなり遅かったが、一九三八（昭和一三）年九月二三日、日本居留民団は日本中学校を設立することを決定した。それまでは日本人小学校の男子生徒は卒業後、帰国して国内の中学校に進学しなければ中学校の学業を終えることができなかったので、この決定は彼らに上海で継続して学習できる機会を提供する意味があっ

上海第二日本高等女学校

た。

一九三九（昭和一四）年四月一日、居留民団立の日本中学校が設立された（一九四二〈昭和一七〉年一〇月五日に正式に上海日本中学校と改称）。校舎はまず施高塔路二〇号の日本青年実業学校に間借りし、四月四日に正式に開校した。入学試験は開校一週間前に行われ、上海各所の日本人小学校から一三一人の卒業生が受験し、最終的に一〇一人の入学が許可された。同校は二クラスに分かれ、課程は五年であった（後に四年に改定）。

上海日本中学校の初代校長は澤口勝蔵で、鳥取県師範学校卒業、中国大陸に一流の日本人中学校を作ることを目ざした。彼は口ひげを蓄え、毎日黒い人力車で出勤していたので、当時の学生の回想では、手にステッキを持ち人力車の中で厳しい顔をした戯画的な姿で描かれていることが多い。

一九四〇（昭和一五）年六月一日、日本中学校の校舎は松井通（現在の四平路）で竣工した。敷地面積は四万二〇三四坪、運動場は一万七四八〇坪、校舎は近代的な煉瓦造りの三階建てで、一般教室が一五、特別教室が一六、その他の教室が一六で、講堂が一つあった。運動場には体育館、柔道場、剣道場のほかに四〇〇メートルのトラックもあった。同校には広々とした草地があり、生徒たちが馬術で利用することもできた。学校では恒例行事として運動会を挙行した。定番競技は、「タンブリング、土嚢運搬、剣道野試合、棒登り・旗リレー」などであった。学校の守衛は日本人小学校と同じ、ひげを生やしたインド人だった。

上海日本中学校（現在の同済大学〈四平路〉内）

上海日本中学校の最初の入学試験から間もなく、文部省は中学校を含む中等以上の学校の入学試験で、従来の筆記試験を廃止して、内申書、口頭試問、身体検査から総合的に合否を判断する方式に改めた。一九四〇（昭和一五）年、上海日本中学校の志願者は二八〇人以上、実際の募集人員は二〇〇人で、この数は最初の年と比べて二倍に増えた。筆記試験がなくなったとはいえ、小学校を卒業したばかりの幼い受験生にとって、三人以上の教師から厳しい口頭試問を受けるのは緊張するものである。彼らにしてみれば、筆記試験であれ口頭試問であれ、上海で日本中学校に入学するためには必ずや試験「地獄」を経なければならなかったのである。

一九四四（昭和一九）年二月、上海日本中学校の第一期生七一名が卒業、一九四六（昭和二一）年五月に停校になるまで、全部で四期の学生（第二期九二名、第三期一四二名、第四期九七名）を送り出した。中国の新文化芸術運動の参加者で上海自然科学研究所研究員だった陶晶孫（妻は日本人）の次男・陶坊資（第一期）、末子・陶易王（第四期）は、いずれも上海日本中学校の卒業生である。陶坊資は『ここが違う！日本と中国——二つの母国の生活体験』（蒼蒼社、二〇〇一年）を出版している。

歳月は流れても、両親の元での学生時代、上海での勉学生活は忘れ難い。一九六六（昭和四一）年、元上海日本中学校の卒業生が母校同窓会を結成、『上海日本中学校会報』を発刊した。二〇〇一（平成一三）年一〇月に出た同窓会名簿には、その当時存命の教職員九名と生徒七四三名の氏名と住所が記載されている。『上海日本中学校会報』はすでに一八号（二〇〇四年一二月）まで発行されたが、そこに掲載された元生徒たちの回想は貴重な歴史の証言である。

「皇国少年」の「必修課目」としての戦争

日中戦争が始まると、日本人居留民の「帝国臣民」意識は日増しに高まり、日本人学校もあらゆる形で「大東亜聖戦」に関与するよう迫られる。戦争の初期は、日本人学校は校舎を軍隊に提供していたが、後には「国体観念を明らかにし、国民精神を奮いたたせる」ことを目標とする戦時教育体制の実施に積極的に参与し、軍事教練と勤労報国が学校の主要な教科となり、学校はただ戦争遂行のために存在することになって、日本人子弟の基礎教育を担うという機能を喪失していった。これは、侵略戦争が上海日本人学校と生徒に与えた傷痕であり、いまに至るも、当時を回顧する人々に、拭い去ることのできない痛みとなって残っている。

第二次上海事変（一九三七〈昭和一二〉年）勃発時、日本人学校は学校のすべての建物と施設を提供することで、日本軍の作戦展開を支援した。そのため、上海居留民団は『居留民団三十五周年記念誌』のなかで特に「初め、戦火の上海に及ぶや、適々暑中休暇なりし、民団立各種学校建造物は悉く之を軍に提供して作戦用兵上の重要なる役目を果せり」と指摘している。北部日本尋常小学校は、日中両軍の交戦する前線である北四川路に位置し、日本海軍陸戦隊本部に近接していたため、兵営として使用され日本軍の重要拠点となった。戦争前夜、中国側報道（《申報》一九三七年八月一二日）によれば、「上海に駐在する日本海軍特別陸戦隊は現有六〇〇〇名、殆どは東江湾路一〇号の司令部と、滬西の豊田・内外綿両紡績工場、及び楊樹浦の公大紡績工場などに駐屯しているが、これら建物の収容力にも限界があり、現有の日本軍の駐屯しか受け入れることができない。従って、九日に漢口一帯から上海に到着した日本軍二〇〇〇余名は、一時休息の場所がなかった。そこで日本側は、欧陽路一九二号の日本小学校を日本軍の駐在所として利用する以外に、昨日（八月一一日）はさらに北四川路五九六号の日本北区小学に兵営を設けて、漢口方面から来滬した日本軍の駐在所として提供した。そのため、当該学校は昨日以来日本軍で満ち溢れ、同時に大量の軍需品がひっきりなしに運び込まれ、長期駐留用の準備がなされている」。北部日本尋常小学校が編纂した史料もこの中国側の報道を裏付けている。「八月一一日、馬場少佐の率いる呉特別陸戦隊第六大隊五三九名が本校に進駐、本校職員は軍隊に協力し、教室を軍隊の使用に提供すべく共同して整理を行う」（上海第一日本国民学校『学校と家庭』第四七号、一九四二年）。北部日本尋常小学校教師・池田利雄も、戦後になって次のように回想している。「この時（八月一二日）、学校は約一個中隊の陸戦隊の兵士で満ち溢れていた。小銃、装甲車、機銃車部隊がいかめしく校庭を占有し、四階の屋上には展望監視所が設けられていた」（『江南の追憶――上海居留民団立小学校教師の手記』、一九八〇年）。八月一三日午前九時一五分、日本海軍陸戦隊約七〇―八〇人が、「北四川路日本小学校から繰り出した。完全武装し、虬江路口の横浜橋から軽機関銃で我が軍陣地に向けて掃射し、淞滬鉄路を越えて宝山路へ直進突撃を図るも、我が防衛陣地の警察と保安隊は猛烈に反撃し、ほぼ一五分を過ぎたころ、日本軍は支えきれずに退却した」。『申報』のこの報道（一九三七年八月一四日）は、北部日本尋常小学校が軍事拠点となって日本軍に用いられ、第二次上海事変を発動したという事実を明らかにしている。

また、滬東の黄浦江にほど近い東部日本尋常小学校は、軍需品倉庫とされた。事変勃発当日の午後二時三〇分、日本艦「知床」は楊樹浦の大阪商船埠頭でガソリン一〇〇〇缶、砲弾や銃弾五〇〇〇箱、大砲一〇門及びその他の物件を陸揚げした。午後五時、別の日本艦が一艘、野砲四門、機関銃一〇丁と大量の銃弾を運んでくる。「上述の武器弾薬類は、すぐ平涼路の日本小学校に送られ貯蔵された」。八月一八日、東部日本尋常小学校は日本海軍特別陸戦隊東部支隊に徴用され、東部支隊本部となり、一一月一日からは、日本陸軍兵站医院分院・中橋隊の病棟となった。

中部日本尋常小学校は虹口商業地帯に位置していたので、すでに兵営として徴用（海軍上海特別陸戦隊、呉特別陸戦隊などが別々に進駐、在郷軍人会中部分会事務所もここに設置）されており、また日本人居留民の避難所にもなった。一九三七年八月一二日正午、日本軍が鉄道の上海北駅付近に進攻して、中国軍と対峙したとき、日本人居留民時局委員会は、淞滬線以西と北四川路以西の日本人居留民はそれぞれ午後五時から午後六時までに中部日本尋常小学校に避難すべし、と決定した。これが、日中戦争発生後上海で避難場所に指定された最初の日本人学校であり、八月一三日正午には、避難してきた日本人居留民の数は二〇〇〇人余に達した。

戦闘が三か月の長きにわたって続いたため、恒例の九月新学期開始の計画は中止を余儀なくされた。一〇月一六日、居留民団は、民団に所属する日本人学校を一二月末まで休校とすることを決定する。上海日本人学校の校長七名は上海に留まり、その他の一三〇名余の教師は日本国内で待命することになった。帰国する教師とその家族に対して、居留民団は旅費実費を給付すると同時に、当該学期（同年九月から翌年三月まで）の全ての給与を前払いした。上海に残った少数の生徒に対しては、補習学級を設けて、北部小学校校長・石井紖、中部小学校校長・石井則之、西部小学校校長・鷲田与次郎が授業を担当した。

一九三七年一一月一三日、国民政府淞滬戦区指揮部所在地の南翔が守備放棄されたことで、第二次上海事変は終息を告げた。租界を除くほかの上海の市街区はすでに全部陥落していた。一九三八（昭和一三）年一月六日、北部日本尋常小学校、日本高等女学校、日本商業学校がまず授業を再開、一月一五日、東部日本尋常小学校、西部日本尋常小学校、日本青年実業学校が再開し、ここに至って上海居留民団立学校はすべて復校した。

出征者を見送る日本人小学生とその保護者

第二次上海事変勃発からまもなく、日本は「国体明徴論」を強化するため、天皇を神格化して、国民精神総動員の運動を展開した。「挙国一致・尽忠報国・堅忍持久」をスローガンとして日本国民に国体観念の浸透を図り、軍国主義と国家主義を鼓吹し、盛んに神社参拝を行い、戦死者を祀り、勤労奉仕し、国防のための募金などの活動に国民を動員した。国民精神の動員下にあって、上海の日本人居留民はいろいろな方法で「大東亜聖戦」に参加し、日本の侵略戦争に協力した。これらの活動のうちいつも見られた光景が、軍歌を歌いながら日の丸の小旗を打ち振り、隊列を組んで街頭を歩く上海の各日本人学校の生徒たちの姿である。これこそが、彼らが「皇国少年」として学校で学ぶ「必修課目」としての戦争だったのである。

次に紹介するのは、西部日本尋常小学校における第二次上海事変が起こった翌年中の生徒の関連活動状況を示す表である。ここからも、日本人学校の戦争への動員がいかに頻繁に行われたか、生徒たちの「帝国」の恩に報いようとする積極性がどれほど高揚したものであったかを見てとることができる〔「上海西部日本尋常小学校の学校行事概要」〔一九三八〈昭和一三〉四―一二月の抜粋〕、鷲田与次郎編『上海西部日本小学校校刊』、一九三九年〕。

四月二十四日、午前十時より新公園に於て、第三艦隊合同慰霊祭執行せられ鷲田校長は大場訓導と共に六年代表児童数名を引率参列焼香せり。

二十六日、靖国神社臨時大祭にて午前八時三十分国旗掲揚式を行い学校長訓話の後英霊に黙祷を捧げ後休業せり。

戦争支援のため空き缶を収集する上海の日本人女子学生

二十九日、午前八時より天長節奉祝遥拝式を行い、同八時三十分より天長節拝賀式を行えり。式後二年以上新公園に於ける官民合同天長節祝賀式に参列午後四時帰校せり。

三十日、日華駐屯陸戦隊慰定演芸会に三年全五年女出演せり。

五月一日、第三艦隊司令長官長谷川中将上海特別陸戦隊司令官大内少将参謀長松山少将軍艦おきのしまにて内地へ凱旋せられたるにつき、鷲田校長は児童代表と共に碼頭に歓送せり。

七日、中支方面戦病死者遺骨凱旋につき、鷲田校長は児童代表と共に大阪商船碼頭に見送りたり。

二十日、午後一時新公園に於て、徐州陥落官民合同の祝賀式並に旗行列あり、鷲田校長は米山訓導と共に児童代表五年生を引率参列せり。二、三、四、六年生は祝賀をかね慰問のため、内外綿会社、中央造幣廠駐屯の海軍部隊並に八隅部隊を訪問せり。

二十七日、同文書院校舎にて授業開始。海軍記念日午前八時三十分より近藤海軍少佐の記念講演ありたり。

七月六日、支那事変一周年を機に児童職員より国防献金を募集せり。

十月十九日、靖国神社臨時大祭につき、午前八時より講堂訓話、同九時国旗掲揚を行い、同九時十五分靖国神社神霊に対し、一分間の黙祷を捧ぐ。後休業大場、大津両訓導は六年代表児童と共に、上海神社に於ける遥拝式に参列せり。

二十八日、朝会の際武漢三鎮完全攻略奉祝のため、国旗掲揚万歳を三唱す。午前九時二十分三年以上上海神社に参拝、旗行列を行えり。午後五時新公園に於ける漢口陥落官民合同祝賀式並びに提燈行列に、鷲田校長以下職員多数参列参加せり。

十一月五日、南市中山病院に於て、傷病兵慰問運動会あり。五六年生これに参加せり。

七日、本日より十三日まで一週間、国民精神作与週間となせり。

十日、国民精神作与週間第四日、国民精神作与に関する詔書並に事変一周年に賜りたる勅語奉読式を行う。式後参戦武官予備役海軍曹兵長富士清五郎殿の実戦講話あり。

十二日、国民精神作与週間第六日、敬神崇祖日、午前八時三十分西海軍橋集合、全学年徒歩にて上海神社に参拝せり。一二年生は帰途西本願寺に立寄り、中支方面戦病死者の遺骨を礼拝せり。午後四時全学年西海軍橋にて解散せり。

十三日、国民精神作与週間最終日にて勤労奉仕日、大夏大学内戦死者墓標閘北方面戦死者墓標の清掃並に供花をなせり。尚お社宅内にまつれる稲荷大明神境内の清掃をせしめたり。

十七日、午前十一時全学年南市陸軍病院に至り、午後零時三十分より約二時間半に亘り、各種遊戯運動競技をなし、傷病兵を慰問せり。

二十二日、本校に駐屯中なりし伊太利軍、数日内に引揚げ本国に凱旋するにつき、午後一時より約一時間水月花園に於て、送別運動会を催し伊太利軍の観覧に供したり。

二十八日、午前九時学校発三年以上公和祥碼頭に至り、コンテベルデ号にて凱旋帰国の盟邦伊太利軍を歓送せり。

十二月三日、米山三塚両訓導は、児童の慰問綴方作品を持ち、松田部隊戸田部隊を訪問せり。

八日、大場鎮表忠塔除幕式並に中支方面陣没者招魂祭挙行せられたるにより臨時休業をなし、五年六年生は式典並に祭典に参列せり。

西部日本尋常小学校は日本の紡績会社の資金援助を受けて設立された学校であるため、戦争に協力する活動を行った際、型どおりに公式行事をこなすというのではなく、「皇国臣民」として情熱を込めて「皇軍」に感謝する気持ちを表現したものと思われる。一九三八（昭和一三）年四月、日本軍は台児荘地区における軍事行動で挫折を受けたのち、隴海線上の要衝・徐州に向かって決戦を挑むことを決定した。五月一九日、徐州は陥落し、津浦鉄路は日本軍に占領された。南北双方の日本軍が合流、軍事上有利な立場を占める。ニュースが上海に伝わると、日本人居留民は日本軍の勝利に欣喜雀踊した。五月二〇日、新公園で「徐州占領祝賀会」が開催され、会場の空高く「日本軍占領徐州」と大書された幟がひるがえった。祝賀会のあとは小旗を打ち振っての旗行列である。西部日本尋常小学校の生徒も慶祝活動に参加した。『上海西部日本小学校校刊』には、「上海では午後一時から新公園で祝賀式あり、本校児童も列して、旗行列にも参加したのであった。この感激、この歓喜これらはすべて、今の児童が成人するまで持越されて燃ゆる愛国心となるのである」と記している。

徐州会戦ののち、日本軍は勢いに乗じて武漢へ向けて進軍、内陸部の中心制圧を企図し、中国政府に対して早急に投降するよう迫った。一〇月二七日、四か月におよぶ戦闘のあと、武漢三鎮の中国軍は完全に守備放棄した。一〇月二八日午後五時、上海の日本人居留民はまた例のごとく新公園で祝賀会を挙行し、この夜は提灯行列も行った。「二十七日午後六時半、漢口占領の捷報が大本営から公表された。日本全国津々浦々まで感激と皇軍への感謝に沸き立った。上海邦人の歓喜も極点に達した。即ち二八日は、三年生以上が上海神社に参拝、それより旗行列を行い、虹口方面は旗の渦、万歳の声が怒涛の如くに響きわたった。『漢口陥落の歌』を高唱して、子供らは戦勝小国民としての血潮をたぎらせた。夜は提灯行列も行われた」。

日本軍は武漢・広州占領以後戦略的進攻を停止し、日中戦争は双方が相対峙する段階に入り、日本人居留民の戦争協力活動も相対的に減少する。しかし、日中戦争が継続されている環境にその身をおき、軍国主義的教育を受けて「皇国少年」となっている上海日本人学校の生徒たちは、戦争に対する情熱が冷めることはなく、彼らは「皇国」のために「修練」を積んで、「大東亜戦争」に献身する「魂」とならんと決心した。

上海第八日本国民学校は一九四二年四月一日に設立されたが、生徒の半数以上は日本の「国策」会社である華中鉄道会社の職員の子弟であった。国策会社とは日本政府の政策を遂行するために、政府が主導して設立した特殊会社のことである。学校のある閘北の宝山路は、一九三二（昭和七）年の第一次上海事変と一九三七（昭和一二）年の第二次上海事変の主戦場であった。同校は『聖地に育つ』と題する校誌を創刊して学校と家庭間の「連絡機関」とした。誌名を「聖地に育つ」としたのは、校長・友田功が発刊の辞の中で、同校の地は「上海、支那両事変の激戦地であり、多数の皇軍勇士の尊い血潮を以って聖められた聖地」であるからだと強調している。この「聖地」に奉職し、「英霊の勇士」を想うと、心の中は感謝の熱い気持ちで一杯になり、「皇民練成の聖業にたずさわる職員も生徒達と共に修練する」ことを決心したのである。

『聖地に育つ』創刊号には「大東亜戦争」を称揚する作文が数多く掲載されているが、書き手はすべて同校の二年から六年生の小学生である。ある二年生は「大東亜戦争」と題する作文で、「今はもう、大東亜戦争がはじまってから三年目になります。僕たちは、学校で一生けんめい、べんきょうして、早く大きくなって、兵隊さんになって、アメリカやイギリスの兵たいをやっつけてしまわなければなりません。だから今は、ほしいものでもがまんして、そのこづかいをけん金して、それで、ひこうきやせんしゃをつくって、戦争につかってもらうのです」と書いている。一〇歳に満たない児童までが、その肩にかくのごとく血なまぐさい戦争を受け止めているのであり、これこそが、上海日本人学校が育成した「天皇の赤子」なのであった。

日本が侵略戦争の泥沼に陥るにつれて、学校教育は軍関係の厳しい統制を受けて、基本的な教育機能をほぼ喪失してしまい、日中戦争の前線におかれた上海の日本中学校はなおさらそうであった。戦後になって、ある生徒は次のように回想している。「戦時中の富国強兵を指向した、体力と精神面を重視した試験で、学力面は国民学校からの内申に依存していたようだ」（斉藤文雄「上海中学の思い出」『上海日本中学校会報』第一五号、一九九六年）。中学校では、英語は敵性語と見なされたので、英語の授業は次第に減少し、甚だしくは授業そのものがなくなり、軍事訓練といわゆる「勤労報国」が主要教科となった。生徒のなかには徴兵により学校を離れる者が出始め、ついに帰らざるの道を歩んだ者さえいた。

戦時中、中学生が実行していた軍事教練では、生徒は頭を丸刈りにして、「国防色」（一九三四年、日本陸軍は黄土色を国防色に定め、一般の生徒の間に普及させた。一九四〇（昭和一五）年九月、日本政府は中学の男子生徒の制服を国防色に統一した）の制服を着用した。専任の青年軍官が軍事訓練を担当し、生徒に「皇国聖戦のために勲章を獲得するのは光栄である」と呼びかけた。『上海日本中学校会報』第一五号には、一九四三（昭和一八）年四月に撮影された第五期生一年D組の集合写真が掲載されている。中央に腰掛ける教師は二人だけで、澤口校長と稲垣少尉である。軍事教官がクラス担任の位置に取って代わっているのは、危険信号である。日本国内では当時の軍事教官は大抵退役将校であったが、上海の日本中学校の教官はみな年若く壮健な現役軍官であり、彼らは血気盛んで異常なまでに厳格であり、生徒たちはいつも緊張感を持っていた。ある教官は訓練のとき、自ら生徒を殴り罵倒しただけでなく、さらにいつも生徒たちを二列に並ばせて、お互いに「鉄拳制裁」をやらせていた。一九四五（一九二〇）年に入ると、正常な授業は完全に取り消されることとなる。上海日本中学校の第七期生・猪俣英夫は当時を回想して、授業といえば教練ばかりであり、「国防色の制服

1927年、海軍陸戦隊の上海上陸の歓迎活動に参加する日本人小学生

にゲートル、戦闘帽をかぶり、来る日も来る日も軍事教練、銃器取扱要領、銃手入れ等戦時色の濃い教育で、遊び盛りの少年にとってはつらい日々でしたが、勝利を信じ一生懸命頑張ったものです」と語っている（「上海中学の思い出」『上海日本中学校会報』第一四号、一九九四年）。また第二期生の尾田和也は、テニスと野球は軍官の前では「敵国」の遊びなので禁止されたが、それは教育を職業とする校長にも、如何ともし難いことであった。「校長は禁止の野球をしたとのことで苦虫を噛み潰した顔をしていた。その頃はまだ新公園のあちこちで、会社対抗の野球に邦人は夢中であった」と回想している（「落穂拾い」前掲書、第一七号、二〇〇一年）。

　日本は侵略戦争の拡大につれて、物資の欠乏が深刻になった。一般に、衣服はそのときの経済状況を如実に反映するものである。上海日本中学校第五期生の浦田大陸は、回想で当時の粗末な中学生制服が年を追うごとにますます粗末になっていったことを嘆いている。「分列行進が行われた時、我々新入生の服装が、上級生と比べて格段の見劣りがしていたので、悔しく思ったことです。しかし翌年入学してきた新入生の服装が、我々より一段と粗末な生地で作られた制帽をかぶっているのを見て、可哀相に思ったものです」（「上海の回想」前掲書、第一七号）。

　一九四四（昭和一九）年、上海日本人居留民男子総数の一〇パーセントは、応召を余儀なくされた。労働力不足を補うため、一二歳以上の学生と女子はみな軍需生産に動員された。上海日

上海日本中学校５期生１年Ｄ組の集合写真（1943〈昭和18〉年４月）

本中学校の生徒は、閘北で草刈をして軍馬のための飼料に充て、校内の剣道場で手榴弾の火薬を装填した。さらに、一部の生徒は「学徒勤労報国隊」として楊樹浦にある三菱江南造船所に動員された。工場は一万二〇〇〇坪の敷地で、生徒たちは鋳物、旋盤、仕上の三班に組織され、主には各種の砲弾と機雷の部品を生産した。しかし、生徒たちの生産技術が未熟であったため、製造された砲弾はしばしば「不発弾」となった。

　生徒の工場勤務は学年やクラスを単位とし、毎日の予定表は「起床ラッパ、朝食、作業、昼食、作業、夕食、自習、点呼、消灯ラッパ」で、休日はなかった。彼らが毎日食べていたのは「麦飯、大豆の煮物、切干大根、僅かに肉が混ざる青菜に味噌汁」である。毎月二回、日曜の夕方に帰宅し、次の日の朝帰隊する。上海の日本軍需品生産工場は連合軍の空襲目標となり、工場ではいつも空襲警報が鳴り響いて、生徒たちは死を覚悟しながらしょっちゅう防空壕に避難した。戦争の作り出す心理的な抑圧により、卒業を目前に控えた中学生の中には工場の食堂と寝室で大暴れして、周りの器物を損壊し、海軍刑法によって処罰すると威嚇された者もいた。

　日本は急速に海軍航空兵を拡充する必要があり、一九三〇（昭和五）年以後一五歳から一七歳までの少年（小学校卒業から中学校二年次までの生徒）を対象に、少年飛行兵を募集し、三年間の予科練習生教育を進めた。

一九四三年からは年齢幅を一五歳から二〇歳までに変更し、修業年限を半年間に短縮する。これは海軍甲種飛行予科練習生（略称「甲飛」）と呼ばれた。採用人数は、一九四三（昭和一八）年二万八〇〇〇名、一九四四（昭和一九）年八万七〇〇〇名、一九四五（昭和二〇）年二万四〇〇〇名で、そのうち六五〇〇人が戦争で死亡した。

海軍飛行予科練習生の入隊者代表による「誓いのことば」

不完全な統計ではあるが、一九四三年一二月から一九四五年の終戦までに、上海日本中学校では全部で八一名の生徒が甲飛になり、兵役に服した。第一三期生二七人、第一四期三七人、第一五期六人、第一六期一一人である。その中で、治郎丸史雄、川野秀作、今井実、中村統明、大矢謙吉の五名は戦死または戦病死した。大矢謙吉は、日本敗戦直前の一九四五年八月二日、機帆船・住吉丸に乗船中、米軍機の機銃掃射に遭い戦死、わずか一四才であった。同時に死亡した八二人中の七六人が、「甲飛」の練習生である。大矢は淡路島に葬られた。二〇〇〇（平成一二）年三月三一日、同級生だった竹内淳実は、大矢の墓前に参った際に漢詩を吟じた。「純心志願予科練、恋母声残逝鳴門。戦死行年才十四、古希滬友墓前蹲」（純心予科練に志願し、恋母《おかあさん》の声を残して鳴門に逝《ゆ》く。戦死す行年《こうねん》纔《わず》かに一四、古希滬友《しゃんはいのとも》は墓前に蹲まる）（大島正純「上中五期生の淡路島同窓会の思い出」前掲書、第一七号）。これは少年時の同級生への哀悼であり、日本が戦争を発動したことへの血と涙による告発でもある。

第一〇章 自治体と地域ネットワーク

上海の日本人居留民社会には居留民団をはじめとする各種の自治組織があり、商工業の団体や地域のネットワークもまたきめ細かく組織されていた。それらは、西洋諸国の影響下にあった上海における日本人社会の閉鎖性を示すとともに、民族間の摩擦の激化がもたらした生存の危機に際して、自らの利益や安全を守ろうとする本能をも表している。そして事実上、このような居留民による自治団体やネットワークの多くは、中国の民衆が日本の侵略に抵抗したことに対する不満から組織されたものであった。

特殊な自治団体である居留民団

上海居留民団は上海に住む日本人の自治団体であり、一九〇七（明治四〇）年に成立した。居留民団の成立は、上海における日本人居留民社会の形成を示す重要な指標である。

一九〇五（明治三八）年一二月一七日、上海日本人倶楽部と実業倶楽部は合同会議を開催し、居留民が経営する学校、日本義勇隊、およびそのほかの慈善事業に携わる公共団体として日本人協会を設立することを決定した。すでに半年前の三月七日に日本政府は法律第四一号の形で「居留民団法」を発布していた。日本政府が居留民団の設置を求めたのは、「日本人の急速なる増加と之が統一を計るためには、協会のごとき会員の契約よりも、拘束力ある民団の設立を必要とす」(『上海居留民団三五周年記念誌』一〇九頁)と判断したからであった。しかし、「居留民団法」では直ちに具体的な実施法が定められることはなかったので、日本人協会が依然として上海における公共団体として一年半活動を行った。

一九〇七(明治四〇)年八月一日に日本外務省は法令第一八号を告示し、上海、天津など中国の五つの都市に住む日本人居留民に、「居留民団法」に基づき居留民団を設置するよう強く要求した。上海における管轄地域とされたのは共同租界とフランス租界、上海特別市、および租界の境界線から二キロ以内の区域(浦東も含む)であった。同年九月一日に上海居留民団は成立した。日本国内の市町村制とは異なり、定まった行政権はなく、外務省を代表する上海総領事の監督下に置かれた自治団体であった。九月四日、日本領事館は第一回特別行政委員会を開催し、行政委員会議長に伊東米治郎、議長代理に井手三郎、会計主任に秦長三郎を選出した。一〇月一二日、日本人協会は解散を宣言し、同協会が携わって来た事業はすべて居留民団に委譲された。

早期の上海居留民団本部(崑山路)

初期の上海居留民団は、議決機関である居留民会と行政処理機関である行政委員会の二つの部署により構成された。居留民会議員は、居留民団の管轄地域内に住む「帝国臣民」、あるいは事務所を設置する「帝国法人」からなり、「毎月二メキシコドル以上」の居留民団税（所得税、営業税）を六か月以上継続して支払っている者に議員の資格が与えられた。行政委員会は、毎年居留民会例会で、居留民会議員の中から一五名の行政委員、五名の予備行政委員を選び、さらに行政委員の中から議長、副議長、会計主任などを選出した。居留民団の財政は、その多くが日本の大企業の援助に支えられており、このことは、行政委員会議員に大企業の重役や銀行の支店長などが名を連ねていたことにも表れている。一九二二（大正一一）年三月三一日に就任した居留民団行政委員会の役職メンバーを例に挙げると、議長に鈴木重孝（新聞記者）、議長代理に米里紋吉（日清汽船）、会計主任に森清治（東亜興業）が就任し、行政委員に櫻木俊一（満鉄上海事務所）、森本健夫（上海交易）、田辺輝雄（日華紡績）、野平道夫（三井物産）、首藤正寿（横浜正金銀行）、山口啓二（日本郵船）、副島鋼雄（江商）、柳田直吉（台湾銀行）、松島準吉（住友銀行）、川村謙三（内外綿）、山口一成（山口商店）、住吉慶二郎（医師）、行政予備委員には篠田宗平（済生堂）、大南徳之丞（新泰洋行）、松尾亥太郎（松尾洋行）、石崎良之（愛光社）、横田政吉（日本鶏卵）が選出されている。

一九二四（大正一三）年一二月一一日に居留民団法の施行規則が改訂され、選挙権を有する納税者（上海に六か月以上居住し、毎月平均して洋銀五角以上の居留民団税を支払っている者）から居留民会議員七〇名を選出し、さ

（右上）初代・三代行政委員会議長・伊東米治郎
（左上）二代・石渡邦之丞
（右下）四代・藤瀬政次郎（左下）五代・石井徹

らにその中から行政委員一一名を選ぶことが定められた。一九三五（昭和一〇）年一月、規則が再度改訂され、居留民会議員の定員は四〇名に減らされた。同年二月、臨時居留民会議で民団長制度の創設が議決され、同時に行政委員会は解散し、新たに参事会が設けられた。初代居留民団長は安井源吾であり、二代目団長に甘濃益三郎、三代目に福田千代作が就任した。同時に、居留民団は、会計検査委員会、学務委員会、衛生委員会、社会施設研究委員会、法則改正研究委員会、対外交渉研究委員会、課税調査委員会、税制研究委員会、土地価格調査委員会、課税異議審査委員会、土地価格異議委員会、生業資金査定委員会、金融機関設置研究委員会、復興資金審査委員会など各種の委員会を組織した。毎年三月に民団長は日本総領事の承認を得て会議を開催し、次年度の予算とその他の各種案件について審議を行い、必要な時には臨時会議を召集した。

（上）上海日本義勇隊（1907〈明治 43〉年）
（下）上海居留民会議員（1932〈昭和 7〉年）

上海居留民団の主な事業は次の通りである。

一、共同租界の治安維持を任務とする日本義勇隊の統率と維持。一九〇〇（明治三三）年八月に義和団事件（山東の宗教結社・義和団による排外運動を日本を含む八か国軍が北京に出動して鎮圧した事件）が起こると、日本居留民は自衛を名目として義勇隊を組織し、隊員一二〇名を集めた。まもなく上海義勇団（万国商団）に吸収され、上海義勇団日本隊が正式に結成された。一九〇七（明治四〇）年に日本居留民団が成立すると、新たに日本義勇隊を組織してその管轄に帰し、編成、訓練は全て日本式を採り入れ、帽章も日本陸軍と同じ星の徽章を用いた。一九二二（大正一一）年以後は上海義勇団所属の各国隊と足並みを揃え、帽章もまた義勇団の規定に従い改められた。一九三二（昭和七）年、上海事変が勃発すると、日本義勇隊は日本海軍陸戦隊の指揮の下に抗日活動に参加する中国人の鎮圧にあたり、一九四二（昭和一七）年、日本軍が上海租界を占領すると解散した。

二、居留民団立学校の運営と維持。

三、墓地と火葬場の運営。

四、衛生防疫活動の実施。

居留民団はこれらの事業の中でも特に学校経営とその維持に重点を置き、民団予算の八〇パーセント以上を割いた。学校建設にかかる費用は主に日本人居留民が支払う居留民団税で賄い、一部は日本企業の寄付によった。例えば、一九三六（昭和一一）年の民団予算は約八〇万米ドルであり、その八五パーセントが居留民子弟の学校教育に使われている。

日中戦争において、上海居留民団は居留民を保護すると同時に、積極的に居留民を動員して財力・物力の両面で日本軍に協力した。一九三二（昭和七）年の上海事変前、居留民団は日本当局と共同で時局委員会を結成し、有時における各方面での対策に積極的に取り組み、以下のような計画を立てた。
一、随時日本政府と連絡し、意見を具申する。
二、臨時に郵便配達業務を担当する。
三、民団の学校の校舎を日本軍の使用に供する。
四、救護班を組織する。
五、民団の学校教職員による服務団を組織し、軍病院に派遣する。

（上）上海事変の際、日本軍のために土嚢を運ぶ日本人居留民
（下）同時期、廟行鎮にて日本軍のために食糧を運ぶ日本人居留民

六、臨時居留民団会議を召集し、戦争勃発時の必要経費を債務として引き受ける。
七、長崎や大連などから穀物や木炭を購入する。
八、自動車と旅行鞄を購入・借用する。
九、長崎に委託して車夫を雇用

する。

十、臨時調査委員会を結成し、居留民への生活補助を行うとともに、避難者の日本との行き来を助ける。

上海事変勃発後、居留民団は直ちに計画を実行に移し、避難者の収容、居留民への食料無料提供、義勇後援会の結成、通訳や人夫など各方面からの志願者を日本軍に派遣した。

日本人居留民と工部局の関係は非常に微妙なものであった。明治維新当時の日本はまだ近代国家建設の途上にあるアジアの弱国でしかなく、そのため、貧困から抜け出そうと上海に渡った日本人居留民は屈辱と苦難を味わい、妓女や貧民の存在および彼らの文明にもとるふるまいは、国力の欠如を映し出していた。二〇世紀初頭日本は日露戦争の戦勝国となり一躍アジアの強国になったが、以前から上海の租界に進出していた欧米の列強にとって、日本人は遅れてやってきた「弟」でしかなかった。日本人は西洋人と同様に治外法権を得たものの、依然として租界の行政機関の管轄を受けざるを得なかった。例えば、一九〇四（明治三七）年八月に日本人居留民は日本軍による旅順港陥落を祝うトーチカ行進を申請したが、工部局は他国住民の反発を考慮して市政庁舎の敷地内で行うよう提案した。一九一五（大正四）年一月に上海居留民団行政委員会議長の石井徹は工部局理事改選で五〇票の差で落選した。これは日本人が初めて参加した理事選挙であった。翌年、藤村義郎が七八三票を獲得してようやく当選を果たし、工部局理事会に初めて日本人理事が誕生した。一九二七（昭和二）年から日本人の理事は二名に増え、一九三〇（昭和五）年以降、工部局理事会は基本的にイギリス籍五名、中国籍五名、アメリカ籍と日本籍各二名の理事により構成された。太平洋戦争勃発後、日本は共同租界を占領すると徐々に工部局を支配するようになり、一九四二（昭和一七）年と一九四三年の理事会では日本人が総董事に就任した。

上海の日本人居留民は絶えず増加を続けたことから、一九一六（大正五）年に工部局は日本巡査隊を増設して、東京警視庁から警察官二〇名を招聘し、虹口地区の治安と交通整備に当たらせた。中国隊やインド隊とは異なり、日本人チームは最初から日本人の管理下に置かれた。一九二八（昭和三）年には日本人居留民が集住する上海西部地区の警備も日本人巡査に委託された。

上海居留民団本部は当初東本願寺別院内の日本人倶楽部に置かれたが、一九一四（大正三）年三月に日本人倶楽部新館が文監師路に落成すると、これに伴って移転し、一九三二（昭和七）年一二月二七日には崑山路一二八号、一九四一（昭和一六）年四月二〇日には福生路（現在の羅浮路）二七号に移転した。

上海日本商工会議所

商工会議所は日本の商工業者の地域的な組織であり、ふつうは各市に設置され、取次、仲介、斡旋、調停仲裁、証明鑑定、現地の商工事業に関する統計などを任務とし、法人資格を有している。

上海在住の日本人商工業者の連合組織である上海日本商工会議所は、その前身は上海日本人実業協会（以下、実業協会と略す）であった。実業協会は一九一一（明治四四）年一一月に創設され、発起人の一人であった日本郵船会社上海支店長の伊東米治郎が初代会長に就任した。その一か月後に伊東は日本郵船会社ロンドン支店長に任命されたため会長を辞し、横浜正金銀行上海支店長の児玉謙次郎が後任となった。実業協会の創設後間もなく、中華民国の成立や第一次世界大戦勃発などの重大事件が続き、また紡績業を主とする日本資本が急速に上海に進出した時期に当たり、上海は日中貿易の拠点となった。実業協会は中国政府に関税率の引き下げを懸命に交渉する一方、日本人業者に対して通関手続きに関する知識の普及に努めた。一九一六（大正五）年に同協会は「在支商業会議所連合会」を組織し、中国との通商での一致団結の体制を作り上げた。

実業協会の事務所は当初日本郵船会社上海支店内に設けられたが、一九一四年に新築の日本人倶楽部ビルに移転した。同年、実業協会書記長の東則正は四川、湖北、湖南、江西、安徽、江蘇などで三か月にわたり経済調査を行い、『中部支那経済調査』などの報告書をまとめた。さらに一九一九（大正八）年には、書記長・安原美佐の上下二巻、三〇〇〇ページからなる著作『支那の工業と原料』を出版した。

実業協会は一九一九（大正八）年四月一日に上海日本商業会議所（以下、商業会議所と略す）と改名した。一九二五（大正一四）年六月に事務所は外灘二四号の横浜正金銀行ビルの三階に移り、野平道男、田辺輝雄、米里紋吉などが会長を務めた。商業会議所は日本の在中経済権益を代表する機関として、中国人実業家との結びつきを積極的に強め、一九二六（大正一五）年五月二〇日には上海総商会訪日視察代表団の一行五八名が日本に向かった。この時の視察活動は、上海総商会会長の虞洽卿《ぐこうけい》の言葉を借りれば、「実業の見学とともに両国の交流推進という使命を帯びていた」（『上海総商会史』上海社会科学出版社）。六月一七日、上海総商会主催の視察団帰国歓迎の宴会に商業会議所会長・田辺輝雄などが参加して、新人公司が撮影した中国人実業家訪日視察の記録映画を鑑賞した。

一九二七（昭和二）年四月、日本政府は「商工会議所法」を公布した。翌年、上海日本商業会議所は上海日本商工会議所（以下、商工会議所と略す）と名を改めた。同年、新情勢の経済にいかに対応するかを検討するために、商工会議所が中心となり、毎月二回、上海の同業組織代表者が参加する例会「金曜会」を開いた。参加した主な同業組織は、在華日本紡績同業会、上海日本綿布同業会、上海日本人紙商組合、上海薬業組合、上海工業同志会、日資銀行、三井物産、上海日本海産物商組合、上海日本綿絲同業会、上海日本人糖商会、上海工業薬品同業組合、上海海事懇話会、上海日本穀肥同業組合、三菱商事株式会社、上海弁護士会、満鉄上海事務所である。同会はまた小冊子『金曜会』を発行した。一九三七（昭和一二）年七月一〇日発行の『金曜会』には、「海南島の経済価値と事実化された鉄道、築港計画」、「本年度春農作物植付と収穫予想」、「やみ製品ボイコット運動拡大の兆し」、「中日金融連合会成立」などの論文が載った。その後、日中の経済動向に関する研究や情報交換が商工会議所の主な仕事となった。後に商工会議所内に商工相談所が設けられ、各種中小企業経営者を対象としたコンサルティングを行った。

一九三八（昭和一三）年一二月二一日、日本領事館は「上海日本商工会議所規則」を発布し、商工会議所は会員により組織される、会員資格は居留民団に一定額の戸別税を納めている工商業者に付与する、会員の

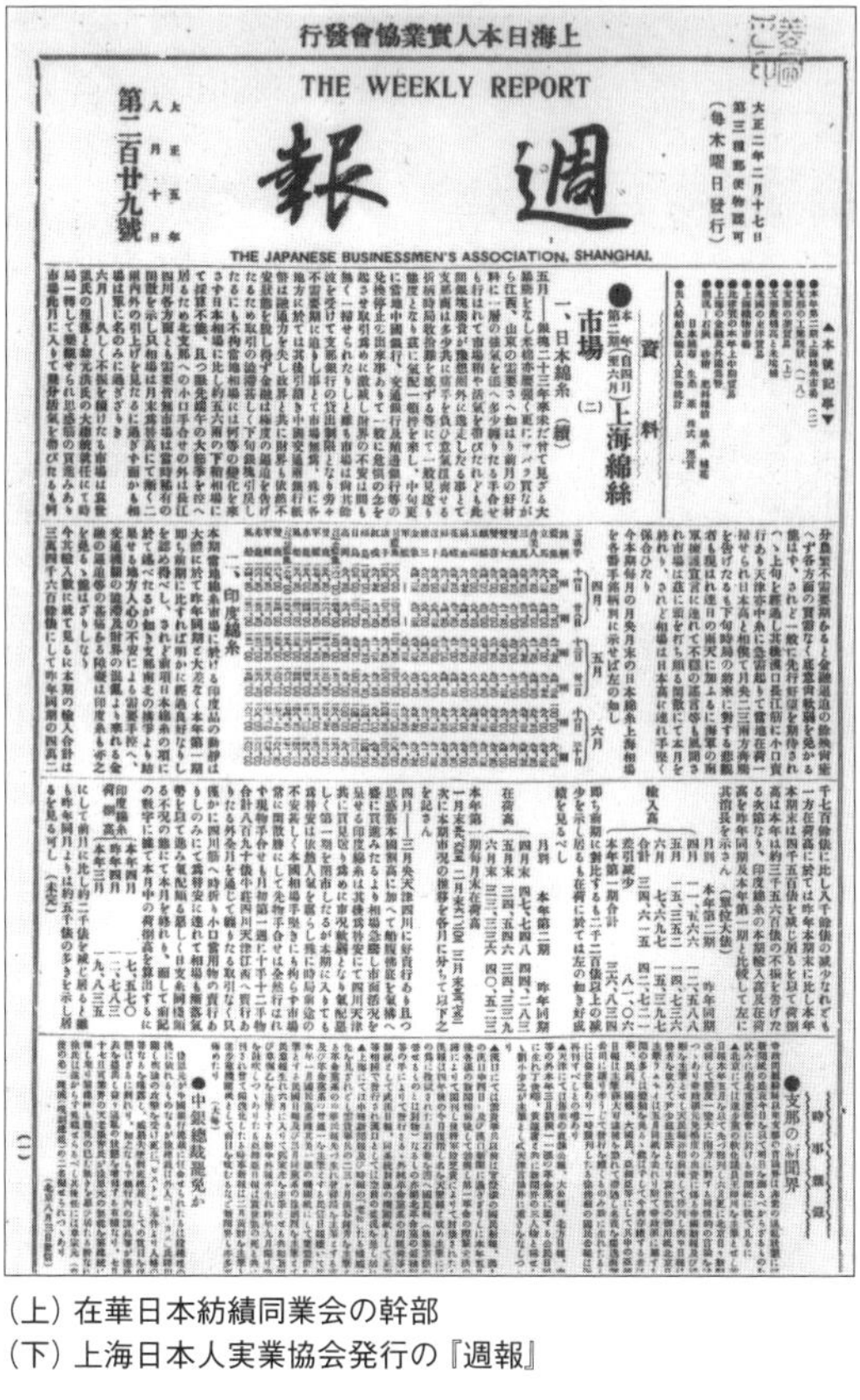

上海日本人實業協會發行

THE WEEKLY REPORT

週報

THE JAPANESE BUSINESSMEN'S ASSOCIATION, SHANGHAI

第二百廿九號

（上）在華日本紡績同業会の幹部
（下）上海日本人実業協会発行の『週報』

中から議員四〇名を選出し、任期は二年とする、ことなどを定めた。議員の内訳は各業種の状況に応じて定められ、具体的には、金融業三名、運輸業四名、紡績業四名、その他の工業五名、綿花および同製品経営業四名、輸出入貿易業一一名、商品輸入販売業六名、国策会社など三名であった。議員大会は定期と臨時に分かれていた。改組後の会長には三井物産上海支店長・塙雄太郎が就任し、華中水電副社長・青木節が副会長、経済学博士・杉村広益が理事を務めた。商工会議所事務局の事務所もまた天潼路に移った。

上海日本商工会議は、『上海経済提要』を編纂し、『上海商工録』を刊行した。そのほかに会議所の定期刊行物『上海日本商工会議所所報』(毎月二回)と月報、年報を発行した。

町内会・自警団・在郷軍人会

近代における日中関係は日清戦争を境に逆転した。日本の中国侵略によって、中国人の反日感情が日増しに高まり、救国運動が広く展開され、日本人居留民、とりわけ上海で自活をはかる「土着派」の人々にとっては経済的な危機を迎えることになった。一九一五(大正四)年、日本が提出した二十一か条要求に反対する上海の人々は、大規模な反日・対日経済断交の運動を継続した。同時期、日中の民間人の間でも乱闘事件が起きた。自衛のため日本人居留民は居住地を基盤とした町内会を組織し、避難民の救済、児童の護送、通信連絡などの任務を担った。一九一七(大正六)年、町内会は「上海日本人町内会連合会」に編成された。一九二五(大正一四)年に勃発した五・三〇事件後、町内会組織は拡大を続け、上海日本人町内会連合会は「上海日本人各路連合会」と改名し、住民の利益を反映させた互助的な自治組織となった。

自警団は、中国の民族運動が高揚した時期に組織されたもので、町内会を母体とし、その会員を中心とした臨時的な機動組織であった。一九一五年には自衛と日本軍への協力を目的とし、一九二五年の五・三〇事件〔↓第一一章〕に際しては日本人の権益と生命財産の保護を目的として結成された。

「在郷軍人会上海支部」もまた日本人居留民の自治団体の一つであった。一九二七（昭和二）年に北伐軍が上海を進攻した際、予期される混乱に対処するため、各路連合会は居留民団の提案に基づき上海在住の日本人の中から復員軍人を召集し、陸戦隊指揮官を支部長とし、日本総領事、居留民団行政委員長、各路連合会代表を名誉委員として組織した。いったん事件が起こると、日本軍の行動に協力するとともに、居留民の避難保護の任務についた。

在郷軍人会上海支部は支部長以外に副支部長二名、理事五名、監事二名、評議員二〇名を置き、支部の全業務を取り仕切った。さらに上海の東部、西部、中部、北部に各分会を設けて、それぞれに会長、副会長、理事、監事を置き、統括と連絡を担った。

（上）上海日本人各路連合会常務委員会のメンバー
（下）在郷軍人会上海支部の長による訓示（日本人小学校にて）

上海事変の際、西本願寺に避難した日本女性と子どもたち

このような自治団体の他にも日本居留民は多数の同業組織や地域団体を組織し、業界や地域においてさまざまな活動を行った。一九二〇年代のみを取り上げても、以下のような同業組織と団体が存在していた。上海日本綿絲同業会、上海日本綿布同業会、上海日本綿花同業会、上海輸入綿花同業会、上海日本紡績同業会、上海日本人紙商組合、上海日本人雑穀肥料同業組合、上海綿業信用組合、上海紡績機械同業組合、上海日本人工業薬品同業組合、上海薬業同業組合、上海酒類同業組合、上海看護婦会、上海日本人教育後援会、上海料理屋組合、上海理髪組合、上海靴経営者組合、上海通関業組合、上海菓子同業組合、上海洋服商組合、上海虹口市場日本人商店組合、上海購買組合、上海日本旅館組合、日本人揚子江水先協会、日本人体育協会、武相会、光寿会、在華日本紡績同業会、若竹吟社、青龍吟社、白蘭花吟社、公大吟社、滬友会（東亜同文書院同窓会）、学士会（帝国大学出身の学士の団体）、早稲田会（早稲田大学同窓会）、三田会（慶応大学同窓会）、上海日本人薬剤師会、上海弁護士会、上海公共租界施政研究会。一九三三（昭和八）年の時点で日本居留民による各種の団体は一一八にまで増えている。

一九三一（昭和六）年の満洲事変勃発後、祖国が侵略、占領されたことに憤った上海各界の人々は、九月二二日に上海抗日救国会を結成し、国民政府に武力で東北地方を奪回するよう求めた。一〇月三日には対日経済断交が決議され、市民に日本製品を買わない、売らない、運ばない、使用しない、日本人のために働かないことが呼びかけられ、違反した者は漢奸《かんかん》（売国奴）として処罰されるとした。日本製品は埠頭や倉庫に山積みとなり、没収、あるいは焼却された。一二月には、一九三〇（昭和五）年の時点で上海輸入品総額の二九パーセントを占めていた日本製品の割合が、一九三二年一二月には三パーセントにまで激減し、日本紡績工場の九〇パーセント以上が閉鎖に追い込まれ、日本企業と日本人居留民は生存の危機に直面した。

　この緊急事態に上海日本人各路連合会がまっ先に反応し、一〇月一一日午後一時に北四川路の北部日本尋常小学校の運動場で上海居留民大会を開催し、虹口地区の日本の商店は全店休業して約六〇〇〇人が参加した。会場は立錐の余地がないほどに人が集まり、戦闘的なスローガンを記した白布が空にひるがえり、緊張した雰囲気で満ちていた。当日の大会では宣言と決議が採択され、日本政府に「強硬かつ有効的な手段」による「日支の諸懸案」の解決を要求した。閉会後、日本人のデモ隊が北四川路で中国人と衝突した。

日本人居留民による北四川路でのデモ

　一一月一日には中部日本尋常小学校で「長江流域全日本人居留民大会」が開かれ、前回の大会と同様の宣言と決議が採択された。一二月六日には「全支日本人居留民大会」が開催され、活動は徐々に拡大化していった。会の終了後、日本人居留民は代表者を東京に派遣し、政府と軍部を積極的に遊説してまわり、上海で武力行使に出るよう要請した。それと同時に各路連合会は対策会議を開き、戦争勃発後の避難者の収容、交通運輸、情報通信

（上）上海日本人居留民大会は日本政府に対し、強硬手段を求める決議と宣言を行った
（下）北四川路と虬江路の交差点を進行する日本軍（1932〈昭和 7〉年・上海事変時）

など各方面における準備を進めた。

一九三二（昭和七）年一月一八日、日本側は念入りな作戦のもと日本人僧侶五人を三友実業社の門前に送り込み、言いがかりをつけて工場労働者と衝突させ、僧侶三人が殴打された。事件後、日本人居留民緊急集会は、日本政府に陸海軍の増補派遣、自衛権の発動、抗日運動の根絶を公開で要求し、ついに一月二八日、日本海軍陸戦隊は居留民保護を口実として上海事変を起こした。

事変勃発後、日本居留民は戦時体制をしき、時局委員会を結成した。二月一日、時局委員会は日本政府に陸軍派兵の要請を打電した。各路連合会は会員を動員して塹壕を築く土嚢を作って運び、日本軍の武器弾薬の運搬を手伝い、担架隊を組織して前線へ送った。自警団は日本人居住区の警備を担当し、さらに肩から白い腕章を巻き、ライフル銃を持って、日本軍が中国人居住区で中国人抗日活動家を捜索し、逮捕する際の道案内を務めた。

在郷軍人会上海支部は直ちに六〇〇〇人を派遣し、土嚢を作り塹壕を築き、中国人抗日活動家の逮捕などで日本軍に協力した。日本人記者が撮影した現場の写真からは、事変当日の夜に学生風の中国人青年を日本軍が逮捕する際に在郷軍人会会員が協力し、逮捕された青年は白布で目隠しされ、口の端から血が流れ、中国服の上には血痕があり、ひどく殴打されたことが窺える。一月三〇日、日本海軍第一遣外艦隊司令塩沢幸一の「便衣隊は射殺する、便衣隊の行動を幇助した者は便衣隊と同罪」という指令に基づき、この中国人青年は殺害されたが、在郷軍人会が日本軍に協力した事実を隠蔽するため、この写真は当時日本軍により差し押さえられた。虹口で殺害された中国人抗日活動家の遺体は麻袋に詰められ、日本人倶楽部の隣の三元宮〔道教の寺院〕の敷地内に積まれ、深夜に虹口埠頭から呉淞口まで運ばれ、長江に遺棄された。

(上) 日本軍を先導して抗日活動家の逮捕に協力する「自警団」メンバー
(下) 「在郷軍人会」会員により逮捕された中国人青年

日本商工会議所は時局委員会の指令に基づき、日本企業、銀行、紡績工場で志願者を募り、義勇後援会を組織して、女性や子供もまた日本軍の支援活動に参加した。女性は子供を連れて日本軍のために緊急で夜具を縫った。日本軍が上海に入城すると、商店街や工場の前に群れを成した日本人居留民が笑顔で日章旗を振り、「歓迎」のスローガンを叫ぶ光景は、至るところで見られた。

一九三七（昭和一二）年の第二次上海事変勃発後、大多数の日本人居留民が上海を離れて帰国し、上海に残留した日本人は男性三九九二人、女性が九〇八人の合わせて四九〇〇人であった。そのうち五八人が戦火によって死亡し、失踪者と負傷者は三九九人にのぼった。上海に残った日本人は依然として後方で日本軍に協力し、自警団と在郷軍人会会員は武器を手に虹口周辺の巡回と捜索を行ったが、一部には中国軍との交戦に直接参加する者もいた。

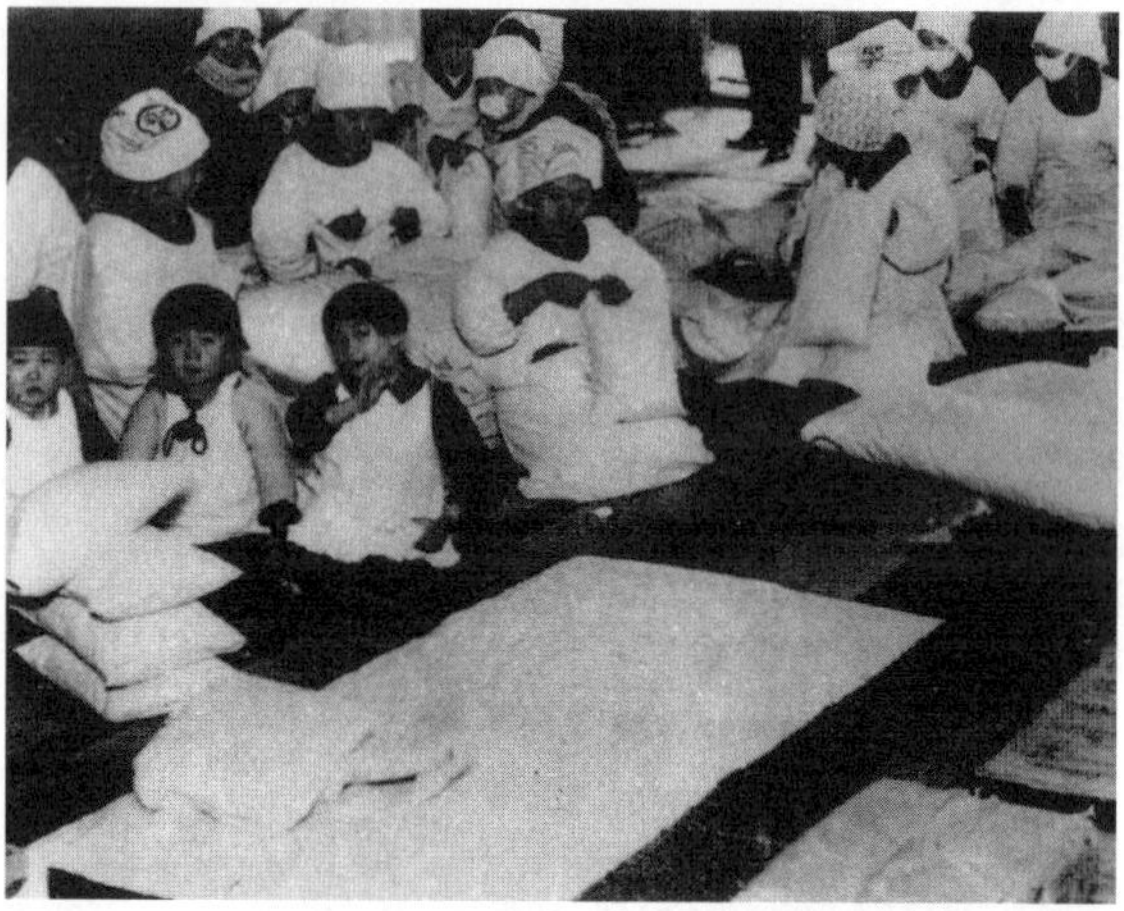

日本軍のために緊急に夜具を縫う日本女性たち

墓地と火葬場

上海が開港して大量の外国人が流れ込むにつれて、出産、介護、医療、埋葬などが日増しに解決を迫られる社会問題になった。山東路にあった外国人墓地は、一八四四年にイギリス人が造った上海で最古の外国人墓地である。一八六三年、フランス租界の公董局は現在の淮海《わいかい》公園の敷地に八仙橋公墓を造った。そのほか静安寺路と馬霍路が交差する場所に外国人墓地が造られ、現在静安公園となっている場所にも静安寺共同墓地（上海最初の火葬場が併設された）が造られた。日本人居留民の上海進出はイギリスやアメリカ、フランスなど西欧諸国よりも遅く、このため日本人専用墓地の建設もまた遅かった。

一八六二（文久二）年に千歳丸〔→第一章〕の船上で三名の病死者が出た際は、その遺体は爛泥渡に埋葬された。また、一八七二（明治五）年に日本人の画家・安田老山〔→第一五章〕の妻・紅楓《こうふう》女史が上海で病死した時は、その遺体は風光明媚な龍華塔の脇に埋葬された。

一八七三（明治六）年、日本領事館は日本人居留民の専用墓地を創設するため、馬車路（後に卡徳《かとく》路と改名、現在の石門一路）二七条一〇図二九号の土地を購入した。当初墓守に西洋人を雇ったが、管理がずさんであり、「空地には馬糞を積み、或は野菜を作り樹木を植えて居た」（高西賢正『東本願寺上海開教六十年史』）。一八七六（明治九）年に東本願寺上海別院が創建されると、日本領事館は日本人墓地の管理を委託した。墓地の清掃兼管理人の月給は七ドルで、品川忠道領事などの寄付によって賄われた。墓守は中国人であり、その中に阿福という男がいた。彼の父親も以前同じ場所で働いており、父親の死後に阿福が仕事を継いだのである。卡徳路の墓地が閘北（現在の虹口）に移転すると、阿福も新しい墓地に移り、一九二一（大正一〇）年頃まで働いて退職し、その息子もまた墓守として働いた。

東本願寺上海別院は卡徳路の日本人墓地の管理を引き継ぐと、一八七二（明治五）年に龍華に埋葬された紅楓女史を改葬して、彼女の「妙瑞信女、俗名安田きう」という名を日本人逝去者名簿の最初に記した。

当時上海では、一般の墓地には棺を埋めるだけで火葬は許可されていなかった。静安寺の外国人墓地で火葬に付すと一回につき二五〇両《テール》が必要で、貧しい大多数の日本人居留民には到底支払えない額であった。しかし、租界当局の規則では、租界内の伝染病による死者の遺体は火葬が義務付けられており、一八九九（明治三三）年に一人の日本女性が伝染病で死亡した時には、静安寺の外国人墓地で火葬に付さなければならなかった。

火葬および日本人墓地の管理の問題を解決するため、一九〇七（明治四〇）年三月一三日に東本願寺上海別院輪番・蓮琢《れんたく》や本圀寺別院主任・杉山仁雅などが発起人となって法光株式会社を設立し、一万四〇〇〇ドルを費して閘北に日本人火葬場を建てた。この建設を請け負った東本願寺上海別院の設計監督・村松覚夫は長崎まで出向いて火葬場を視察し、優れた設計案を作成した。火葬設備は日本国内の最新設備を参考にし、それをさらに改良したものであった。また火葬場内には送葬者の休憩所、薪炭倉庫、馬小屋などの補助施設が設けられ、霊柩馬車が用意された。一九一一（明治四四）年に閘北火葬場が完成すると、そこの管理は居留民団に委託された。民団の経営になって以降、同年四月から翌年一月までの間にのべ九七人の火葬が行われた。

卡徳路の墓地の敷地は手狭であったため、時を同じくして居留民団は横浜正金銀行から銀二万両を借りて閘北火葬場付近の八字橋に新たに墓地を造った。一九一一年六月に墓地建設工事の入札を行い、中国の請負商人・周鴻興が五三一〇両で落札した。一九一二（明治四五）年一月には卡徳路日本人墓地の閘北新墓地への移転作業が始まり、二月末までに八六六の遺体が改葬され、墓石もすべて新墓地へ移された。その中には紅楓女史の墓石もあった。女史の墓石は高さ五尺、幅二尺の丸い天然石であり、正面には「日本紅楓女史之墓、華亭胡公寿題」と大きな字で刻まれ、墓石の後ろには、次の文字が刻まれていた。

「日本紅楓女史、姓井原、名愛。停車安君老山、名養之、善写蘭竹、筆致清娟、於同治九年随老山至中華寓居焉。十一年十月二十二日病故、存二十有六。携柩於龍華塔之西傍、因之碑以記。嘉定管廷祚撰、上海王首書」（日本の紅楓女史、姓は井原、名は愛という。夫の安田老山、名は養之は、蘭竹の画を得意とし、筆致は清らかで麗しい。同治九年、老山に随って中国に渡り居を構えた。同治十一年十月二十二日に病で亡くなり、享年二十六歳であった。棺は龍華塔の脇に埋め、この碑をもって記念とする。嘉定管廷祚撰、上海王首書)。

一九一三(大正二)年八月二二日午後四時、閘北日本人墓地で移葬供養と納骨堂入仏式が行われ、納骨堂には阿弥陀《あみだ》如来《にょらい》像が安置された。約一三畝〔一畝は約六六六・七平方メートル〕の敷地のうち、火葬場が三畝四分、

(上) 卡徳路の日本人墓地
(中) 閘北の日本人墓地
(下) 紅楓女史の墓石

墓地が六畝七分を占め、門前の広場には駐車場が作られた。墓地に並んだ墓石は日本国内と同じで、形はさまざまであり、ただ高さと大きさは異なっていた。陶器で作ったものや砲弾を用いて造ったものがあり、木製の碑を立てただけのものもあって、墓石の表面には死者の名が書かれていた。上海で亡くなった日本人居留民は全員ここで火葬に付され、遺骨の多くは遺族が日本に持ち帰り、日本の風習に従って埋葬された。墓地の中で最も古い墓は、雑貨商・梅田圓左衛門の妻・イチの墓である。イチは一八七一（明治四）年四月三日に逝去し、享年わずか三九歳であった。そのほか、一八七三（明治六）年八月一八日に逝去した。さらに外務省六等書記・三宅庸輔の墓もあり、彼は一八七三（明治六）年八月一八日に逝去した。そのほか、一八八〇年代から九〇年代にかけて年若くして亡くなった女性の墓が多数あった。彼女たちの多くは「外人の妾」となって、異国の地でひっそりと永遠の眠りについたのであった。

閘北日本人火葬場と墓地が造られた当時、上海在住の日本人の数はわずか七〇〇〇人ほどであったが、一九四〇（昭和一五）年には一〇万人近くにまで膨れ上がった。絶えず増加する日本人社会の葬儀への需要を満たすため、一九四〇年五月に閘北日本人火葬場と墓地は大々的に拡張された。それらを管理したのは上海居留民団保険課火葬墓地係で、その仕事の範囲は死体の火葬、胎盤の処理、墓地の貸出しと返却、埋葬と死亡統計にまで及んだ。統計によれば、一九三八（昭和一三）年から一九四〇年までの間に火葬に付された成人は二六〇七人（そのうち一三名が火葬費用免除）、子供は七三九人（そのうち一名免除）、胎盤の焼却は六四〇個、埋葬は二六件（三四人）、発掘五件（八人）であった。一九四一（昭和一六）年には、火葬された成人は九二五人、子供は四九〇人、西洋人六人、胎盤の焼却七八〇個、遺骨の埋葬一五人、遺体の埋葬七人であった。

現在日本人火葬場の跡地には西宝興路葬儀場が建ち、隣にあった日本人墓地は日中戦争終了後間もなく更地にされた。一九四五（昭和二〇）年一二月から日本人居留民の引き上げが始まったとき、居留民が最も心にかけたのは閘北の墓地のことで、居留民の一人・蘆澤駿之助は国民政府に人脈を持つ山田純三郎に中国側に墓地の保護をかけあって欲しいと頼んだ。

数年後に山田が中国での仕事を終えて帰国し、蘆澤に、閘北墓地の石塔は舗道の敷石になり、墓地の敷地にはすでに水道局宿舎が建てられたことを告げた時には、山田も蘆澤も涙が止まらなかった。しかし、蘆澤はこの事実を受け入れるしかなく、「大陸で中国民衆に筆舌に尽せぬ損害を与えた日本帝国主義に対する報復として止むを得なかった結果とも思います」と語った（蘆澤駿之助『上海・江南・桂林の旅』）。

伝染病流行への特別措置――独自の防疫活動

近代の上海は、社会環境や衛生教育などの面で十分に管理が行き届かず、さまざまな伝染病の温床となり、生活者の健康と社会の安定を大きく脅かした。あらゆる人がその難を逃れられず、日本人居留民もまた例外ではなかった。日本人小学校を例にとると、一九〇五（明治三八）年二月から一九二六（大正一五）年六月までの間に伝染病発病のため閉鎖、あるいは学期の開始を遅らせた事態が六件あり、その半数以上が生徒の伝染病感染により閉鎖を命じられたものであった。例えば、一九二五（大正一四）年六月に日本人小学校の生徒でしょう紅熱に感染した者は一二人に達し、二週間の全校閉鎖となった。一般の日本人の伝染病患者の数もまた多かった。一九〇六（明治三九）年から一九一四（大正三）年の間に上海で死去した一〇〇一人の日本人居留民のうち、その主な死因はコレラ、チフス、脳膜炎などの流行性疾病であった。コレラを例にとると、一九二一（大正一〇）年九月に三五人が発見され、その後一八人が死亡した。一九一九（大正八）年夏には男性二四人、女性一七人が感染して、そのうち男性一六人と女性一五人が死亡した。

租界当局は伝染病防疫のためにいくつか有効な措置を取っていたが、日本人感染者が増加してゆくのを目の当たりにした居留民団は、独自の防疫活動を行う必要性を痛感した。一九一九年七月二八日に日本居留民団臨時行政委員会が開かれ、衛生委員と領事館が臨時で防疫活動問題を取り上げ、具体的な防疫方法について協議を行なうことを決めた。八月一日に日本人倶楽部を会場として、日本領事館の岸領事、豊田署長、民団衛生委員三名、医師三名、医師会幹事・入倉、川端二名が予防、コレラ撲滅について協議を行った。医師会は佐々木医院の山口医師に予防注射と日本人家庭の消毒作業を委託した。それと平行して、町内会はコレラ予防活動について決議し、一人も漏らさずコレラ予防接種を受けさせるよう各町内会に求めた。

一九二〇（大正九）年五月二〇日、日本人居留民は春秋二回の無料種痘活動を開始し、同日種痘を受けた人は三六三人に達した。一九二一（大正一〇）年九月にはコレラ流行の恐怖から三五七七人が予防注射を受けた。一九三八（昭和一三）年四月に居留民団は防疫委員会を設立し、無料でコレラ、チフス予防接種と種痘を行う活動を展開した。居留民団防疫班で防疫活動を行った医師は三五名であり、各班に七名の医師が配置され、計五班で活動を行った。同年、春秋二回のコレラ予防ではのべ一七万二三四一人（日本企業勤務の中国人を含む）が予防注射を受け、種痘を受けた者は五万二一八七人にのぼった。

日本人の伝染病患者は通常工部局の隔離病院に運ばれ、英語の出来る日本人看護師がもっぱら日本人患者の看護にあたった。その後、一九三八年七月一九日に、日本人は専用の隔離病院を設立した。同年この隔離病院に入院した患者は一五四人、そのうちコレラ感染者は三〇人、赤痢感染者は九人、天然痘感染者は七〇人、腸チフス感染者は三三人、しょう紅熱感染者は九人、流行性脳膜炎感染者は一人、その他は二人であった。伝染病が発生した時は、患者の収容、住居の消毒作業を問わず福民医院の救急車を借りたが、一九四〇（昭和一五）年八月に居留民団は興亜院（一九三八年―四二年、内閣直属で中国関係の政治・経済・文化に関する行政事務を行った」の援助を受けて専用の救急車を購入して、患者を短時間で隔離病院に運ぶことが可能となった。防疫の効果をさらに高めるため、居留民団は保険課に専門部署として防疫班と宣伝班を設置し、防疫班は主に患者の住居の消毒、患者の収容、予防注射と種痘、さらにホテルやレストランなど飲食場所の衛生検査を行った。宣伝班は主に伝染病、結核、性病の予防宣伝を担った。一九三九（昭和一四）年より毎年三月一一日から一六日を「性病予防衛生週間」と定め、講演や映画、ラジオ、新聞、宣伝パンフレットなどの手段を通じて性病予防治療の啓蒙キャンペーンを行った。同年四月、居留民の間にコレラ予防キャンペーンを展開した。さらに一九四一（昭和一六）年八月二六日から二八日の間、防疫委員会の決議に従い、居留民団主催、領事館警察共催の衛生講演会を開き、関連映画を上映して、居留民向けに防疫に関する衛生知識の宣伝を行った。

貧困層の居留民の医療費問題を解決するため、一九三三（昭和八）年三月に梅野友秀議員は居留民会で居留民団診療所の開設を提案した。この提案は翌年三月に居留民団の調査を経た上で採択され、診療所は靶子路二五〇弄一九号、二一号に開設されて、初代所長には医学博士・大井上龍が就任した。当初は医師（兼所長、内科）一名、薬剤師と事務員各一名、看護師二名が配置された。同年九月より診療を開始し、一二月に外科を増設した。一九三五（昭和一〇）年七月には小児科を設け、同時に入院患者の収容も始めた。一九三六（昭和一一）年、医師を四名増やした。一九三九（昭和一四）年一一月一五日に居留民団診療所は海寧路沿いの元工部局隔離病院の中国人病棟に移転した。一九四〇（昭和一五）年にはベッドを一五床増やし、皮膚科と耳鼻科を新設した。一九四一年にはさらに婦人科を増設し、同年、伝染病患者七一七人の治療に当たった。

第二章

在華紡の拠点、小沙渡と楊樹浦

滬西（上海西部）の小沙渡地区と滬東の楊樹浦地区は、上海における日本紡績企業（通称は「在華紡《ざいかぼう》」）の二大拠点であった。両地区はそれぞれ蘇州河と黄浦江という上海の主要な輸送航路である河川沿いに位置しており、紡績工場の原料運び入れや製品運び出しに利便性があった。

近代日本において、最も早く世界市場へと進出を果たした産業分野は、重工業ではなく、むしろ在来の製糸業や綿紡績業であった。製糸業は農村の養蚕業を基盤として、アメリカ向け輸出の増加によって急速な発展を遂げ、日本の対外貿易の切り札となった。綿紡績業は一八八三（明治一六）年に設立された大阪紡績会社を草分けとし、紡績技術の機械化にともなう紡績ブームの結果、一八八九（明治二二）年には工場数が一〇年前の二八工場から七八工場へと急増し、生産量も一〇倍以上となった。そして、第一次世界大戦後の一九一八（大正七）―二二（大正一一）年に、日本の紡績企業は大挙して上海に進出した。上海を中心に発展した在華紡は、日本の紡績業を支える重要な海外拠点であり、また日本の対中国投資の主軸であった。一九二五（大正一四）年には、日本資本はすでにイギリス資本を超えて上海の紡績業の中心的地位を占め、同時に中国人が経営する紡績企業（民族紡）にとって大きな脅威となった。

世界綿業史上稀にみる大移転

一九二〇年代、小沙渡地区の労勃生路（Robinson Road、現在の長寿路）と小沙渡路（Ferry Road、現在の西康《せいこう》路）が交差する地点には、鉄筋コンクリート製の時計塔が建っていた。巨大な礎石の上に鎮座するその建物は、高さ四丈（約一二メートル）余り、正四角柱の塔の内部は六階建てになっており、頂上階の四方側面に大きな時計が埋め込まれ、鐘の音が昼夜休まず一五分おきに一度鳴り響いた。この時計塔は、日本の内外綿《ないがいわた》株式会社が中国での事業を始めた川邨《かわむら》利《り》兵衛《へえ》頭取を記念して建てたもので、川邨時計塔と命名された。しかし、中国人は聞き慣れない日本語名よりも、その斬新さと自動で時を告げることに好奇の目を向け、皆これを「大自鳴鐘」と呼んだ。大自鳴鐘が建てられた後、周辺地区の人口は増加し、開発が進んで繁華街が形成されるようになり、小沙渡の地名は次第に忘れられ、人々は馴染み深い大自鳴鐘を数十年の間、地名として使うようになったのである。

長寿路と西康路の交わる場所にあった
川邨時計塔（大自鳴鐘）

小沙渡は、元々滬西の蘇州河沿いにある小さい渡し場にすぎなかった。一八九九（明治三二）年の「上海土地章程」第四次改正によって英米租界が再拡張されると、一九〇〇（明治三三）年より工部局が渡し場南岸に小沙渡路、労勃生路、戈登路（Gordon Road、現在の江寧路）等の道路を敷設したことで、渡し場付

内外綿上海工場の
創立者・川邨利兵衛

近に居住区が形成され始めた。このあたりの蘇州河の流れは曲折が多いため、その両岸は工場建設地に適しており、原料や製品の運搬にも非常に便利であった。日本の紡績企業は中国進出に際して、小沙渡のこの好立地に目を付けたのである。

小沙渡に工場を建設した最初の企業が、内外綿株式会社であった。内外綿は一八八七（明治二〇）年八月に大阪で創立された。当初は綿花売買を本業とし、資本金も五〇万円と小規模であり、その一部は公募増資によるものであった。同年七月、大阪紡績会社に在職していた、川邨利兵衛は、上海や香港等で、綿花の集散状況について調査した。そして、一八九八（明治三一）年には、内外綿社長中野太右衛門の要請を受けて、川邨は内外綿に入社して頭取に就任した。一九〇二（明治三五）年、川邨は再び中国へ赴き、上海周辺の南翔から江蘇省南部の南通まで、綿花栽培および交易状況についての、詳細な視察調査を行なった。川邨らの調査報告は、中国市場には大きな将来性があることを示すものであった。中国の面積は欧州全体の一・五倍であり、長江流域や河南地方の綿花生産量は、年間二億五千万ポンドに上る。内外綿は中国市場の将来性に魅かれ、現地に紡績工場を建設することを決定した。川邨は、中国大陸の「豊富なる原料、低廉なる労力、無限の販路は、外人企業家を魅了し、垂涎せしめたのも当然である」と述べている。

一九〇九（明治四二）年後半、内外綿は小沙渡地区の蘇州河沿岸に九六〇〇坪余りの土地を購入し、翌年九月には宜昌《ぎしょう》路に二六〇〇坪を買い足して、工場の建設を開始した。工場や事務所、倉庫、宿舎などの設計は、全て日本の著名な建築家の平野勇造《ひらのゆうぞう》に委託し、紡績機械と原動機は、三井物産とシーメンス・シュッケルト電気株式会社の大阪支店にそれぞれ発注した。これより少し前に、すでに三井物産が上海で二つの中国資本の紡績工場を買収してはいたが、中国で一から工場を建設したという点では、内外綿こそが在華紡の先駆者だといえる。

一九一一（明治四四）年七月、内外綿の第一号工場が上海で操業を開始し、上海支店も正式に開業した。開業日は、一〇月一〇日という中国の吉日が選ばれたが、思いがけず、偶然にもこの日は武昌蜂起《ぶしょうほうき》が勃発したことで、中華民国建国の祝日となった。

一九一一年から一九二三（大正一二）年までのわずか十数年間で、内外綿は小沙渡地区に九つの紡績工場を建設した。そのうち、一九一四（大正三）年に澳門《マカオ》路に建設された工場は、中国初の鉄筋コンクリート造りであり、以後の工場建築の手本となった。内外綿は当初、上海工場で太糸を生産し、「水月《すいげつ》」の商標を用いて、主に中国内地を販売市場とした。しかし、後に細糸生産へと転換し、商標も「彩球」に改めて、インドや東南アジア、アフリカ一帯まで販路を拡大していった。一九三〇年には、中国企業との競争激化にともない、「四君子《しくんし》」商標によるインダンスレン染加工綿布等の新製品を開発した。

内外綿株式会社上海支店の創業記念日（1919〈大正 8〉年）

内外綿の工場が建設され生産を開始すると、同興紡績や日華紡織などの日本紡績企業もそれに続いて、小沙渡地区に次々と工場を建設した。統計によると、滬西地区には全部で一九の日本資本の紡織工場が開設され、そのため、「小沙渡」

はもっぱら滬西の在華紡地区を指す地名となった。一九二七（昭和二）年に上海の日本領事館が行なった調査によれば、滬西に居住する日本人世帯数は五八七世帯、総計二三六四人に上った。

ちなみに、一九二〇年代以降も小沙渡の地名は依然残されていたが、中国人は次第にこの地区を「大自鳴鐘」と呼ぶようになり、日本側の関連書中でのみ、小沙渡という昔ながらの地名が使われている。

「水月」の商標

在華紡は、このように上海の滬西に大規模な工場群を形成し、また当時としては最先端の設備や技術、および日本の経営管理方式を中国に導入した。特に内外綿の場合、上海と日本国内にある工場数は、ほぼ九対二の割合であり、大部分の工場が上海に移転された。こうした現象は、世界中の紡績業界の関心を集め、「世界綿業史上稀にみる大移転」と称された。

第一次世界大戦が勃発して、欧米列強がしばらく上海から一部の資本を撤退させたが、それが日本紡績業に好機をもたらしたのである。しかし、他に以下のような背景があったことも見落とすことはできない。一九一八（大正七）年、中国が関税率を引き上げたために、日本の中国向け綿製品輸出は大きな打撃を受けた。その結果、高率の関税を払うよりも、直接中国に工場を設けて綿製品を生産した方が、低コストだと考えられるようになった。また、日本国内の工場は主にイギリス製の紡績機械を使用していたが、イギリス本国は軍需製品の生産に追われて機械の納品が遅れ、発注した紡績機械が日本に到着した頃には、すでに大戦は終結し、日本の紡績業と金融界は過剰生産期に突入しつつあった。そのため紡績会社は、購入した機械を中国に運んで現地生産を行なうことが最善策だと考えたのである。

日本紡績企業が一斉に中国に進出したもう一つの重要な原因は、一九一六（大正五）年に日本の最初の労働者保護法となる「工場法」が正式に施行され、さらに一九二〇（大正九）年前後からはその改訂の動きが進んだことにあった。その規定には、一二歳未満の児童の雇用禁止、女工及び少年工の夜間労働禁止（ただし、紡績女工の夜間労働は認められた）、一二時間労働制の実施（一五人以下の小規模工場には不適用）といった事項が含まれていたが、一九二三（大正一二）年の一次改訂では、一六歳未満の雇用禁止、一一時間労働制となり、一九二九（昭和四）年の二次改訂では紡績業の深夜労働が全面禁止となった。この法律は労働者の権利を保護するものであったが、無休操業する

（上）内外綿上海工場
（下）上海の紡績工場では少年工を多数雇用していた

ことで利潤を上げようとする紡績会社にとっては、当然大きな打撃となった。そこで彼らは、中国でより低賃金で労働力を雇った（一九二四〈大正一三〉年の日本側の推定によれば、中国人の労働賃金は日本国内の四一・六—五二パーセント相当であった）だけでなく、中国には労働者保護法がないため、女工や少年工に過酷な深夜労働をさせたのである。

それゆえ、第一次世界大戦勃発後の一〇年間で、紡績業を中心とする日本の投資が上海で急速に進み、それはこの時期の日本の対中国直接投資のきわだった特徴となった。当時、日本紡績業の対中国投資総額の七三パーセント以上が上海に集中し、日本の八大紡績会社はみな上海に工場を設けていた。一九三九（昭和一四）年の調査によれば、滬西の在華紡の中では内外綿が最も古参であり、九つある工場の総面積は一八万坪以上、日本人職員数は四〇〇人近くに上った。鐘淵紡績は上海に四つの工場を有し、そのうち二工場が滬西にあった。豊田紡織の工場と日華紡織の三工場も滬西に建てられた。

滬西の小沙渡という一角のみに、これほど多くの日本紡績工場が集中していたという事実は、全く驚異的なことである。まさに、上海を中心とする在華紡の存在は、「満鉄」（南満洲鉄道株式会社）と並ぶ日本の対中国投資の双璧といえるものであった。

生活施設と経営管理

内外綿を代表とする日本の紡績企業は、小沙渡地区に工場を設立しただけでなく、その周辺に従業員住宅や生活・福利施設も建設した。小沙渡地区の繁栄は、こうした日本の紡績工場の集中と、それに付随する施設が完備されたことと一定の関係がある。

内外綿の場合、上層部はみな共同租界やフランス租界の庭付き邸宅に居住し、豪華な生活を送っていたが、一方で日本人職員のために社宅を建てた。澳門路六六〇弄に位置する内外綿社宅は、一九二〇年代に建てられた日本式レンガ造りの二階建てで、電気・ガス・水道や衛生設備が設けられており、住宅の様式はA・B・C・D・Eの五種類に分かれ、それぞれ階級の異なる職員が居住した。住宅区の中央には稲荷《いなり》神社、弓道場やテニスコート、ブランコなどが設けられ、住宅の周囲は緑化され、桜も植えられていた。夏には芝生の上で野外映画会が催され、日本人職員の子ども達はまるで正月を待ち望むかのように、この日を楽しみにしていた。独身の職員には単身者用の宿舎が用意され、食事も廉価で提供していた。

内外綿の初期の製品商標が「水月」であったため、会社が建てた多くの生活・福利施設にも「水月」の名が付けられた。例えば水月花園は、内外綿が従業員のために設けた憩いの場であり、広さは約六六〇〇坪で、青々とした広大な芝生と一〇〇本以上の桜の木が植えられており、さらに野球練習場や六面ものテニスコートがあっ

（上）内外綿の職員住宅
（下）日本の紡績会社の高級住宅

（上）内外綿の水月倶楽部
（下）水月学堂

た。厚徳館内に設けられた水月倶楽部は、日本人職員に親睦や静養の場を提供した。滬西に日本人学校がなかった頃、内外綿は従業員の子弟のために水月学堂を建設し、日本から教師を招聘して初等教育を施した。一九二七（昭和二）年、西部日本小学校の設立後は、水月学堂は水月幼稚園となった。幼稚園の環境は素晴らしいもので、蓮の花が咲き誇る美しい池があり、その池の中では何羽かの白色の鷺鳥がいて、いつも乱暴に翼を広げて周りで遊ぶ子どもたちを追いかけ、彼らが池に近づかないように威嚇していた。職員住宅区から水月幼稚園までの間は、専用の車で児童を送迎した。水月病院は内外綿の職員用病院で、内科、小児科、外科、耳鼻咽喉科が設けられ、名医を招聘して診療が行われた。また、水月病院内には専門に設けた華工診療所があり、中国人労働者のための応急治療が行われた。病状や負傷の程度が重い者は、契約先の病院に転送して治療させた。労働者が病気や仕事中に怪我をした時は、会社が医療費を負担するだけでなく、その欠勤期間中の賃金も支払った。

膠州路と昌平路《しょうへいろ》が交差する場所にある西部日本小学校は、内外綿が一七万元を出資して建設したものである。生徒の多くは内外綿職員の子弟であったが、一部に滬西の他の紡績工場の職員子弟も含まれていた。生徒は専用の送迎車で通学し、学校に着くとまず校庭に集合して点呼を受けた。そのため、校舎前にある広く青々とした芝生の校庭は、生徒たちにとって永遠に忘れ難い思い出となった。内外綿はまた、中国人労働者のために華人補習学校と華人日本語学校を開設した。前者は労働者に簡単な技術訓練を施し、後者は日本語を教えるものであった。その他に華童学校も設けられ、中国人教師によって中国人労働者の子弟に対し初等教育が行われた。それらすべての

（上）内外綿の華人児童のための学校
（中）同、中国人労働者用住宅
（下）同、食堂

中国人労働者がストを打った時は日本人職員が梱包などの肉体労働をこなすしかなかった

学校の学費や学習用品は会社が負担した。

在華紡では、経験のある技術工を引き留めるため、賃金額を一般的に英米や中国資本の紡績工場よりも二〇パーセント前後高く設定しており、定期的な賞与制度も実施されていた。また、会社は中国人労働者のために一般住宅を建設した。比較的知られているものに「内外綿九里工房」、つまり南桜華里（現在の新華南里、レンガ・木構造二階建て二六棟）、北桜華里（現在の新華北里、同三一棟）、梅芳里（同三七棟）、南大旭里（現在の長寿里、同二五棟）、北大旭里（現在の長寿路三八〇弄、同五棟）、東瀛里（現在の西康路一三七一弄一〇四支弄、同七棟）、錦繍里（同三八棟）、東京里（昌化路九九四弄、後に正紅里と改称）、東麻里（現在の静安区に位置する）等がある。後に、これらの社宅には多くの労働者の家族が入居し、その様子は「中国河川を運航する汽船の、ひどく込み合う船倉」に喩えられた。もっとも、かなりの数の中国人労働者は、社宅以外のこの上なく粗末なバラックに住んでいた。

内外綿はいわゆる効率的管理を実践することで、高い利潤を上げた。一九二一（大正一〇）―一九二四（大正一三）年の内外綿の中国における利益率は、年平均九六・五パーセントに達している。一方で、日本人の職制は中国の社会通念を無視し、中国人労働者に対してたびたび殴る蹴るなどの体罰を加え、ひどい時には棒で殴打した。日本人職制は、タバコを吸っている中国人労働者や、怠けたり工場規則に違反したりする少年工を見つけるたびに、中国の紡績工場のように罰金を課すことはせず、いつも棒か手あたり次第につかんだもので体罰を与えた。中国人に対する労働条件も非常に過酷なもので、食事休憩の三〇分間以外には、腰を掛けることは認めないと規定し、それに違反した者は罰金を徴収された。トイレに行くときは必ず札を持たされ、行ける回数も限られており、退勤時には身体検査が行なわれた。中国人女工に対しても厳しく、子どもを工場に連れて来たり、作業中に授乳することなどは禁止とされた。中国人労働者は工場に入った途端に、きつい拘束の下での長時間の労働を強いられるだけでなく、常時日本人職制の監視を受けて、罵倒と殴打をくりかえされ、心身ともに深く傷付けられたのである。

このような野蛮な管理方法によって、中国人労働者と日本人経営者の労使対立は絶えず激化し、さらにはナショナリズムの高まりによって、双方の衝突は避けられないものとなっていった。一九二五（大正一四）年二月、内外綿工場の中国人労働者は、ストライキを煽動したという理由で労働者が解雇および逮捕されたことを不服として、ついにストライキに突入すると共に、労働者への殴打厳禁、賃金の増加およびその隔週支払い、貯蓄制度廃止などの要求を提出した。上海総商会の調停を経て、日本人経営者は労働者の要求に一部同意した。経営者側は労働者に対して虐待を行わない事、もし、このような事件が発生したら、経営者側は公平な処置を行う事、また、賃金は要求通り隔週支払いにする事、貯蓄金は規則に基づき満五年で支給するとし、中途退職者にも作業態度がよければ同様に支給する事を約束した。しかし、賃金の増額については、日本の工場が中国やその他外資工場に比べて高いという理由で拒否した。調停後、ストライキはいったん終息し、内外綿頭取の武居綾蔵は静安寺路にある皇家飯店で、上海総商会副会長の方椒伯《ほうしゅくはく》や著名な画家であり日本企業との関係が深い理事の王一亭《おういってい》ら多数を歓待し、彼らの調停に謝意を表した。

労働者が工場に復帰すると、経営者は工場の管理を強化し、日本人職制は鉄棒と銃を携帯して工場に入るようになった。労働者が少しでもミスをすれば即座に棒で殴られ、罰金も以前よりさらに重くなり、労働者側は小規模なサボタージュや部分的なストライキによって、これに対抗するしかなかった。五月一五日、内外綿工場は原料不足を理由に、工場閉鎖を敢行した。同日午後五時、中国共産党員の顧正紅《こせいこう》は労働者を先導して、経営者側との交渉に臨んだ際に、日本人職制の元木と川邨が発砲した四発の弾丸を受けて、その後治療の甲斐なく死亡した。わずかに二〇歳の若さであった。

五月二四日、内外綿工場の中国人労働組合は、閘北《ざほく》の潭子湾《たんしわん》において顧正紅の追悼大会を開き、一万人余りが参加した。顧正紅の棺の上には真っ白な繻子が掛けられ、そこには「東洋人打死中国人」（日本人が中国人を殺した）の八文字が記されていた。内外綿工場での日本人による顧正紅射殺事件は、まるで一本の導火線のように労働者、商人、学生など上海各界のストライキを引き起こし、急速に全国へと波及した。五月三〇日には、上海の学生三〇〇〇人余りが南京路で反帝国主義の宣伝を行ったことで工部局巡査の銃撃に遭い、一三人が死亡、数十人が負傷し、五〇人以上が逮捕された。これを「五・三〇事件」という。

内外綿のストライキは八月二五日に収束した。その後、各方面の調停によって、最終的に以下の条件で労使の合意に至った。一、経営者は治安維持が確かめられてから、中国政府が公布する労働組合条例に基づき組織された組合が労働者代表権をもつことを承認する。二、ストライキ中の賃金は支給しない。ただし、善良な労働者が長期失業で受けた困苦に対して、各工場は同情の意を示し相当の援助をする。三、各工場の労働者の賃金は、技術向上の程度に従って増額する他、労働者の生活状況を考慮し、中国人経営の紡績工場と協議して決定する。四、賃金は一律大洋銀貨とする。五、日本人は通常工場に入る際には、武器を携帯しない。六、工場は理由なく労働者を解雇せず、労働者を優遇するように留意する。というものであった。また、この他に日本人経営者は労働者側に死傷者への慰謝料一万元を支払うこと、工場閉鎖による労働者の損失料約一〇万元を補助すること、および顧正紅を射殺した日本人職制の元木・川邨両人を、「職務上の過失」による「免職」処分とする、という三点の附帯条件があった。

楊樹浦での角逐《かくちく》

楊樹浦は上海東部に位置し、一般に大連路・提籃橋以東、黎平路までの地区を指す。楊樹浦港を縦断していることから、この名称が付けられた。この地区は、中国近代工業文明の発祥地であった。仮に滬西の小沙渡を、日本資本が一枚の白紙上に描いた紡績工業基地とするならば、滬東の楊樹浦は、欧米資本や民族紡との角逐の末に形成された、日本紡績企業のもう一つの基地であったといえよう。

上海開港後まもなく、英、仏、米各国は相次いで上海に租界を設置した。一八六三年六月に確定した米租界は滬東の楊樹浦地区を包括した。同年九月、英米の両租界が合併して、英米租界と呼ばれるようになった。一八七〇年には、東西を走る楊樹浦路が敷設された。一八九九年には英米租界がさらに東側へと拡張し、黎平路までの一帯は国際公共租界〔日本語では「共同租界」と呼ぶ〕と改称された。楊樹浦は、黄浦江に近いという立地条件の良さから、国内外の産業資本が争って投資する場所となり、中国で最初の発電所やガス供給所、水道局や紡績工場が設立され、その規模は全て当時の「極東最大」であった。

紡績業を筆頭に、日本から上海への直接投資が始まったのは、日清戦争以後のことである。一八九五（明治二八）年四月一七日、日中両国の代表は下関の春帆楼において和平条約に調印し、中国が払う賠償の項目だけで銀二億三一五〇万両（同年の清朝政府の歳入八〇〇〇万両のおよそ三倍）、日本円にして三億四七二五万円となり、それはまた、一八九六（明治二九）―一八九八（明治三一）年の日本における税収総額（二億六八九〇万

（上）上海紡織第一工場　（下）上海紡織工場の内部

円）を超える額であった。この巨額の資金をもとに、日本は国際資本金融システムを取り入れた金本位制を確立し、重工業発展のための投資を行って、産業革命への道を進んでいった。今に至るも春帆楼前にある「日清講和記念館」の石碑には、「今日国威之隆、実濫觴於甲午之役」（今日の国威の隆盛は、実に日清戦争に始まる）と刻まれている。楊樹浦は日本資本と英米資本、中国商人が避けがたくしのぎを削る場となった。日清戦争後、楊樹浦に投資した英米資本の紡績工場には、怡和《いわ》紗廠《さしょう》、老公茂《ろうこうも》紗廠などがあり、もちろん中国商人が経営する紡績工場もいくつかあった。一九〇二（明治三五）年一二月、日本の三井物産は、中国資本の興泰紗廠が立地面積約四四畝、紡錘数二万五四八〇錘と、生産能力は高いが、流動資金が不足していたのに注目して、資金を集めてこれを買収した。三井物産のこの買収はまさに興泰紗廠の現状に適ったものであった。一九〇八（明治四一）年、三井物産は上海紡織株式会社を設立、興泰紗廠を上海紡織第一工場と改称した。さらに、三井物産は一九〇五（明治三八）年に中国資本の大純紗廠を受託経営したが、一年を通しての収益が良好であったため、一九〇六（明治三九）年、この工場を買収して上海紡織第二工場と改称した。これが、日本企業による中国紡績業参入の第一歩であり、楊樹浦に最初に出現した日本紡績工場であった。

第一次世界大戦後、日本紡績企業の上海への投資は急速に進み、楊樹浦における在華紡工場の数も急増したことで、工場数と生産規模の面で英米資本および民族紡を上回ることになった。楊樹浦地区の在華紡工場には、鐘淵紡績による、公大紗廠第一（平涼路二七六七号）・同第二（楊樹浦路五四〇号）、同興紡織第二工場（楊樹浦路九〇号）・同捺染工場（杭州路）、大日本紡績による大康紗廠（楊樹浦騰越《とうえつ》路一九五号）、東華紡織第一・二・三工場（華徳路）、東洋紡績による裕豊紗廠（楊樹浦路二八六六号）などがあった。

（上）上海紡織第二工場
（下）上海紡織工場の中国人女工

このうち裕豊紗廠が最も大きく、設立時の資本金は銀五〇〇万両で、一九三五（昭和一〇）年には一〇〇〇万両を増資し、中国人労働者を約七〇〇〇人雇用していた。裕豊

上海紡織の日本人職員とその家族

は「龍頭」を商標にした細布《さいふ》〔細糸を用いた平織り綿布〕を主要製品とし、混綿の割合に注意して製品の品質維持に努めた。そして、一般の製品よりも原料費を五パーセント低く抑えながら、販売価格を八パーセント高くすることで、大きな利益を上げた。工場管理制度も厳格に整備され、裕豊は在華紡の後期参入組のうち最優秀企業となったのである。

楊樹浦地区に、次々と日本資本による工場が開設されるのに伴い、工場の周囲には多くの職員住宅やその他生活上の福利施設が建設された。早期に建てられた旧式の里弄住宅を除き、楊樹浦にある新式住宅の大半は、日本紡績企業によって建てられたものである。一九一五（大正四）―一九一八（大正七）年にかけて、上海紡織は平涼路一六九五弄にレンガ・木構造の二階建て住宅一七九棟を建設した。住宅は、甲乙丙丁の四ランクに分け、住宅区内には庭園が設けられ、道路の両側には木を植え、家の前には花壇がしつらえられた。住宅は、甲乙丙丁の四ランクに分け、職務に応じて割り当てた。一九二〇（大正九）年、同興紡織は周家嘴路一〇九弄に新式の里弄住宅一六一棟を設け、「普愛坊」と名付けた。一九二二（大正一一）年、大康紗廠が隆昌路五四一弄・五四二弄に、混合造りとレンガ・木構造の庭園風新式里弄住宅一四三棟を建設した。この住宅には水道・電気・ガス・衛生設備が完備され、五四一弄には日本人幹部職員が居住し、五四二弄は一般の技術工に提供された。一九二四年、裕豊紗廠は現在の楊樹浦路三〇六一弄に新式里弄住宅一〇一棟を建設し、同年、上海紡織もさらに平涼路一七七七弄に新式里弄六〇棟を増設した。さらに一九三〇年、上海紡績は斉斉哈爾《チチハル》路二〇五弄に日本式の新

上海紡織会社の住宅地区内にあったプール

式里弄住宅七七棟を設けて、日本人幹部職員専用の住宅区とし、周囲を壁で囲み、住宅区内には草花や樹木を植えてライフラインも完備した。『楊浦《ようほ》区志』の統計によれば、一九四九年以前の当地区における外国人の借家数は全部で四四六一棟、面積にして六二万四三七平方メートルに及び、そのうち日本人の借家は二〇八〇棟、面積三八万二五五平方メートルと、全体の六一・二八パーセントを占めていた。

一九三一（昭和六）年、日本陸軍は満洲事変を起こして「満洲国」を建設し、中国の東北地方を陸軍を支える大陸における工業拠点とした。さらに一九三〇年代半ば、広田弘毅内閣は華北に「特別反共・親日・親満洲国区域」を建設する、いわゆる華北分離工作を行うことを宣言した。日本紡績企業はしだいに青島や天津へと進出していき、内外綿、豊田、大康、公大、裕豊などの在華紡各社は、いずれも青島と天津に工場を開設した。日本外務省が一九三五（昭和一〇）年に行なった現地調査によれば、東北地方以外の中国各都市に居留する日本人は合計五万五二七二人、うち上海は二万五〇〇一人と最も多く、青島は一万四二六八人で二番目であった。青島における日本人居留者の急増は、この地で在華紡が急速に発展を遂げ、華北随一の紡績工業地帯になったことを示している。天津は元々、中国民族紡績業の華北における中心拠点であったが、一九三六（昭和一一）年以後四つの大規模工場が相次いで日本資本に買収され、在華紡は天津においても優位を占めるようになった。

もっとも、在華紡の中心は依然として上海にあった。一九三五（昭

大康紗廠

和一〇）年を例にとると、日本紡績業による対中投資額は約二億三〇四〇万元であり、上海はそのうち一億六四四〇万元を占めた。また、中国における在華紡工場は全部で五一工場あったが、そのうち三二工場が上海に置かれていた。特に、内外綿は青島や東北地方の金州にも生産網を持っていたが、一六工場を抱える上海支店が国外最大の生産拠点となった。中国全都市の在華紡が有する紡錘総数（精紡機）は計一八二万六三六〇錘であり、上海はうち一三一万一九二四錘を占めた。また、撚糸機数は総計三二万四九一六錘のうち三〇万八四五六錘を、織機数は総計二万二六二二台のうち一万五二〇八台を上海が占めた。大蔵省の貿易外収支明細によれば、一九三六年の日本の海外事業純利益は一億二一三三万円であり、そのうちの一割が在華紡による利益であった。これらの統計を総合すれば、在華紡の利益の大部分は上海の工場で得られていたことが容易にわかる。在華紡は上海の日本居留民社会における経済的支柱であり、その役割は非常に大きいものであった。

日中戦争期に入ると、政治と経済利益が一致するようになった。このため日本の紡績会社は自ら進んで中国に「全面決戦」すべきだと主張した。一九三七（昭和一二）年八月一〇日、日本軍が上海に侵攻する数日前、綿や絹、ウール製品等を主に扱う鐘紡の津田信吾社長は「日支全面的決戦を要す」と題する宣言を発表したが、これは、日本の紡績企業が政府の侵略拡大政策を支持した代表的意見とみることができる。宣言の中では、「鉄《てつ》は熱下《ねっか》に撃《う》つべし。現下に横る北支事変は多年に亘る日支関係を清浄にし、東洋永遠の平和を確立するには、千載一遇の好機会である」（一九三七年八月一〇日の従業員に対する演説。西島恭三著『事業王・津田信吾』）と述べられており、さらに、国民を挙げて兵となり、国防第二線を形成すべきだと提唱し、全力を尽くして、積極的に戦争の義務を負うことが次のように表明されている。「戦えば必ず捷つ、是れ国民が国家に負うところの最大の義務である。国難茲《ここ》に迫り来る、長期に亘《わた》る今後の戦費五億十億を以て足らず、更に百億を要するや明かなり、諸外国亦潜かに日本の財力を懸念すと伝う、戦費の補給は国民に課せられたる最大の義務である。戦士は戦場に産業人は産業戦線に殉ずるの覚悟だにあらば、百億何ぞ憂うるに足らん、要は必死の努力に待つのみ、産業人の任亦重大なり。我鐘紡の信条は事業を通じての御奉公である、我社は今や国富の増進戦費の支弁、其一端を分担する亦光栄無限なるを覚ゆるものである」。

上海事変の際、上海に進攻する日本軍を歓迎する上海紡織の職員

一九四五（昭和二〇）年の日本敗戦後、日本の紡績工場は敵国財産として国民政府に接収され、中国紡織建設公司所属の一九工場になった。一九四九（昭和二四）年、中華人民共和国が誕生す

ると、旧在華紡工場は上海紡織業組織の中心企業へと改組され、例えば、上海第一綿紡織廠（もとの内外綿第一・二工場）、上海第一一綿紡織廠（内外綿第三・四工場）、上海第二綿紡織廠（内外綿第五工場）、上海第三綿紡織廠（内外綿第六・七工場）、上海第四綿紡織廠（内外綿第九工場）、上海第五綿紡織廠（豊田紡第一・二工場）、上海第六綿紡織廠（日華紡第三・四工場）、上海第七綿紡織廠（日華紡第五・六・七工場）、上海第八綿紡織廠（日華紡第八工場）、上海第一〇綿紡織廠（同興第二工場）、上海第一二綿紡織廠（大康紗第一・第二工場）、上海第九綿紡織廠（上海紡織第三工場）、上海第一五綿紡織廠（上海紡織第四工場）、上海第一六綿紡織廠（上海紡織第五工場）、上海第一七綿紡織廠（裕豊紗廠）、上海第一九綿紡織廠（公大第一）となった。一九五〇年代、中国の工業分布は「上（海）青（島）天（津）」であるといわれた。これはつまり、近代産業発展の原点となった外資企業と中国の民族産業が、主に上海・青島・天津および漢口などの地域に集中しており、当時、上海を含むこれらの都市では、依然として旧来の産業基盤が継承され、そのなかには旧在華紡の機械設備や工場住宅施設もあったことを示しているのである。

第一二章 大手商社と小型百貨店

上海の日本人居留民による初期の経済活動は、日本人を対象にした化粧品、陶器、雑貨販売業から始まった。日本の資本主義の発展にともない、日本の対外貿易の構造に変化が生じ、欧米の先進国に向けて農産品や原料を輸出して工業製品や機械設備を導入し、アジアの後進国には綿布や綿糸といった工業製品を売り込み、工・農業の原材料を買い入れるようになった。三井物産に代表される日本の旧財閥系の大企業が貿易の大役を担い、上海における日本の中心的な経済組織となった。

日本人居留民が集中する虹口や閘北地区では、日本の中小商社がさまざまな日用雑貨の卸売、小売業務を展開したが、その特徴は資本の信用度が極めて小さいことで、大部分が個人商店に近かった。居留民の半数以上は扶養家族がおり、それゆえ中小経営者が投入する資本は多くないものの、それを生活の頼りとする人口は少なくないので、彼らはもっぱら勤勉に働いて少しずつ資本を蓄積していった。このようにして日本の中小経営者は長期にわたる蓄積により、さらには従業者の人数が多いことによって、その上海での経済力は無視できないものになっていった。

一九三七（昭和一二）年の日本の上海侵略の後、租界内にある多くの中国資本の企業や商店は英国の登記地に変更せざるを得なくなった（日本のほかに共同租界を管理する国のひとつ、英国籍の会社になることで、日本軍による干渉を避けようとした）。太平洋戦争後、これらの欧米および中国資本の企業は、日本軍に強制的に管理されるか、日本企業との合弁や経営委任、借用などの方式で日本の統制下に置かれた。

商社と商業学校

一八七〇年代に日本の零細商人が上海にやって来たころ、日本の大手商社も中国貿易が利益が大きいことを見てとり、段階を追って投資活動を開始していった。一八七七（明治一〇）年一二月、三井物産が上海に進出、広東路六号に支店を開設し、当初綿紡績製品の貿易に重点をおいて大きな業績をあげた。また、日中間の輸出入業務を手がけるだけではなく、中国と第三国との貿易業務の大部分も請け負った。三井物産は一般の貿易会社とは違い、貿易に従事するだけではなく、中国に専用の埠頭や倉庫を持ち、製油所など各種工場を設けた。日本の貿易会社で三井物産に匹敵するのは三菱商事しかなかったが、規模の面では前者にはるかに及ばなかった。

日露戦争後、日本の大手商社による上海進出のテンポは誰の眼にも明らかに速まっていき、三菱商事、伊藤忠商事、古河電工、高田商会といった大手の支店が相次いで開設された。一九一四（大正三）年の時点で上海にある日本の大小の商社は一一七社に達し、イギリスの二〇二社に次いだ。同時期、日本の民間銀行も第一次世界大戦による貿易拡大を契機に上海に進出した。一九一六（大正五）年、住友銀行上海支店が九江路に開設、一九一七（大正六）年には三井銀行上海支店、三菱銀行上海支店がそれぞれ福州路と広東路に開設された。日系の中小企業経営者を対象とした金融機関として、上海儲蓄組合が一九一五（大正四）年に開業、一九二〇年に上海銀行に改組された。一九二二（大正一一）年には日中合資の大東銀行上海支店が開業した。日本の大手銀行の支店が上海に進出したことにより、日系大手商社や大手企業は金融や原材料調達、販路の拡大などにおいて明らかに有利な位置を占めるにいたった。

もっとも、上海において三井物産や三菱商事のようにほとんどの商品を取り扱うことができる日系大手商社はそれほど多くはなく、一般の大手商社はそれぞれ専門に扱う商品分野を持っていた。たとえば東洋綿花会社や日本綿花会社、伊藤忠商事、江商洋行などは主に綿花や綿製品を、住友、岩井、古河電工などは主に重工業製品を扱った。日本の大手商社が手がける商品は、対中国貿易のほとんどあらゆる商品に及び、鉱石、綿花、桐油（油桐の種子から絞った油で、工業製品の原料となる）、鶏卵、皮革など中国の工・農業原料を日本に輸出する代理業務も現地の日系商社が一手に引き受けた。これが日本の対中国貿易業における一つの特徴であった。

三井物産上海支店（四川中路、1877〈明治10〉年開設）

一九四〇（昭和一五）年、日本の興亜院の調査によると、資本金が五〇万円以上の日本の大手商社で上海にあるのは、表3の六〇社があった。（ ）内が中国での通称である。

貿易業務を手がける大手商社のほかに、上海には日本の大企業が経営する貿易会社もたくさんあった。一九三〇年の統計を見ると、表4のようなものがある。

中国での西洋の商社では、通常、買弁《ばいべん》商人（外

三井物産株式会社上海支店（三井洋行）	四川路185号
三菱商事株式会社上海支店（三菱公司）	九江路36号
江商株式会社上海支店（江商洋行）	四川路223号
東洋綿花株式会社上海支店（東綿洋行）	四川路185号
株式会社岩井商店上海支店（岩井洋行）	漢口路99号
日本綿花株式会社上海支店（日信洋行）	漢口路103号
日満商事株式会社上海出張所	黄浦灘路24号正金ビル４階
株式会社丸紅商店上海出張所	九江路20号台湾銀行ビル301号室
出光商会上海支店	文監師路343号
大倉商事株式会社上海出張所（大倉洋行）	九江路20号
浅野物産株式会社上海出張所（浅野物産公司）	江西路107号260—261号室
株式会社兼松商店上海出張所	江西路107号351号室
株式会社安宅商会上海出張所	江西路107号201号室
田附洋行	四川路149号
岩田商事株式会社上海出張所（岩田洋行）	漢口路125号
一郡組合上海支店	嘉興路44号
福昌公司上海出張所	黄浦灘路24号正金ビル34号室
竹村綿業株式会社上海出張所（竹村洋行）	福州路33号
大阪合同株式会社上海出張所	南潯路130号
中山商事株式会社上海出張所	広東路86号
株式会社大同洋紙店上海出張所	江西路105号
日華興業株式会社（瑞豊公司）	九江路50号三井銀行ビル
株式会社山長商店（山長洋行）	福州路89号中興ビル423号室
加藤物産株式会社上海出張所	四川路223号
株式会社丸永商店上海出張所	四川路20号匯豊ビル３階
株式会社岡本商店上海出張所	九江路69号
吉田号	広東路86号
九孚洋行	泗涇《しけい》路22号
株式会社福原商店上海支店	呉淞路18号
南里貿易株式会社（南里洋行）	四川路20号
株式会社野崎商店上海出張所	西華徳路95号

近江屋写真用品株式会社上海出張所	（住所記載なし）
服部貿易株式会社上海出張所（服部洋行）	泗涇路22号
横山洋行	四川路215号
株式会社北澤商店上海支店	九江路20号台湾銀行ビル312号室
株式会社日和商会上海出張所（日和洋行）	四川路72号
大丸興業株式会社上海支店（大丸洋行）	北四川路811号
株式会社亀井商店上海出張所	四川路666号
華中興業株式会社	天潼路176号
大陸産業株式会社	百老匯路209号
株式会社茶器武雄商店上海出張所	北京路356号国華ビル604号室
株式会社三木商店上海出張所 （三木股份有限公司上海分行）	九江路50号
国際商事株式会社上海出張所	博物院路131号
新東産業株式会社	ブロードウェイマンション１階
北福洋行	閔行路201号
菅谷為吉商店上海出張所	西華徳路131号
株式会社南信吉商店（明光有限公司）	博物院路34号
株式会社田忠商店上海出張所	九江路50号三井銀行ビル141号室
株式会社古屋商店上海支店	南京路33号
浪花商事株式会社上海出張所（泰華洋行）	広東路20号日清ビル201号室
青木商事株式会社上海支店	北四川路852号
株式会社武南洋行	北四川路223号
三益社	北四川路1327号
日商株式会社上海支店（日商洋行）	黄浦灘路24号正金ビル37号室
中支農機公司	泗涇路36号
興亜商事株式会社	崑山路103号
徳麟商事株式会社	円明園路211号
千代洋行	南京路166号
大日本写真貿易株式会社（亜洲照相材料公司）	長春路412号
株式会社尾崎洋紙店上海出張所	円明園路209号

表３　上海の日本大手商社（1940〈昭和15〉年）

株式会社日立製作所上海出張所	黄浦灘路24号
日本水産株式会社上海出張所	黄浦灘路24号340号室
古河電気工業会社上海販売店（古河公司）	仁記路110号
東京芝浦電気株式会社松下支店上海出張所	四川路185号
味の素本舗株式会社上海出張所（鈴木味の素公司）	四川路215号
日本電信電話株式会社上海出張所	虬江路公興路口
台湾青果株式会社上海営業所	呉淞路306号
日本タイプライター株式会社	広東路170号
丸善石油株式会社上海支店	黄浦灘路16号
明治製菓上海出張所（明治糖菓食品公司）	北四川路1332号
山下鉱業株式会社上海出張所	福州路30号
福助足袋上海支店	江西路170号
株式会社宮田製作所上海出張所	北四川路848号
株式会社わかもと本舗上海出張所	南潯路176号
日華製油株式会社上海出張所	漢口路93号 日本綿花会社ビル306号室
第一工業製薬株式会社（第一公司工廠）	河南路479号
東亜製麻株式会社	漢口路93号
満州塗料株式会社	文監師路47号
東洋インキ製造株式会社	湯恩路１号
大日本インキ製造株式会社	江西路151号
株式会社維新化学工芸社上海工場（三和顔料工廠）	狄思威路466号
豊田自動機械販売株式会社	極司非而路《ジェスフィールド》（Jessfield Road、現在の万航渡路）200号
山東窯業株式会社上海支店（山東窯業公司）	仁記路119号
株式会社興華染色廠	平涼路19号
上海油脂工業株式会社（瑞宝洋行）	河南路339号
株式会社大和ゴム製作所上海支店	四川路162弄21号

表４　上海の日本大手貿易会社（1930〈昭和５〉年）

国企業の取引を仲立ちする中国人商人）に外国商品の販路開拓を委託し、買弁商人はさらに地元商人に国内販売市場拡大を委ねていた。中国の買弁は強固な販売ルートを有し、そのネットワークが複雑に重なり合っていたことから、一般の外国企業が参入するのは困難であった。三井物産が上海に事務所を開設した当初は、西洋の商社のやり方を取り入れ、商品の販売権を中国の買弁に与えていた。しかし買弁雇用のコストは高く、三井の中国での交易総額の約一パーセント近くを占めたために、一八九八（明治三一）年に三井物産の創業者である益田孝（一八四八〈嘉永元〉―一九三八〈昭和一三〉）は日本人の「中国通」を養成することを決め、中国の買弁が三井商品を販売する権利を取り上げようとした。

日本人の「中国通」を養成するために、三井は上海などに商業実習生学校（正式名称は「支那商業見習生制度」）を設立、日本の中学校卒業生を送り込んで学ばせた。課程は三年だった。同時に従業員のなかから職務経験が豊富な者を修業生として選抜し、中国に派遣して三年間学習させた（正式名称は「支那修業生制度」）。三井の

（上）住友銀行上海支店（九江路）
（下）古河公司上海支店（仁記路〈現在の滇池路《てんちろ》〉、1906〈明治 39〉年開設）

外灘のビルの屋上で朝の体操をする日系企業の職員

見習生と修業生は中国に着くと、一般の中国人と同じ衣服を着て中国人家庭で生活をともにした。彼らがさらに中国人と親密に触れ合うようにするために、中国人女性と結婚する者には特別手当を支給した。こうした訓練を経て、三井の「中国通」は流暢な標準中国語だけではなく地方語も話すことができ、現地の中国人とほとんど区別がつかないほどになった。彼らは見かけ上中国人と似通っていただけでなく、思考回路も中国人とほぼ変わらない状態になった。こうして、中国人商人の信頼を得るのは極めて容易となり、中国商品の流通についての詳細な情報を入手するのも便利になった。

　数年間の実地訓練を経て三井の「中国通」が卒業すると、会社は彼らを中国の買弁やその他の仲介業者に換えて各部署に配属したので、中国人は給料の安い事務作業しか任されなくなった。この大変革により、上海支店の中国人買弁・金仰生ら一〇名の従業員は真っ先に解雇された。一九〇二（明治三五）年になると、三井のあらゆる中国部門は「中国通」と呼ばれる日本人従業員が率い、彼らが直接各地の中国人商人と取引するようになった。三井が自ら養成した「中国通」の効果はすぐに表われ、その年の対中国貿易による収益は三倍に増えた。一九一三（大正二）年、三井の中国での綿糸販売額は五倍増、綿布は六四倍増となった。三井が「中国通」を養成したやり方は、西洋の経済学者に近代商業史における一つの奇跡と言わしめたのである。

　前述〔→第一一章〕の通り、一九〇二（明治三五）年一二月、三井は上海で中国資本の紡績工場を買収した。

数年後、内外綿会社が上海に工場を建設したのは、中国市場の巨大な潜在力と共に三井の成功も大いに参考となったのである。おそらく三井の日本式経営に触発されたのであろうが、内外綿会社は上海で初めて日本人従業員が直接に中国人工員を監督する日本企業の工場となった。

三井物産の上海支店長の職務を担ったのは経営手腕に長けた人物ぞろいであったが、そのなかでも山本条太郎（一八六七〈慶応三〉―一九三六〈昭和一一〉）が最も知られている。山本は福井県出身で、小学校卒業後に三井物産横浜支店に入社、一八八〇年代に上海に移り、一九〇一（明治三四）年に上海支店長となり、一九〇九（明治四二）年まで務めてから上海を離れている。その後、南満洲鉄道株式会社総裁となった。上海での在任中、会社での通常業務のほかに、山本は人びとの注目を集めた二つの事件に関与している。一つは、一九〇三（明治三六）年一〇月彼の仲介で商務印書館と日本の最大手の教科書出版社・金港堂が資本提携し、株式会社（股份有限公司）に改組したことである。日中合資により商務印書館は強固な経営基盤を手に入れ、印刷業を主体に

（上）三井物産上海支店の職員（1892〈明治 25〉年）
（下）同、支店長室

した一企業から、編集、出版、印刷、発行までを手がける総合的な文化出版の大企業の道を邁進することになった。また、一九〇五（明治三八）年に日露戦争が勃発したとき、バルチック艦隊の主力がヨーロッパからアフリカの喜望峰経由で日本に近づいた。このとき、いかにしてこの艦隊を要撃するかが日本の大本営にとっての厄介な問題となった。山本は上海支店の店員を艦隊が停泊するベトナム中南部のカムラン湾に派遣して偵察にあたらせ、軍艦への物資の補充が大量ではないことをつかむと、その情報をすぐさま外務省に報告し、外務省もまた大本営に転送した。それにもとづき、大本営はそれが対馬海峡を通過するはずだと判断し、ただちに軍艦を対馬海峡に配置して要撃に備え、その結果一九艘を撃沈した。この日本海海戦での勝利が日本露戦争での日本の優勢を決定づけたが、三井物産上海支店が提供した情報がそのための重要な役割を果たしたのである。

（上）三井洋行（物産）が 1930〈昭和 5〉年に発行した年賀広告。「民国万歳」の標題の下に紡績工場の製品と中国の伝統の服飾を巧みに関連づけて配している
（下）三井物産上海支店長・山本条太郎

「東洋貨」の押し売り

「東洋貨」とは、中国人による日本商品に対する俗称である。一九〇六（明治三九）年出版の『滬江商業市景詞』のなかにある「日本各雑貨洋行」と題した竹枝詞は上海の日系商社の日本商品販売の盛況ぶりを次のように伝えている。「東洋雑貨巨行開、各物紛紛備棧堆。亦有公司船可載、一封電報即装来（東洋〔日本〕の雑貨店は大会社が開いたもので、各種の品物が続々倉庫に積まれている。また会社には自らの運搬船があり、電報一本で品物が届けられる）」。

上海で最初の日本雑貨店は一八六八（明治元）年創業の田代屋で、陶器、漆器や木櫛、鏡などの化粧用小物を扱った。数年の間に同様の商品を販売する日本の商店が相次いで開店したが、そのほとんどが開店後しばらくして経営危機に陥った。開店と閉店を不断に繰り返しているのは、進出初期における日本の雑貨商の劣勢を表わしている。日本雑貨は種類が多くなく、サービスの範囲が狭いことも困難に陥った原因の一つであった。

一八八七（明治二〇）年、大阪の雑貨商社・吉田号が上海に進出、イギリス租界の洋涇浜に開店した。これが上海で最初の大阪の商社であった。吉田号はまさに近代大阪の問屋商を代表する商社であった。上海のほかに漢口、青島、天津に支店を持ち、杭州、松江、無錫、江陰、南京、蕪湖などには出張所を置いた。この商社は中国に綿布やメリヤス、陸海産物、化粧品、煙草、雑貨（時計など）などを輸出し、上海における日本雑貨販売の新時代を切り拓いた。その後、大阪の雑貨商は吉田号を頼って洋涇浜や棋盤街（現在の河南中路）に次々と公司や商店を開設し、大阪から持ち込んだ日本雑貨を売り出した。手ぬぐい、タオル、日傘、

虹口の日本商店

ガラス皿、掛け時計、歯ブラシ、歯磨き粉などが最もよく売れた商品であった。しかも日本は上海からそれほど離れていないので、発注した商品は通常なら三、四週間で届き、在庫を充分に確保できたため、品不足になる心配はなかった。吉田号のような大手の貿易商社の介入と大阪を主体とした雑貨の進出で、上海における日本の雑貨の販売活動に前述の『滬江商業市景詞』に描写されたような情景が出現したのである。

上海における日本雑貨の販路計画は、上海の市街地を重点に置き、長江と江蘇省、浙江省という縦方向に発展した。滬寧、滬杭鉄道が開通する前は、上海から江浙両省へは水路交通が便利だった。たとえば、上海から蘇州へは小型汽船が就航しており、毎日午後三、四時に出航して翌朝の七、八時には着くことができたので、蘇州でも日本製品は見かけることが多かった。日本人商人は日本製品の販売促進に中国人を雇い、手には彩り豊かな幟を持ち派手な模様の服を着て皮太鼓を叩きながら、松江、楓涇、嘉善、青浦などに見本品を持ち込んで客寄せの道具にした。一九一五（大正四）年四月一日、滬海道尹の楊晟曾《ようせいそ》は上海総領事の有吉明に、当該商人は当分の間、各々の地域に赴くことなく、もって面倒が起こるのを避けるようにされたい」との書状を送っている。しかし、日本の商人が商品を詰め込んだ鞄を下げて中国人の住宅に売りに出向くのは、彼らにとって新しい収入源を開拓することでもあった。『滬江商業市景詞』のなかでは、「為貪生意上門来、手執皮嚢到処開。豈是日人資本小、時来亦可積銭財。（商売をうまくやろうと家々を回り、手にしたカバンを広げて売り込みを始める。どうして日本人の資本が小さかろう、時が巡ればお金もたまろうというものを）」と述べている。

日本の雑貨は、一般に人びとが好むような名前を商標名にした。第一次世界大戦勃発後、中国市場でドイツをはじめとする西洋諸国の雑貨が乏しくなり、この機に乗じて日本の雑貨が流入した。日本は西洋の製品をまねる能力に優れ、市場への反応も機敏であった。たとえばドイツ系の礼和洋行（カルロヴィッツ社）が生産した洋針の中国市場での売れ行きが良好であったことから、日本は洋針を後追い製造して「飛馬」「手槍（ピストル）」「狗（イヌ）」の商標名で売り出した。ドイツ製品にくらべて価格がはるかに安かったので、多くの人々を引きつけ、売れ行きがうなぎのぼりになった。当然のことながら、日本の模造品はドイツの老舗ブランド品とくらべて、品質が劣り、長期使用に耐えるものでないのは明らかだったので、使用後に少なからぬ人がだまされたと叫び、しばらくの間は「東洋貨」は「劣悪品」の代名詞となってしまった。

日系の新杵菓子店（南潯路）

ともあれ、日本の雑貨は種類や数量のうえで優

杉浦洋服店（文監師路）

勢であり、瞬く間に中国市場を席捲した。

一九一九（大正八）年五月四日、西欧列強がパリ講和会議で中国の領土を分割するという情報が中国国内に伝わると、列強が中国の主権を尊重しなかったことに対する怒りを表明するために、青年学生たちは初めて「抵制日貨（日本製品をボイコットせよ）」のスローガンを掲げた。上海の学生は、中国市場における日本製品についての調査も実施し、その結果、日本製品の種類と数量の多さは彼らを驚愕させ、もはや国産品は日本製品の攻勢に対抗するのが難しい状況であることを知った。彼らの調査表（表5）では、「東洋貨」がなんと日用品市場の半分を占めていたのである。

日本製品不買運動は中国における日本の経済活動に深刻な打撃を与えた。『大陸報』によると、それ以降、日本企業の対中国貿易は八〇パーセント減少した。ボイコット前、日本製品は毎月平均で四〇〇〇万元強輸入されていたが、ボイコット後は一〇〇〇万元にも届かなかった。綿糸、機械、化粧品、薬品、酒、牛乳、ビスケット、麦藁帽子、木材、皮革、時計、陶器、ゴムなど軒並み排斥された。この時以来、日本製品不買運動はかなりの長期にわたって中国の民衆が日本の侵略に反対し、日本当局に制裁を加える有力な手段となった。

日本製品は当初、完全に日本からの輸入であり、大阪が製造工場の主要な拠点であった。日本の資本が絶え間なく流入するにつれて、日本雑貨の製造工場が次々と上海に建設された。一九三二（昭和七）年の第一次上海事変前、上海の日系雑貨工場はおよそ五九あり、投資額は一二七八万元、年間生産高は二三六二万元だった。多くの工場が一九三〇（昭和五）年の銀価格の下落による中国側の関税引き上げを契機にして建設されたのである。こうした工場で主に製造されていたのはもともと日本から輸入していた雑貨であり、それはたとえば、メリヤス製品やゴム靴、魔法瓶、洋傘の骨、帽子、石鹸、セルロイド、アルミ、琺瑯《ほうろう》製品、ガラス製品、電球、調味料、缶詰などの日用品であった。第一次上海事変中、日系雑貨工場は消滅の危機に直面した。事変後、日本居留民団が復興救済部を設置して、日系製造業の救済に力を入れた。一九三三（昭和八）年には三六の日系の雑貨工場が新設された。日系製造業は連合して中国企業による模造品競争を阻止しようとした。しかし各々の利益を確保するために日系企業も内部における競争を免れることができず、結果、やはり大資本による市場独占の機会を与えてしまい、中小の資本は次第に没落していった。

日本製品不買運動

上海日本商工会議所が編纂した『上海商工録』（一九三九〈昭和一四〉年）の統計によると、日系雑貨商は以下のように分類されている。日用雑貨は吉田号、大阪洋品屋など一七六店、百貨店は岡政百貨貿易公司など三店、金物は青木商事など四二店、荒物は信濃屋など五店、陶磁器は池田屋など一七店、ガラス食

洋傘

鼠頭牌、金線牌、鑰匙双斧牌、月光牌、帆船牌、太陽牌、虎牌、胡蝶牌、仙鶴牌、仙女香牌、沖牌、沖棕洋傘、木柄大湾洋傘、大湾自動洋傘、光耀洋行洋傘

洋食器

蝙蝠牌、象頭牌、蜻蛉牌、飛鷹牌、鶏牌、五爪龍牌、鴨牌、鵞鳥牌、飛龍牌

時計

道梁表、七道梁表、鹿印坐掛表、A印魚尾掛表、馬球牌、双龍牌、双獅牌、九老牌、八蝠牌、飛鷹牌時和利、象球牌吟多利、吉田洋行牌、M牌、Y牌、KT牌

財布

富士山牌、汽船牌、大鉄猫、福禄牌、和合牌、長命富貴牌

靴クリーム

鳥靴牌、狐狸牌、鷹牌、A牌、虎頭牌、沖鳥皮人牌、象牌

黒頭マッチ

双喜牌、月鵞牌、双鹿牌、猩猩牌、洋猴牌、綿花牌、荷花牌、鶴鹿牌、双虎牌、双兎牌、馬車牌、双鶏牌、紅虎牌、西瓜牌、猴子牌、黒虎牌、福寿牌、象鹿牌、双福牌、壁虎牌、游楽犬牌、徳宝牌、双吉牌、双喜牌

赤頭マッチ

玉龍牌、三星牌、月琴牌、金象牌、鯉仙人牌、蠍牌、美花牌、龍牌、琵琶牌

紙煙草

小孔雀牌、茘枝牌、宝星牌、銭龍牌、美人跳舞牌、菊花牌、駱駝牌、麗麗牌、春菊牌、満洲牌、双仙鶴牌、百合花牌、桜桃牌、牡丹牌、珊瑚牌、白梅牌、雲龍牌、蜜蜂牌、半月牌、仮刀牌、洋号牌、日乃出牌、大小風船牌、小車牌、電車牌、満月牌、公鶏牌、宝塔牌、遼陽塔牌、日光牌、濤吉牌、双鶏公牌、星牌

食品

白糖

N牌、太極図牌、五湾牌

醤油

松牌、竹牌、梅牌、菊牌、桜牌、喜牌、蝠牌

文房具

鉛筆

飛艇牌、月蝠牌、汽船牌、双旗牌、月亮牌、胡蝶牌、孔雀牌、地球牌、羊牌、双斧牌、新鶏牌、BB牌、TH牌、船牌、十字牌、SS牌、陀螺牌、鳥努牌、丸牌、兵艦牌、桃花星牌、蝙虎牌、地理牌、丸四牌、一六九二号、一四〇号、月牙牌、公字牌、一二包、文牌

インク

老頭牌、双旗牌、熊牌、鳥牌、桜桃牌

洗面用品

歯ブラシ

双愛司牌、衛生牌、燕牌、鶴牌、竹節花把牌、麒麟牌、仙鶴牌、飛馬牌

歯磨き粉

家雀牌、燕子牌、白鶴牌、双美人牌、金剛石牌、菱形瓶坐人牌、双鶴牌、芙蓉牌、金子牌、象牌、勝軍牌、鷹牌、東郷牌、菊花牌、十美人牌、花美人牌、獅子牌、三炮台牌、老虎牌、松風牌、胡蝶牌

石鹼および化粧石鹼

都王牌、龍宮牌、獅馬牌、沖牌、礼和牌、精更精良牌、花王牌、錦如桜牌、都千鳥牌、三石牌、扇羽牌、三炮台牌、日之丸扇牌、日本六牌、錦菊牌、飛人牌、双船牌黒香皂、日本桜牌、花香牌、都桜牌、芙蓉牌、錦之桜牌、美人牌、三光牌、春之花牌、世界長牌、順利桂花牌、都少花牌、都奴春牌、天風牌、獅子牌、菊花牌、丁香牌、都之宝牌、前門牌、双鳥牌、薬用石碱、大丈夫牌、長城牌、洋花牌香皂、花蕊牌香胰、鹿叩麝香牌、双鶏牌、桃牌、芝蘭牌、錦雪梅牌、百万石牌、都菊牌、九重牌、万緑叢中一点紅牌、中華五色国旗皂、三香皂、日光牌、檀香牌

タオル

鉄猫牌、月兎牌、鹿頭牌、花牌、金銭牌、鈴牌、三狐牌

化粧品

クリーム、香水

三美人牌、和歌桜牌板油、花都牌臙脂、石津牌香油、美顔水、寿字牌板油、衛生牌香油、鶴牌香水、和歌桜牌巻油、金鶏牌香水、煉牌香水、上等牌香油、栄花牌香水、七星牌芙蓉油、花顔水、人造鹿香水、潤膚玉容油、美顔粉

パウダー

都純花香水粉、錦香花香水粉、劉海戯蟾白粉、花美人麝香白粉、凱旋門白粉、錦廷花白粉、世界之花白粉、宝白粉、宝美花香水粉、透明白粉、麝香煉白粉、都之花白粉、御粉白粉、高等化粧粉、平尾薬用棠粉、蓮花粉、都之春白粉、蘭花粉、蝶美人白粉、桜之図白粉、金鶴洗粉、美人洗顔粉、淑女香粉

一般家庭用品

肌着

鉄帽牌、獅牌、鶴牌、鶏牌、塔牌、飛鷹牌、美人牌、球牌、西美牌

麦藁帽子

麒麟牌、太極牌、太陽牌、鷹牌、獅頭牌、皇冠牌、七星牌、三星牌、馬牌、草帽牌

靴下

鶴鹿牌、松鶴牌、僧侶牌、雄鶏牌、鴨牌、鹿牌、鵞鳥牌、虹牌、老人牌、S牌、鶴球牌、双長鴿統牌

表5　上海の学生が調査した「東洋貨」の一覧（商標名は中国語）

器は光新公司など一九店、琺瑯製品は加藤公司など四店、食器は島田硝子製作所上海販売所など三店、漆器は村上洋行など三店、洋服は石橋洋服店など九店、洋品は正札屋洋品店など一六店、帽子は広大洋行など五店、日傘は佐藤洋行など二店、和服は玉屋呉服店など一〇店、化粧用小物は山本号洋品店など三店、化粧品は資生堂上海販売株式会社など一五店、石鹼は花王石鹼株式会社、長瀬商会など一五店、時計は平田洋行など八店、ゴム製品は大倉商事など二七店である。

第一三章 対華文化事業と新聞発行・出版活動

日清戦争後、日本では中国への関心が高まり、中国を研究する各種の専門団体が出現し、中国においても各種の文化機関を設立した。上海の日本人居留民社会において、東亜同文書院は最高学府であり、上海自然科学研究所は最高の研究機関であった。しかし、これらの団体や機関は、民間であれ公の機関が関係したものであれ、そのほとんどが政治的、経済的な背景や目的を有していた。それらの団体は、日本政府がいうところの「日支提携」「東亜共栄」の方針と結びついており、日中戦争においても、文化侵略という不名誉な役割を果たした。

対華文化事業が政府の後ろ盾を持っていたのと異なり、日本人が上海で行った新聞発行・出版活動は、ほとんどが民間組織、あるいは個人によって営まれ、居留民を主な対象としており、活動範囲や投入された資金も非常に限られていた。

最高学府——東亜同文書院

東亜同文書院は戦前の上海の日本人社会における最高学府で、日本の対華文化事業の主要な団体の一つ

荒尾精（愛知大学東亜同文書院大学記念センター）

だった。その前身は日清貿易研究所である。両者の所属先は全く異なるが、その創立趣旨や人脈には連続性があった。

荒尾精（一八五九〈安政六〉―一八九六〈明治二九〉年）は日清貿易研究所の創立者で、本名は義行、後に東方斎という号を用いた。尾張藩士の家に生まれ、若い頃、東京の私立学校で漢文や英語などを学び、後に外国語学校に入り、フランス語を専攻した。一八七八（明治一一）年、陸軍教導団砲兵科に入り、後、陸軍士官学校に学び、熊本歩兵連隊で訓練を受けた。一八八五（明治一八）年に卒業した後、陸軍参謀本部支那課付となった。翌年、陸軍参謀本部の命令で、中国で情報収集活動を行った。上海で楽善堂店主・岸田吟香〔↓第五章〕と知り合って意気投合し、上海楽善堂の名義を借り、漢口に楽善堂支店を設立して調査活動の隠れみのとした。また、宗方小太郎、井手三郎らを呼び寄せ、共に活動を進めた。

一八八九（明治二二）年、荒尾は漢口での三年の活動を終えて帰国し、参謀本部に二万六千字余の『復命書』を提出して、「貿易立国」の構想を打ち出した。彼は、日中間の急務は貿易の振興にあると考え、中国に日清貿易商会を設立すると同時に、付属機関として日清貿易研究所を設置し、貿易に従事する専門的人材を育成することを説いた。日清貿易商会設立の主張は受け入れられなかったが、日清貿易研究所の計画は参謀本部次長・川上操六の支持を得て、四万円の資金援助が与えられることとなった。一八九〇（明治二三）年九月三日、荒尾は軍職を辞し、全国各地から募集した一五〇名の学生、および数十人の研究所職員とともに、横浜で横浜丸に乗船、途中長崎を経て、九月九日に上海に着いた。日清貿易研究所は、大馬路の泥城橋のたもとの憶鑫里《おくきんり》という路地に設置され、建物は一般的な二階建ての民家を数棟借りた。所長は荒尾で、根津一、西村忠一、小山秋作、宗方小太郎の四人が責任者、田鍋安之助が顧問となった。カリキュラムには、「清語学、英語学、商業地理、支那商業史、簿記学、和漢文学、作文、商業算、経済学、法律学、習字、商務実習、臨時講義、柔術体操」等があった。教員の多くは漢口楽善堂のときに知り合った友人で、なかには荒尾精が日本で勉強した時の中国語教員もいた。

日清貿易研究所の設立後、荒尾が連絡のため頻繁に日本に戻っていたので、実際の事務は根津一が代理所長として処理した。根津一（一八六〇〈万延元〉―一九二七〈昭和二〉年）も陸軍士官学校卒業生で、陸軍大学で学んでいた時、ドイツ人教官と意見が合わずに退学させられたが、その後参謀本部支那課に職を得た。根津が校務を取り仕切っていた時に、日本政府が日清貿易研究所に与えるとしていた補助が取り消され、学校経営は苦境に立った。この年は、一二月末には銀一元と銅貨三枚を残すのみだったが、後に楽善堂の信用を利用して二〇〇〇元の為替手形を得て、どうにか難局を乗り切った。また、研究所が借りた民家は衛生条件が悪かったことから病気になる学生が増え、財政危機も人心不安を引き起こした。一八九一（明治二四）年二月、ついに、授業内容に対する不満などから三〇人余の学生が集団で退学するという事件が起こった。同年六月、研究所が競馬場の向かいの涌泉路（現在の南京西路）の洋館に移り、また、長崎商業学校校長・猪飼麻二郎を教頭に招いて教務を改善するなどして、人心はようやく安定した。

根津一（愛知大学東亜同文書院大学記念センター）

根津一が編集した『清国通商総覧』は、日清貿易研究所の重要な成果である。全三冊、二〇〇〇頁余りの大作で、当時の中国について、商業地理、運輸、交通、金融、産業、風俗などの項目から実地調査を行って作った百科辞典である。この本は世に出た後、日本の商業界から高い評価を受けた。また、大阪の商人・岡崎栄次郎の出資で、四川路と漢口路

東亜同文書院（虹橋路校舎）正門

の交差点に日中の商品陳列所として瀛華《えいか》広懋館《こうぼうかん》が設けられ、各種の商品が販売されたが、ここを利用して、毎日一五〜二〇名の日清貿易研究所の卒業生が商業実習を行った。実習では、税関係、物資係、売買係、調査係、正貨出納係、庶務係の六つの係に分かれて実務の練習が行われた。元々の計画では、得られた利益を学校の経費に当てるはずであったが、日清戦争の勃発によって広懋館は閉鎖され、日清貿易研究所もこれにともなって解散した。その時の卒業生は八九名だった。日清戦争勃発後、これらの学生は日本軍の通訳や情報員を務め、そのうち、山崎羔三郎、鐘崎三郎ら九人は、日本のスパイとして清軍に逮捕され、処刑された。

一八九八（明治三一）年、東亜同文会が東京で成立した。会長の近衛《このえ》篤《あつ》麿《まろ》は貴族院議長で、号は霞山、典型的なアジア主義者でもあった。彼は、アジアが未来の人種間争いの舞台となることは不可避で、必ずや白色人種と黄色人種の間に争いが起こると考え、「此競争の下には支那人も日本人も、共に白人種の仇敵として認めらるるの位置に立たむ」とした。このため、東亜同文会は「支那の保全」「中国事業の振興」を趣旨とし、中国や朝鮮の各地での学校の設立、留学生の交換、新聞・雑誌の発行を目的とした。東亜同文会は名目上は民間団体であったが、実際は政府から巨額の援助を受けており、中国で進めた文化活動は、日本政府の政治的目的と関係していた。

同年七月、義和団事件の波が南京に及んできたため、当初南京に開設した同文書院の日本人教員・学生は

東亜同文書院（上海交通大学）校舎

上海に移り、中国人学生の授業はしばらく中止となった。南京同文書院が上海に移ったのは、もともと戦乱を避けるための一時的な対応で、時局が鎮静化すれば南京に戻るはずだった。しかし、上海は中国語や他の外国語を学ぶ上でも、中国情勢の調査の上でも、より効率的に成果を挙げられるということが分かり、そこで上海を恒久的な拠点とすることが決まった。一九〇一（明治三四）年五月二六日、南京同文書院は上海高昌廟桂墅里校舎で開院式を行い、八月、正式に東亜同文書院と改称した。初代院長は、日清貿易研究所を事実上主宰していた根津一だった。

　一九一三（大正二）年七月、同文書院の高昌廟校舎は、清末に軍艦造営のためにつくった官営の江南製造局に隣接していたため、袁世凱打倒を目指した第二革命の戦火によって焼かれた。学校は一時長崎の大村町に避難し、寺院を二つ借りて校舎とした。八月二八日、上海に戻り、赫司克而路に暫く校舎を借りた。一九一五（大正四）年に虹橋路で着工した新校舎は、敷地は二万四八一〇余坪、運動場一万坪、校舎の床面積三八三七坪で、フランスのカトリック教会や天文台の近くであった。一九一七（大正六）年四月、新校舎が落成し、書院はそこに遷った。一九三七（昭和一二）年一一月、虹橋路校舎は日中戦争の戦火の中で焼失し、翌年四月、書院は徐《じょ》家匯《かわい》、海格路《ヘイグ》（Haig Avenue、現在の華山路）の上海交通大学の校舎に移った。

　東亜同文書院は、「中国や他の外国の実学を講じ、日中の英才を教育する」「中国の富強の基を建て、日中友好協力の根を固める」ことを主旨とし、学生は日本各地からの公費留学生や、公共機関が派遣した留学生、および一部の私費生から成り、当初は政治、商務両科に分かれ、学制は三年だった。一九一四（大正三）年九月、別に農工科を設け、卒業後は中国で工業生産に従事するべく、一般学科、農学、土木、鉱石採掘、冶金等の知識を授けた。書院は道徳教育を重んじ、学生が同院に入ってまず学ぶのは「倫理」であった。院長の根津一は倫理の授業をもっぱら担当した。それ以外に、二つの科はともに、「中国語、英語、時文、漢文尺牘《せきとく》、法学通論、民法、商法、経済学、支那制度」などの科目を設けた。政治、経済など、中国の事情に精通した実務派の人材を育成するという、同院の建学の主旨が表れている。第一期、第二期の学生が卒業した時、ちょうど日露戦争が勃発したため、卒業生の大部分は従軍し、軍の高級通訳となり、中には密偵になった者もいた。

東亜同文書院は、中国に関する問題の中でも、特に経済、時事、歴史方面の教育を重視した。一九二〇（大正九）年九月、日本政府による中国人教育の拡充政策に基づき、中華学生部商務科を設け、もっぱら倫理、日本語、英語、日中の歴史を教えた。しかし、学生は少なく、第一期は六人しかいなかった。一九三一（昭和六）年九月、中華班は廃止され、日中の学生は一律待遇とし、クラスを分けていたのを改めて混合編制とした。中華学生部の存続期間中、胡適（一九二七〈昭和二〉年一二月）、魯迅（一九三一年四月）が招かれ、同校で特別講演を行った。魯迅の講演の題目は、「流氓と文学」で、同文書院は「車代一二元」を支払っている。

一九一八（大正七）年秋、東亜同文書院は支那研究部を設立した。これは、中国社会の各種の問題についての精緻な研究を通じ、学校の教育を実際に役立つものとし、書院を「東亜の文化の淵叢」とするという使命の達成を目指したものだった。研究部の内部組織は学校と一体となっていて、教師はみな研究部部員を兼ねた。支那研究部の主要な活動は以下の通りである。

一、中国に関する研究資料、特に関連する書籍、新聞、雑誌だが、中国の貨幣、商業文書、地券、伝単（ビ

東亜同文書院の講義風景

ラ）などで研究する価値のあるものを含む。

二、部員を組織し、指定された地域に行き、指定されたテーマについて調査旅行を行う。これは一九二〇（大正九）年より毎年挙行された。たとえば、一九二八（昭和三）年の研究部部員の調査状況は以下の通りである。古川邦彦が華北、東三省〔遼寧・吉林・黒龍江の三省〕に行き、日中の実業教育について研究、山田謙吉が朝鮮、東三省に行き、ツングース民族について研究し、また満州の教育を視察、森沢磊五郎が華北、東三省に行き、満州および華北の中国人教育施設について研究、小竹文夫が華北、東三省に行き、一九二四（大正一三）年の中ソ協定の影響、およびツングース民族の現状について研究、彭阿木が広東梅県に行き、客家《ハッカ》についての研究を行った。

三、学生の研修調査旅行を指導する。書院では、毎年学生を研修調査の大旅行に派遣しており、最終学年の学生が数人ごとの班に分かれ、夏季休暇を利用し、中国内地や東南アジア各国に行って地理、工業、商業、社会、経済、政治などの状況について調査を行った。旅行の目的は、一つには、調査を通して学生の知識を啓発し、能力を鍛えることにあった。各班は調査報告書を作成し、指導教員に提出して審査を受ける。学校は調査報告書を学生の卒業論文として審査する。調査に参加する学生には、実証的な態度を堅く守ることが要求され、㈠、本当のことを書く、㈡、空理空論を書いてはならない、㈢、他人の文章を剽窃してはならない、㈣、出所不明な曖昧なものは零点とする、ということになっていた。もう一つは、学校の毎年の調査報告書を日本の参謀本部、外務省、農商務省の各省に一冊ずつ送り、それらの省庁の対中国政策のための参考資料とすることにあった。

東西南北に渡る旅行ルートは、驚くほど広範囲をカバーしており、中国国内で学生が行っていないところはほとんどないくらいである。例えば、一九二九（昭和四）年の山本米雄、滝口義精、西里辰夫、田中玲瓏からなる東北三省斜線調査隊は、六二日間の間に、上海、大連、天津、灤州《らんしゅう》、山海関、連山湾、錦州、奉天、撫順、海龍、朝陽、盤石、煙筒山、双河鎮、吉林、長春、敦化、老頭、銅仏寺、延吉、龍井村、頭道溝、会寧、京城、釜山、上海というルートで調査を行った。調査旅行の期間が最も長かったのは、第二期の学生・林出賢次郎が行った一九〇五（明治三八）年の新疆調査旅行で、計二七四日、天山北路を踏破し、中露国境の伊犂《イリ》に到達した。東亜同文会が編纂した『支那経済全書』（一二輯）や『支那省別全誌』（一二巻）は、いずれも東亜同文書院の学生の調査報告のデータに基づいて作成したものである。東亜同文書院の創立以来、「大旅行」を実施した学生の総数は約五〇〇〇人に上る。調査旅行は外務省の資金援助を受け、報告の中には軍事的な内容も少なからず含まれており、彼らが日本政府のために「スパイ活動」をしたのではないかという疑いは、消えようがないのである。

四、定期、ないし不定期に刊行物を発行する。一九二〇（大正九）年八月から雑誌『支那研究』が刊行された。掲載された論文は、中国全体の社会経済問題に関するものが多かったが、うち一八、一九号に掲載されたのは全て上海に関する論文で、『上海研究号』『続上海研究号』と題されている。他に、一九二一（大正一〇）年一〇月から不定期のパンフレットを発行し、毎号に一本、ないし数本の論文を掲載した。例えば、一九二一年一〇月の第一期には「北支那飢饉救済の調査」一本、同年一二月には、「在支外人設立学校概観」、「重慶宜昌間の交通」、「上海に於ける醤油製造法」の三本が載せられている。

五、各種講演会の開催。一九二〇年より、月に一回、研究部員が講演を行い（校外から講師を招くこともあった）、例えば、日清汽船会社の責任者・米里紋吉の「中国内地河川航行権の問題」、鈴木教授の「中国国語教育の現状」、彭阿木の「中国の家庭生活及びその改革の問題」、影山巍の「中国の年末年始の風俗」など、テーマは広範囲であった。他にも、上海日本人居留民を集めて「中国内地大旅行講演会」を開催したりした。

六、中国内地の風景、風俗、習慣などの内容の記録映画を撮影し、休暇を利用して日本各地で上映して、日本人に中国の実情を理解させた。実際に製作されたものとしては、『北支の旅』『復興の南京』『南支の旅』『江南の旅』『長江』『張家口』『上海』『支那人の家庭生活』『龍華』『呉淞戦跡』『上海事件』などがある。

一九二一年、東亜同文書院は学制を三年から四年に改め、商業専門学校となった。

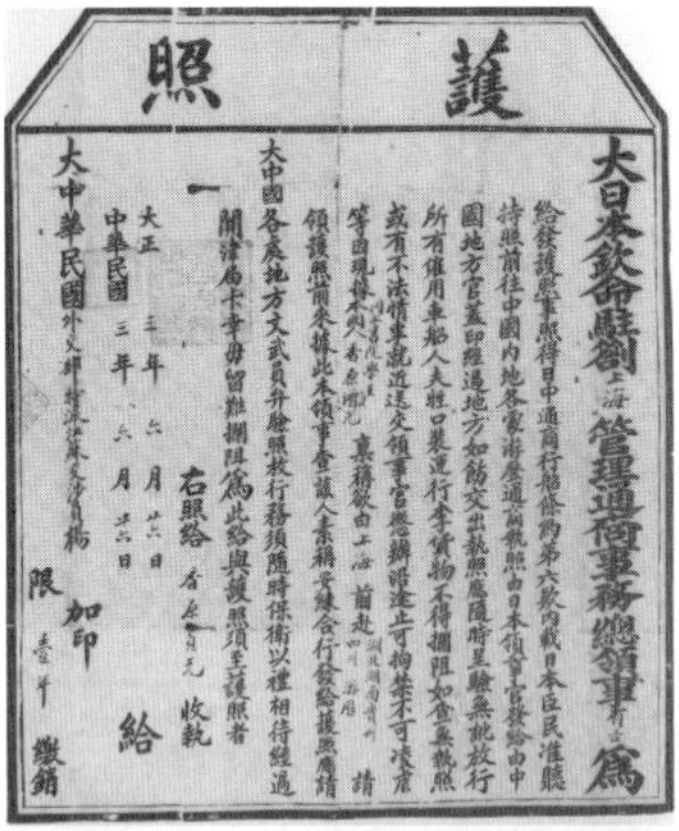

（上）東亜同文書院生が旅行時に携帯した護照（パスポート）
（下）雲南・四川ルートへ赴く学生

一九二〇～三〇年代、東亜同文書院の図書館内では左翼文献を自由に閲覧でき、学生運動も頻繁に起こった。一九二四（大正一三）年四月、中国人学生四名が東亜同文書院中国学生自治会の名義で宣言を起草し、旅大回収運動（日本による旅順・大連

東亜同文書院の講演会（1930〈昭和5〉年、愛知大学東亜同文書院大学記念センター）

の租借を認めず回収しようとする運動）を起こし、対日経済断交、日本製品ボイコットを訴えた。書院側は、教員に対する不敬を理由に、四名の中国人学生を強制的に退学させたが、他の中国人学生がストライキや自主退学などで抗議したため、譲歩を余儀なくされた。一九三〇年代初頭、日本人の左翼学生の反戦組織である日支闘争同盟の活動も活発で、領事館警察による捜査・逮捕を招いたこともあった。

一九三九（昭和一四）年一二月二六日、東亜同文書院は大学に昇格し、「東亜同文書院大学」と改称、大学予科（学制二年）、大学部（商学部のみ、学制三年）、研究部（学制二年）を設けた。この時教員は八〇名、学生は五九〇名余りだった。一九四三（昭和一八）年、専門部を付設し、学制は三年とした。一九四五（昭和二〇）年の日本敗戦後、上海東亜同文書院は事実上解散した。

東亜同文書院との関係が深い山田兄弟（山田良政、山田純三郎）は中国革命の協力者として知られている。山田良政（一八六七〈慶応四〉―一九〇〇〈明治三三〉）は、幼名は良吉、字は子漁、青森県弘前の出身で、津軽藩士・山田浩蔵の長男だった。初め、青森県立師範学校で学び、その後東京生産講習所を卒業した。卒業後まもなく、北海道の昆布会社で働き、一八九〇（明治二三）年、上海支店に派遣された。沈文藻に師事して中国語を学び、上海日本人青年会の活動に尽力した。一八九九（明治三二）年に孫文が日本に亡命した時、山田はたまたま帰国していて彼と知り合い、孫文の革命の理想に感動し、中国革命のために奮闘することを誓った。一九〇〇年春、山田は南京同文書院の教授兼幹事となった。同年夏、上海の朝日館で孫文と広東省恵州での蜂起の計画を相談し、同文書院の学生に起義軍への参加を説くとともに、自らも毅然として職を辞して蜂起に向けた準備活動に参加した。一〇月、孫文の密命を受けて恵州に向かい、蜂起のさなかに戦死した。孫文は悲報を受けた後、大いに心を痛め、「彼は、外国人の志士で中国の共和のために犠牲になった最初の人物である」と称えた。

1939〈昭和 14〉年、東亜同文書院は大学に昇格し、東亜同文書院大学と改称した

兄が戦死した時、山田純三郎（一八七六〈明治九〉―一九六〇〈昭和三五〉）はちょうど南京同文書院の第一期生として勉強していた。当時、同文書院は義和団事件の影響で南京から上海南市の高昌廟に移ったところで、第一期の学生は一四人だった。純三郎は卒業後、学校に留まって事務員兼助教授となった。彼は兄の遺志を継ぎ、孫文に従って中国国民革命のために尽力することを決意した。一九〇六（明治三九）年、純三郎は孫文の秘書となり、有能な助手となった。一九一一（明治四四）年一二月二一日、孫文がヨーロッパから香港に戻った時、純三郎は宮崎滔天らと乗船して出迎えた。孫文の欧米行きの目的は、革命に対する華僑の支持を獲得して資金を集めることにあった。幾度も辛酸をなめた孫文は、出迎えた純三郎を見て深く感動し、「同舟共済」の四字を書いて贈った。そして、純三郎は孫文

山田長政（愛知大学東亜同文書院大学記念センター）

に伴って上海に行った。その途中で、孫文は純三郎に、三井物産から一—二〇〇〇万円程度の借款をしたいとの希望を打ち明けた。純三郎はすぐに連絡をとり、上海に着いてまもなく、孫文が三井物産上海支店長・藤瀬政次郎と、借款の件について会談できるよう手配した。三井物産はわざわざ上海の有名な日本料理屋の六三亭で宴席をもうけ、孫文を招待した。

一九一二（明治四五）年一月一日、中華民国が南京で成立し、孫文は中華民国臨時大総統への就任を宣誓した。純三郎は特別招待者代表として就任式に参加した。一九一四（大正三）年、孫文は東北や山東半島に革命勢力を結集させるため、大連に人を派遣した。純三郎は、「満鉄嘱託」の身分で東北に行き、これと協力した。一九一五（大正四）年九月、孫文の求めで、純三郎は新たに創刊した『民国日報』の社長となった。この後、純三郎は日本側と孫文の間の重要な連絡人となり、上海フランス租界の薩坡賽路（Rue Chapsal、現在の淡水路）一四号の彼の住宅も、革命を志す者の活動拠点となった。一九一六（大正五）年五月一八日、陳其美、胡漢民ら国民党員が純三郎の家で袁世凱打倒について議論している時、袁世凱が特殊工作員を派遣して陳其美を暗殺させた。特殊工作員が発砲した時、流れ弾が山田家の使用人の耳に当たり、彼女が抱いていた二歳になる純三郎の長女を床に落としたことから、長女は脳に損傷を受け、一生障碍が残ることとなった。

一九二五（大正一四）年三月、孫文の臨終の際、純三郎はただ一人最期を看取った日本人であった。孫文の死後も純三郎と中国の関係は続き、その後二十数年にわたって上海に滞在することになった。彼は、『民国日報』以外にも、『広東日報』（一九二五年五月）、上海『江南晩報』、日本語版『上海毎日新聞』（一九二七〈昭和二〉年七月）、上海『江南正報』（一九三二〈昭和七〉年四月）の社長を務め、上海日語専修学校校長、上海雑誌社社長（一九三六〈昭和一一〉年四月）、上海大東学院院長（一九四四〈昭和一九〉年）などの職を歴任した。

一九三一（昭和六）年六月には、国民政府外交顧問となっている。一九四五（昭和二〇）年の日本敗戦後、日本人居留民は虹口などに集められて住んだが、純三郎は中国側から特別の優待通行証を得た。それには、「日本人居留民山田純三郎はかつて国父の革命につき従い、学問・品行とも純正であるので、通行の自由を許し、（日本人に対する）集住規定の制約を受けないことをここに証明する」とある。日本人居留民が本国に送り返された後も、彼は国民政府の招聘に応じて引き続き中国に留まって働き、残留日僑互助会会長となり、一九四八（昭和二三）年一二月に帰国した。

陸軍第三方面軍上海日僑管理處用箋

查日僑山田純三郎過去追隨
國父革命學行純正應准自由通行不受
集中規定限制特此證明

處長

中華民國三十五年三月十六日

(上) 山田純三郎（左）と孫文
(中) 1913 年 3 月、孫文は横浜正金銀行上海支店で会合を開き、袁世凱打倒を謀り、資金を募った
(下) 1946 年 3 月、上海日僑管理処が山田純三郎あてに発行した通行証
（上・下 と も愛知大学東亜同文書院記念センター）

「科学の殿堂」――上海自然科学研究所

上海日本人社会の最高科学研究機関である上海自然科学研究所は、フランス租界の祁斉路（Rue Chisi、現在の岳陽路）に位置する、楓林橋に近い閑静な区域にあった。メインの建物は、東京大学の図書館に似たゴシック様式の近代建築で、「科学の殿堂」の地位を誇示するかのような威厳と重圧感があった。

上海自然科学研究所の建築は、東京帝国大学工学部教授の内田祥三の設計で、島岡技師が監督し、一九二八（昭和三）年一〇月に起工、一九三一（昭和六）年八月に落成した。全体は三階建てで、前面中央部のみ五階まであり、研究室、図書館、講堂、会議室など計一七一室があった。他に動物の飼育小屋、温室、磁気室などの研究用の建物と、所長宿舎、職員宿舎、技術員宿舎などが建てられた。土地と建物にかかった総経費は二四〇万円余、設備総額は八五万円だった。

上海自然科学研究所は、もともとは日中協力の東方文化事業の一環として作られたものだった。一九二五（大正一四）年、日中両国が交渉して協定を結び、中国側の要求により、北京図書館、北京人文科学研究院と上海自然科学研究所が創設されることとなった。また、日中共同で東方文化事業総委員会が組織され、ここが一切を取り仕切ること、経費は日本外務省文化事業部の名義で、義和団事件の賠償金や山東鉄道の償還金から支出することが決められた。

同年一一月、日中両国はそれぞれ代表一〇人を推薦して、東方文化事業上海委員会を組織し、幾度も会議を重ね、研究所の大要や、開設前の具体的な事務に関して議論した。双方が合意したのは、上海自然科学研究所の設立は、自然科学研究の純粋に学術的な趣旨によるもので、中国人の自然科学に対する高度な研究能力を育成し、中国の自然科学の発展を促進するためにあること、そして、所長のポストは中国側の委員が担当するということだった。一九二八〔昭和三〕年五月、日本が北伐軍の済南進撃から日本人居留民を保護することを口実にして山東に出兵すると、中国の人々の強い怒りを引き起こした。東方文化事業の総委員および上海委員会の中国側委員は、日本の侵略に抗議するため、全員辞任した。しかし、日本側は中国側の抗議を無視してもとの計画通りに建設を進め、一九三一〔昭和六〕年四月一日、建物がまだ未完成の状況で、あわただしく開所を宣言した。

上海自然科学研究所

上海自然科学研究所は理学部と医学部を設置した。理学部は、物理学科〔天文学、地球物理学〕、化学科〔地球化学〕、地質学科〔化石、鉱物〕、生物学科〔植物、動物〕に分かれていた。医学部は、薬学科、病理学科、細菌学科、衛生学科などに分かれていた。所長は一人、各科には主任が一人置かれ、研究員、助手、研究生若干名が置かれた。中国側委員の辞任により、初代所長には、東京帝国大学名誉教授で医学博士の横手千代之助〔一八七一〈明治四〉—一九四一〈昭和一六〉〕が就任した。第二代の所長は元京都大学総長、京都大学名誉教授、理学博士の新城《しんじょう》新蔵《しんぞう》だった。彼は二〇世紀初、天文学的データと暦法を結びつけるやり方で、殷〔商〕・周の年代を研究し、武王が殷を倒した年代を紀元前一〇六六年とする説を唱えた。中国の研究者もこの説が比較的実際に近いと考えた。一九三六〔昭和一一〕年の時点で、上海自然科学研究所には研究員二一人、副研究員七人、助手八人、特約研究員四人、研究生二人、臨時研究嘱託三人、事務員一七人がいた。この中には、沈璿《しんせん》（理学博士）、田時雨（京都帝国大学卒）、潘世宬《はんせいせい》（北平大学医学院卒）、張定釗（理学士）、陶虞孫（東京女子高等師範学校卒）、陶晶孫（九州帝国大学医学部卒、別名・陶熾《とうし》）、楊述祖（理学博士）、陶慰孫（東京女子高等師範学校卒、理学博士）、曾広方（東京大学薬学博士）など、中国人研究者も含まれており、彼らの大部分は、日本留学から帰国した学者であった。数学者・蘇歩青も、一九三七（昭和一二）年七月、同所の特約研究員となった。これらの中国人学者は、後にみな著名な科学者となった。陶晶孫の子の陶易王は「楓林橋の風（上海自然科学研究所と陶晶孫）」（『上海日本中学校会報』第一四号、一九九四年）に、当時の研究員はみな若く、「軍国主義化しつつある窮屈な日本国内を逃れて、自由な雰囲気の上海で学問と研究に情熱を注いだと思われる」と書いている。

上海自然科学研究所の研究員たち

上海自然科学研究所の成立時、蔵書は七五〇〇種、五万四〇〇〇冊で、中央図書館と各学科の図書室に分けて置かれていた。一九四一（昭和一六）年八月の時点では六万四八〇九冊、雑誌一四五九誌、地図三九〇〇枚に増えている。

『上海自然科学研究所彙報』（中国語と日本語、『彙報』と略称）、*Journal Of Shanghai Scientific Institute*（英語とドイツ語）の二誌を発行し、研究業績に関わる論文を掲載した。『彙報』は、一九二九（昭和四）年の研究所創立時から刊行し、開所の時にはすでに第一巻分の六号まで出ており、一九四一年までに一一巻、計一二九号が発行された。『彙報』では、「中国鉱産地一覧」という特集号も出している。

一九三五（昭和一〇）年四月からは毎月学術講演会を開催し、所外からの参加を歓迎した。例えば、第一一〇回の講演会の内容は以下の通り。

第一回（一九三五年四月一三日）、新城新蔵（理学博士）「自然科学と陰陽五行説」

第二回（一九三五年五月一一日）、曾広方（薬学博士）「本草の科学的研究」

第三回（一九三五年六月八日）、尾崎金右衛門（理学士）「支那の地史」

第四回（一九三五年九月二八日）、永野礼司（医学博士）「高血圧と動脈硬化」

第五回（一九三五年一〇月五日）、木村重（農学士）「動物分布と揚子江の特異性」

第六回（一九三五年一一月二日）、中尾万三（薬学博士）「中国茗茶と古磁器の沿革」

第七回（一九三五年一二月七日）、新城新蔵（理学博士）「回転運動の起源」

第八回・九回（一九三六（昭和一一）年一月一一日、二月八日）、張定釗（理学士）「分光科学と地球科学」

第一〇回（一九三六年三月七日）、黒屋政彦（医学博士）「猩紅熱の細胞学的予防法に就て」

また、科学愛好者に研究室を開放し、標本を見学できた。第二代所長新城新蔵の主催で、研究所には倶楽部が設立され、その下に「運動部（野球、庭球、ゴルフ、ピンポン）、学芸部（絵画、音楽、和歌、俳句、図書、講演）、娯楽部（麻雀、囲碁、将棋、家族会）、慶弔部（結婚、出産、死亡、

上海科学研究院の研究員、インド人守衛、中国人の少年

災厄等）」が作られた。学芸部は、一九三五年六月一〇日、雑誌『自然』を発刊した。題字を魯迅が書き、所員の随筆、紀行、詩歌などを掲載した。第一号では、新城新蔵が「もろこしの柳の緑色増しぬ、桜かざして行かんとぞ思ふ」という短歌を詠んでいる。他に、胡適の評論「読経平議」（第五号）、郭沫若《かくまつじゃく》の小説「司馬遷の発憤」（第三号）、郁達夫の小説「沈淪」（第五号）など、中国人の新文学作家の作品も掲載された。陶易王は、「雑誌『自然』の内容を見ると、当時の日本内地ではとてもみられない大胆で自由な論説」があったと述べている。

衛生学研究室の陶晶孫

『自然』は虹口の蘆澤印刷所で印刷し、部数は二五〇部だった。刊行後好評を得たので、五〇〇部に部数を増やし、一九四一（昭和一六）年までに一一号を発行した。

一九三七（昭和一二）年、日中戦争が勃発してからも、新城の指導の下、フランス租界にあるという利点を活かして科学研究を継続し、軍部と交渉して文化保護委員会を設立した。しかし、ほどなくして新城は病を得て他界し、上海自然科学研究所は外務省、興亜院、大東亜省と管轄官庁が代わり、最後には軍の管轄に入った。研究は軍の指令を受けざるをえなくなり、一部の研究者は軍の情報工作者へと身を落とした。例えば、佐藤所長以下の各学科及び事務員は、支那派遣軍総司令部兵要地誌班に協力して調査を行ったし、地質学科の研究員は陸軍のために軍用石灰の分析や鉱物資源の調査を行い、海軍のために中国各地の気候や水系の状況の調査を行う研究員も出た。日中戦争の期間中、上海自然科学研究所はほぼ日本軍の御用機関と化したのである。

最初の日本語新聞『上海新報』

一八五〇年八月三日にイギリス人シャーマン(Henry Shearman)が創刊した『ノース・チャイナ・ヘラルド(*North China Herald*)』(週刊)は、上海で最初の新聞だった。当初の内容は、時事ニュース、商業情報、裁判情報や領事通達などを主としていた。同紙の創刊号では「上海外国居留民一覧表」が発表され、これによると、当時上海では計一四一名の外国人がいたが、日本人は一人もいなかった。一八五四年六月一日、イギリス企業の字林洋行が『字林西報(*North China Daily News*)』を創刊すると、『ノース・チャイナ・ヘラルド』はその日曜版の付録となった。上海で最初の中国語雑誌としては、一八五七年一月にイギリス人宣教師ワイリーが創刊した『六合叢談』があり、これは墨海書館から発行され、宗教、科学、文化に関する記事やニュースを載せた。一八六一年一二月、伍徳と林楽知が編集する『上海新報』が世に出たが、これが上海の中国語新聞の最初のものとされる。

上海で最初の日本語刊行物は、中国語の場合と同様、まず雑誌が出て、それから新聞が出た。一八八二(明治一五)年七月、『上海商業雑報』という雑誌が、上海商同会の発行により、三井物産上海支店内で創刊した。最初は季刊で、第三号から月刊となり、編集者は、岡正康と江南哲夫だった。この雑誌は、主に日本向けに中国各地の商業、物産の情報を提供したもので、中国の政治、文学、風俗などに関する記事も掲載されたが、一八八三(明治一六)年一〇月に停刊した。上海で最も早い日本語新聞である『上海新報』は、長崎出身の松野平三郎が一八九〇(明治二三)年六月五日に週刊紙として創刊したもので、これが上海で出たのには、日本の近代印刷事業の発展が関係している。

華中地区で日本が発行した雑誌『呉楚春秋』

長崎出身の本木《もとき》昌造《しょうぞう》（一八二四〈文政七〉―一八七五〈明治八〉）は、日本の活字印刷技術の創始者である。彼は、最初家業を継いでオランダ語の通訳をしていたが、のちに、活版印刷技術が文化の普及に大きな役割を果たすことを感じとり、一八五一年頃、鉛の活字を作成し、著書の『蘭和通弁』を印刷した。一八六〇（万延元）年、長崎製鉄所の責任者となり、一八六九（明治二）年、長崎に私塾を開設した。同年、上海で美華書館を主宰していたアメリカ人宣教師ガンブルを長崎に招き、活版印刷技術の伝授を受けた。本木は一八七〇（明治三）年三月、私塾に活版工場を設け、「本木活字」の鋳造に成功した。翌年夏、大阪で長崎新塾出張大阪活版所を設立する。一八七三（明治六）年、本木活版は東京に入り、まず神田に活版所を設置し、その後に築地に移った。一八七六（明治九）年には、日本製の小型印刷機が、フィラデルフィアで開催されたアメリカ独立百周年記念博覧会で公開されている。

清国の使節・李圭はこれを見て、「印刷も活版もとても精巧にできている。日本人が西洋をまねて作ったものは、みな本家以上のできばえである」と賞賛した。これ以後、日本人は自ら活版印刷を行うことができるようになり、外国人の助けを必要としなくなった。

長崎から東京に行って印刷事業を起こした人物で、重要な者が八人いる。松野直之助はそのうちの一人である。一八八四（明治一七）年、松野は上海に渡り、修文書館を開設した。修文書館は、活字製版と印刷を本業としており、新聞事業に従事した際にも、印刷の仕事はやめなかった。一八八九（明治二二）年三月に松野が亡くなると、松野平三郎が跡を継いだ。修文書館は、当初四川路と大馬路の交わる辺りにあったが、一八九〇(明治二三)年一二月、蘇州路に移った。スタッフは十数人で、多くは日本人だったが、一部中国人従業員もいた。

日本語の『上海新報』は、松野平三郎が修文書館の名義で創刊したもので、最も早く中国に入った日系の大商社である三井物産が後援したため、同紙の趣旨に、新聞発行によって日中貿易を発展させるという夢がある、と書いている。創刊号の「記事」では、当時の上海租界に居住していた人数を、「明治二三年、英租界、美租界、仏租界の三租界居留外人凡四二〇〇人にして、その内我国の数は六四四人で(男三九九、女三〇五)、戸数五八戸、居留地在住支那人官民合計一五万人」と伝えている。第二号では、「上海居住日本商人に望む」という文章が載り、「領事館や富豪も之を助けてより日本人の発展を計ること必要なり」と述べている。

『上海新報』は、日本人居留民が上海で展開した経済、あるいは文化事業について、たくさんのニュースを掲載している。例えば、鈴木忠視、佐藤伝吉が上海で写真館を開設し、古賀兵太郎、矢野忠、常盤長太郎が虹口などに新たに旅館を開いたこと、東本願寺に「日本新聞縦覧所」が開設されたこと、日本人が上海で一致団結することを期して上海日本人倶楽部や日本人青年会が結成されたこと、開導学校の紹介、東和洋行が日本人売春婦の宿泊を拒絶した行為に対する支持、などである。

日本人居留民の上海での生活や仕事の便宜を図るため、『上海新報』は特に中国事情と商況に関する専門欄を設け、中国の物産の名称と日本語の訳名、中国の習俗、日中英三か国語対照の会話、日中英三か国の貨幣、度量衡の比較表、上海の物価、中国の各港の輸入品原価および税の比較表、上海商況、気象情況、船の出発情報、上海ガイドなどを掲載した。

『上海新報』では、ニュース以外にも、春濤居士の「刀痍」などの小説を、挿絵付きで掲載することもあった。さらに、「文苑」と題した文芸欄を設け、日中の文人の詩・詞を掲載した。一八九〇年七月二七日、日本の「流外逸士」の「上海新報を読んで感じたことを述べる」と題した詩では、おおよそ次のように記している。

「文人の集いを斡旋するのは近頃にないすばらしいことで、高い才能を持つ人達が文人社会を震撼させている。多くの風流に富んだ文字は人を感嘆させ、歴史を新たに書き直そうとする大志があると思わせるものがある。我が邦の風俗を記して世界の博覧を補い、商情を読むとあたかもその場に身を置いているかのようだ。公衆に技芸・芸術を紹介するのはまことに至善の道であり、閲読するに平素の胸襟を広げるに足る内容である」。

また、寧波の読者・徐子庚は、「上海新報を読んで喜びを記す」と題して次のような詩を発表した。「海島に幽居すること幾十年、孤陋寡聞にして先賢に恥ず。而れど今喜ばしくも新行報を得、四大部州を目前に拱す」。

『上海新報』は上海で発行したが、長崎（新町活版製造所）、大阪（大阪北久太郎町活版製造所）、東京（築地二―一三）に支局を設け、毎号、日本郵船の横浜・上海航路を経由して長崎などに届けられた。

一八九〇（明治二三）年七月一九日、長崎で疫病が発生したことから、松野平三郎は、「上海新報発行所修文書館」の名義で『上海新報』に「長崎港悪疫防費義捐金募集広告」を掲載した。七月二六日には、募金四一・八元が長崎知事・中野健明あてに郵送されるとともに、募金者の名簿が公表された。名簿にあったのは、呉泰壽（内外綿出張員）五元、広業洋行五元、平岡製靴店五元、喜多太助五元、吉島徳三（東和洋行）五元、修文書館五元、福井菊三郎一元、芳川俊雄一元、長谷部信義一元、田中寿雄一元、青木道孝一元、遠藤次郎一元、山本条太郎一元、石田清直一元、池田広次一元、匿名一元、鎌原幸次〇・五元、山本臘八郎〇・五元、匿名〇・五元、拓植広海〇・二元、匿名〇・一元である。

一八九〇年七月六日、上海に来航した軍艦・筑波が招待宴を開き、上海の日本人社会の名士を招いた際、松野の名も招待客リストの中にあった。残念ながら当日は病気で出席できなかったものの、上海新報館主としての彼の上海日本人社会における地位を見てとることができる。

『上海新報』は、上海の日清貿易研究所の動きに対しても当然強い関心を持って、多くの紙幅を割き、同研究所の学生のリストまでも掲載した。ところが、一八九一（明治二四）年五月一七日、『上海新報』が二週連続で掲載した日清貿易研究所に関する記事のため、研究所の学生の襲撃を受けるという事件が起こった。同紙の記事では、日清貿易研究所は、陸軍省方面から巨額の補助金をもらっており、軍事スパイを養成するために設立されたと述べられていた。この記事が載るとすぐに中国の新聞に転載され、大きな社会的反響を巻き起こした。日清貿易研究所はこれに強く反発し、『上海新報』に対しこの記事の取り消しを求めた。五月一七日午後四時頃、同所の三〇数名の学生が上海新報社に行って社長の寝室兼応接室に押し入り、松野に「謝罪状」を書くよう迫った。その際、一人の学生は短刀を抜き、松野を脅して言った。「謝罪状は勿論、三日以内に廃刊しろ、若しそれが出来ぬとならば此場で切腹しろ」。続けて、鉄拳が雨あられと松野の身に落とされ、ついに松野は謝罪状を書くし

六月五日　上海新報第壹號　木曜日　（一）

上海新報

上海新報

第壹號

『上海新報』（邦字紙）の創刊号

かなかった。夜七時、日本人巡査がその場に現れて、事態がこれ以上悪化するのを食い止めた。

『上海新報』は日清貿易研究所の学生に襲撃された後、五月二九日に廃刊となった。都合五二号が発行されたことになる。ほどなくして、松野は上海で三〇歳余の若さで病死した。

『上海新報』という名の日本人経営の新聞は、この後二回出たが、ともに長くは続かなかった。一つは一八九七（明治三〇）年、大東新利洋行従業員の宮阪九郎が中国語で発刊したもので、週刊で数号出した後、経営困難により廃刊となった。もう一つは、一九〇三（明治三六）年一二月二六日、杉尾勝三が発刊し、竹川藤太郎が編集長で、週刊であったが、三か月後、一一号まで発行されたところで東亜同文会の井手三郎らに買収された。

一九〇四（明治三七）年三月一六日、井手は、紙名を『上海日報』と改め、島田数雄を主筆として再スタートした。一九二九（昭和四）年一一月一五日には、日本円五万円で波多博に売却された。一九三〇（昭和五）年の発行部数は三〇〇〇部で、朝刊、夕刊が各四頁だった。一九三七（昭和一二）年の第二次上海事変の際、『上海日報』社の建物は爆撃されたが、藤山愛一郎、津田信吾らの援助で復刊した。

上海は日本語新聞が集中した土地である。明治時代、上海で発行された日本語新聞は、『上海新報』『上海日報』以外に次のようなものがあった。

一八九二（明治二五）年春、日本人青年会が発行した月刊の『上海時報』は、同年七月に半月刊となったが、

第三種郵便物認可
上海日報
明治三十七年三月十六日　水曜日　第十二號

改題日刊の辭

上海新報發刊より號を重ぬること十有一紙刀を閲すること三餘月極東の戰雲は惨憺又濃密幾百十萬の綠髭鮮は韓山に滿洲に羅布纛營し仁川浦口の一擊鯨鯢屍を海底の波臣に獻し旅順の運擊魚龍潜み匿れてさしも歐亞に誇張して疾視傲言人もなげに我利私慾を恣にせし鷙鷲も亦た其瓜牙を逞するの餘地もなく幾百萬兆の放資を敢てして猛然整然と築き成せる旅順港口も憐れ其守備を完ふする能はずして逃遁し我か鐵艦の前には又た敵の蛾舸大艦を見ざるに至る快又快といふへし顧みて陸軍の動勢を察すれは未た些の挿擊を敵隊に加ふるの運びに至らず今や將に馬に鴨綠江に飲はんとす前途遼遠にして蓁渺たり縱令旅順陷れりと雖も浦鹽の港頭尚ほ露旗の翻るあり加之陸上にありては奉天遼陽哈爾賓より松花江黒龍江等の地且つや茫漠無涯の西比利亞を蹂躙征服して皇威の霑被に浴せしむるには必ずや多大の歲月を要する論を俟たず此の多事多端の時而かも振古未見の大交戰に際しては五千萬の我か同胞兄弟は其の海の內外に在るとを問
躬自ら戰場にあるの心地を以て
劉たりとも彼我の動勢戰況を
とする熱情は必ず腦裏に勃沸し
る能はざるや知るべきのみ蓋し
一次の報紙を以てして此の急
報道を同胞に致さんとは抑
たる論を俟たず故に非力を顧み
前より孜々屹々印刷機の排列
造等より百般新聞日刊の準備に
僅に今十六日を以て初號を刷出
得るに至れり無怱忙の設備其完成
するは又た少しく時日を要するの
き能はず
本社は上述の急に應ぜんとして
軍記者を特派するの必要を覺り
林健吉氏を以て戰地特派員と
十四日總領事の證明を得將に大
向つて出發せしめんとす從來
道の迅速正確なるは
するの餘地あるを信ず
夫れ戰爭は國民の戰爭なり
戰爭なり無論五千萬同胞の心血
べきの戰爭なり然れとも
士の爲すべき行爲にして血の
意に狂奔躁走して生産を顧みず
勉めず漫りに戰爭狂と做

1904（明治37）年の『上海日報』

一年もしないうちに資金繰りが悪化して廃刊した。

一八九四（明治二七）年乍浦共同活版社が発行した『上海週報』は、日清戦争の勃発により、ひと月にも満たないうちに停刊となった。

一九〇三（明治三六）年一二月二四日、和田栄次郎によって再度の発刊をした『上海週報』は、当初は乍浦路三九三号にあったが、のちに、四馬路東首五五号に移り、作新社が印刷した。

一八九六（明治二九）年三月二七日に発行された『上海時事』は、所在地は乍浦路一八九号で、上海の商業・貿易関連の報道を主としていた。

大正時代になって、上海における日本語新聞は大いに発展した。一九一三（大正二）年二月一一日、宗方小太郎、島田数雄、佐原篤介、波多博は、鄭孝胥らと春申社を創立して『上海週報』を発行したが、実質的に主宰していたのは、東亜同文書院の卒業生・西本省三であった。一九二八（昭和三）年、西本が他界すると、『上海週報』は『上海半月刊雑誌』と改名し、山田儀四郎に引き継がれた。一九一四（大正三）年一〇月一日、宮地貫道が『上海日日新聞』を創刊し、一九一六年当時の発行部数は一三〇〇部だったが、一九二六（大正一五）年に印刷工がストライキをしたことで、発行部数は激減した。

初期の『上海日日新聞』社（梧州路）

一九一四（大正三）年、第一次世界大戦が勃発すると、外務省はドイツの上海における世論操作に対抗するため、上海に直轄の通信社として東方通信社を設立し、『東

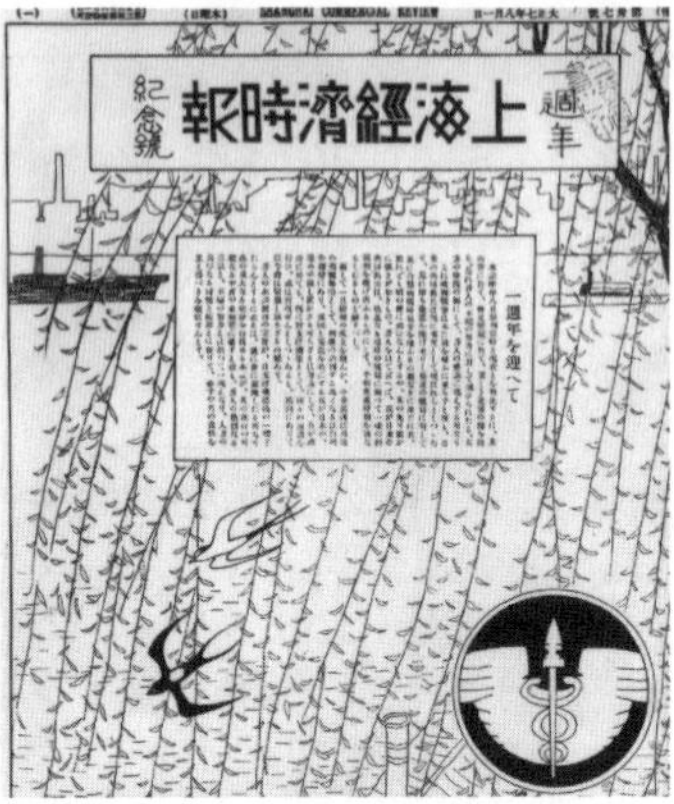

『上海経済時報』

方通信』を発行した。（中国語版、日本語版、英語版があり、日刊）。宗方小太郎が主宰し、波多博が編集長を務め、上海日日新聞社の宮地貫道と時事新聞社の鷲沢与四二が協力した。同社は、北京の『順天時報』、奉天の『盛京時報』、漢口の『漢口日報』、福州の『閩報』と契約し、各地に通信支社と通信員を置いた。一九二〇（大正九）年八月一日、東方通信社総部は上海から東京に移り、規模を拡大した。一九二六年、国際通信社と合併し、社名を日本新聞連合社と改めた。

一九一八（大正七）年一一月、深町作次郎が『上海経済日報』を発刊し、一九二〇年、資本金三万米ドルの株式会社となった。一九二四（大正一三）年には五万米ドル増資し、同年一一月、『上海毎日新聞』と改名、主に経済関係の記事を掲載した。一九三九（昭和一四）年一月一日、『大陸新報』が発刊した。発行部数は約一〇万部、南京、杭州、漢口、東京、大阪などの各地に支社を設けた。一九四三（昭和一八）年、戦時体制に合わせ、『上海毎日新聞』は『大陸新報』に合併され、『大陸新報』が上海地区唯一の日本語新聞となった。

日本人は上海で日本語新聞を発行した以外に、中国人読者向けの中国語新聞も多数発行した。張之洞はそれらの新聞を「日本人商人の看板を掲げている」と称したが、その多くに外務省という政治的なバックが付いていた。一八九四（明治二七）年一月、東本願寺上海別院は、中国語で『仏門日報』を創刊した。一八九八（明治三一）年六月二五日、上海在住日本人による団体「乙未会《いつび》」が中国語新聞の『亜東時報』を創刊し、初めは月刊であったが、第七号から隔週刊に改めた。白岩龍平、河本磯平が主催し、山根虎之助（立庵）が編集を担当した。第六号からは唐才常が編集長となり、一九〇〇（明治三三）年四月に停刊した。毎号約三〇頁。

「両国の心志を通ずるを以て」「興亜の大計を樹立する」ことを主旨とし、日本の国策を宣伝しつつ日中合作を標榜し、論説、訳文、雑録、詩賦などを掲載した。同社の住所は、初めは河南路永安里で、後に南潯路一三号に移った。白岩龍平は、日清貿易研究所を卒業したあと、一九二四（大正一三）年には東亜同文会理事長に就任している。

一九〇〇年二月三日、東亜同文会は日本円三千円の金額で『字林滬報』を買収し、『同文滬報』と改名、中国語で発行した。経理は田野橘次、主筆は井手三郎であった。同年七月二六日、唐才常ら八十余人は張園で集会を開き、中国国会の成立を宣言した。まもなく、唐才常は漢口で蜂起を準備する途中未然に弾圧され処刑されたが、『同文滬報』はこの事件を盛んに報道した。一九〇一（明治三四）年から一九〇七（明治四〇）年、『同文滬報』は外務省から毎年一万円の手当を受けた。発行部数は、当初は八～九〇〇部だったが、数十日後には二〇〇〇部に増えた。一九〇八（明治四一）年、外務省からの経済的援助を打ち切られると、同紙は

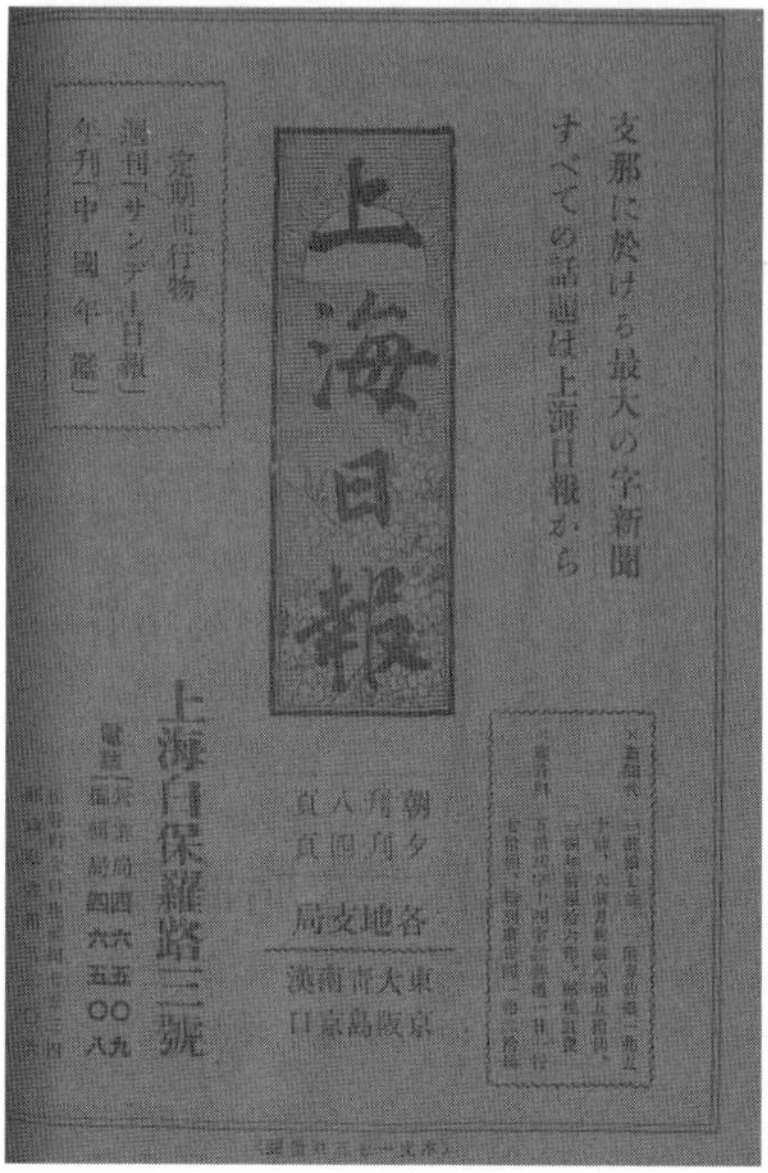

（上）1930年代の『上海日報』社（礼査路、現在の金山路）（下）『上海日報』の広告

『上海毎日新聞』の広告

両江総督・端方に譲渡された。

一九一四（大正三）年発刊の『東方通信』にも中国語版があった。一九一五（大正四）年一二月、葉養吾の名義で発刊した『華報』は、宮地貫道の主宰によるものだった。宮地は日本実業協会の協力の下で、同紙を岡田有民の名義で上海日本総領事館に登録した。同紙は主に実業振興と日中貿易について宣伝したが、一九二三（大正一二）年に廃刊となった。一九一六（大正五）年一〇月三一日、東亜同文会が中国語紙『東亜日報』を創刊して機関紙とし、主宰は井手三郎、編集は秦平甫が担当した。これは、一九一七（大正六）年に『亜洲日報』と合併した。

一九二四（大正一三）年に至誠堂から出た『上海一覧』の記載によると、当時の上海における三大日本語新聞の住所は以下の通りである。

『上海日報』：白保羅路（Barchet Road、現在の新郷路）二一号。
『上海日日新聞』：乍浦路一二一号。
『上海毎日新聞』：湯恩路一号。

印刷業界の王者——蘆澤一族

二〇世紀初頭、日本人による印刷業が上海で発展し始めた。上海に住む日本人の印刷の需要が増えたことがその理由の一つであるのはもちろんであるが、日本の印刷技術が優れていたこと、特に両面印刷の技術と西洋式装丁が顧客を惹きつけたことが、より大きな理由であった。日本人の印刷会社が多数あった中で、書籍の印刷に関していえば、現在の海寧路と乍浦路の交差点（海寧路一四号）にあった蘆澤印刷所が最も知られており、近代上海における日本人の出版物で、そこで印刷したものは数多い。蘆澤一家は上海の日本人印刷業界の王様だったと言っても過言ではない。

作新社の社員（1903年、黄浦公園で撮影）

　蘆澤印刷所の創始者・蘆澤多美次は、もともと日本では博文館印刷所や神田錦町の熊田活版所で働いていた。一九〇三（明治三六）年八月上海に招かれて作新社という出版社で働き、密勒路南京里に住んだ。作新社は、日本人の女性教育家・下田歌子と、中国人で早い時期に日本に留学した戢翼翬《しゅうよくき》の共同経営で、もっぱら当時としては新式の洋装書を印刷・出版していた。作新社は、当初四馬路恵福里五五号で、印刷工場は隣接し、同五三号にあった。同社の編集・印刷業務を担当した多くは日本人で、蘆澤もその一人であった。作新社は上海にあり、自らの印刷工場も持っていたが、同社が出版する洋装書の大部分は東京で印刷された。

　一九一二（明治四五）年、蘆澤は作新社の経営状況がよくないのを見て、辞職して乍浦路に蘆澤印刷所を創立し、活版印刷業を始めた。東京神田の布上活版製作所との協力を通じて、印刷機と「築地体」の活字を購入し、また岩田母型製作所の母型を用いた。蘆澤印刷所が創立してまもなく、上海の日本人印刷業者は、困難と希望が同時に存在する状況に置かれた。第一次世界大戦の勃発によって、中国の民族工業が発展し始めていたからである。商務印書館は、当初日本の金港堂との提携により、日本から編集・印刷技術を輸入していたが、後に欧米の最先端の自動活字鋳造機を採用し、カラーオフセット印刷機を導入した。同時に管理体制の改革を進め、中華書局、世界書局などとともに中国系出版・印刷業界の巨頭へと成長し、上海の印刷市場の相当部分を占めるようになり、中国人編纂の日本語教科書までも日本人の印刷工場では印刷しなくなった。商務印書館などの中国系印刷業者の優勢に押され、上海の日系印刷業者を利用する中国人の顧客はだんだん少なくなったのである。

しかし、第一次世界大戦の勃発は、日本資本の海外発展にも絶好の機会を提供した。欧米資本の一部が一時的に上海から撤退した機会を利用し、紡績業を中心とした日本資本が大量に上海に流入し、銀行、大企業の支店が次々と開設された。上海での日本企業の増加にともない、事務用紙の種類や印刷量も激増した。同時に、東亜同文書院、日本商工会議所、満鉄上海支店などの機関が刊行する日本語雑誌や出版物が大量に登場し、これもまた上海の日系印刷業者に発展のチャンスを提供した。

初期の蘆澤印刷所

1921 年 10 月、蘆澤印刷所工場落成記念の宴会

この時期を利用して上海の日系印刷業者は急速に発展し、すぐに一〇社近くにまでなった。上海印刷株式会社（赫司克而路、石版）、精版印刷株式会社（斉斉哈爾路四号、製版）、藤井印刷所（呉淞路三四五号、活版）、青山印刷所（鴨緑江路一〇七号、活版）、中和印刷所（乍浦路二六七号、石版）、開新社（呉淞路益寿里、石版）、作新社（大連路四九五号）、水尾印刷所（鴨緑江路二〇号）、中江堂（湯恩路六号、活版）等。一九一八（大正七）年、上海日本総領事館の監督の下、上海の日本人活版印刷会社業組合が創立され、蘆澤多美次が組合長に選出された。

一九二一（大正一〇）年八月、蘆澤印刷所海寧路工場が落成した。印刷所の主要な経営業務は「活版石版、活字製造、各種製本、文房具類」等の作成であり、印刷部、書籍印刷部、植字部などの部門に分かれていた。質の高い印刷と信頼度の高さによって顧客の高い評価を得て、蘆澤印刷所の商売は日に日に繁盛した。『上海一覧』『新上海』等の日本語ガイドブックはみなここで印刷され、『上海特別市嘉定区農村実態調査報告書』（一九四〇〈昭和一五〉年）などのような満鉄上海事務調査室の内部報告書も、多くここで印刷された。蘆澤印刷所は、上海での大量の書籍印刷の請負以外に、一九二二（大正一一）年の『青島要覧』のように、中国の他の場所から来る注文も受け入れた。一九二九年、魯迅がソ連のルナチャルスキーの『文芸と批評』を日本語から重訳した際、彼はルナチャルスキーの顔のカラー写真を三色版で印刷するよう求めたが、上海の何軒かの印刷所の製版はいずれも彼を満足させることはできなかった。のち蘆澤印刷所の製版だけが、魯迅の求める質に応えることができた。著名な作家・施蟄存《しちつそん》はこう言っている。「今日まだこの魯迅訳の『文芸と批評』を所蔵している人がいたら、この一枚の挿入写真を眺めてみてください。これは、当時上海で印刷できた最も良い三色版です」（施蟄存「関於魯迅的一些回憶」『施蟄存七十年的文選』、上海文芸出版社、一九九六年）。

一九三二（昭和七）年に出版された『支那在留邦人人名録』によると、蘆澤多美次の子の駿之助は、大学卒業後、上海に戻って印刷業界に入り、のち、父の後を継いで蘆澤印刷所の二代目社長となった。一九四一（昭和一六）年、駿之助は上海日本人活版印刷会社業組合の組合長の仕事を引き継いだ。一九四三（昭和一八）年、上海の日系平版印刷所は三〇社に増え、上海印刷工業組合が成立、駿之助が副理事長となった。一九四五（昭和二〇）年当時、蘆澤印刷所には従業員が約二〇〇人いた。

蘆澤駿之助は、一九〇七（明治四〇）年九月に上海で生まれ、一九一四（大正三）年から一九二〇（大正九）年、北部日本尋常小学校で学んだ。当時の上海には日本人中学校がなかったため、小学校卒業後も学業を続けるには、日本に戻らざるを得なかった。一九三一（昭和六）年に慶応大学文学部を卒業し、父親の影響で印刷業に従事したが、同時に上海の歴史にも興味を持った。日本の上海史研究の先駆者・沖田一は、「同君は上海で育ち、慶応大学卒業後上海で印刷業をついでいた。この父君という人がいわゆる老上海だった関係上、駿之助君は上海特に邦人の歴史に興味をもっていて、私もそれに影響されてしまった」と述べている。一九四一（昭和一六）年春、駿之助が中心となり、上海日本人居留民の中で上海史研究に関心を持つ同人が集まり、上海歴史地理研究会が結成された。この研究会の主な活動は、上海の古蹟の調査研究、関連資料の蒐集、講演会の開催、研究報告の発行などで、一〇名ほどの会員がいた。彼らは日曜を利用し、上海の古跡や日本人墓地、外国人墓地、寺廟などを訪ねた。内山書店がこの研究会の機関誌『上海研究』第一輯を発行し、また、上海歴史地理研究会の名義で沖田一編著の『上海地名誌』を刊行し、無料で読者に贈ったりした。後者の出版には、駿之助が蘆澤印刷所の名で資金援助している。

一九三七（昭和一二）年の第二次上海事変の際には、駿之助は在郷軍人会の一員として虹口地区で中国軍と戦火を交え、戦闘における功績から「支那事変従軍記章」を得た。戦後、彼は反省し、「この戦争は満洲事変以来、軍部の無暴な中国侵略に原因し、何千万もの中国人に筆舌に尽くせぬ生命、財産上の損害を与え、我々日本人の生活をも根底から破壊し、国を滅亡させる悲劇を結果しました。平和は尊いものです。平和は大切にしましょう」（『上海戦の思い出』私家版、高綱博文「「わが故郷・上海」の誕生―上海日本人引揚者たちのノスタルジーに関する考察」『近代中国研究滙報』第二四号、東洋文庫、二〇〇二年より重引）と語った。

一九四五（昭和二〇）年、日本の敗戦後、蘆澤印刷所は敵国の財産として国民政府により接収されて、上海市政府印刷廠と名を変え、一九四九年以後は上海人民印刷一廠と改称された。

一九六〇年代中ごろ、駿之助の発案で上海日本各学校合同同窓会が成立し、駿之助が会長となった。一九七九（昭和五四）年、中国で改革開放政策が始まると、彼は同窓会メンバーを集めて何度も上海を訪れ、一九八六（昭和六一）年に亡くなった。

第一四章

内山書店――日中文化交流の窓口

一九一五（大正四）年に日本が袁世凱政府に「二十一カ条」を要求すると、日中関係は悪化の道を辿った。以後数十年、日本は繰り返し中国を侵略し、日中両国の交流に多くの弊害をもたらした。

しかし双方の良識ある人々が手を取りあって努力をしたために、両国の文化交流が完全に途絶えることはなかった。内山完造は、両国の関係が悪化する状況下で日中文化交流を堅持するのに尽力した人物であった。一九八五（昭和六〇）年九月七日、内山完造生誕百年と東京の内山書店創立五〇周年を祝う会の席上で、中日友好協会会長・夏衍《かえん》は内山が創設した内山書店を、光明を求める中国知識人と青年学生が世界を理解する上での重要な窓口であり、日中友好と日中文化交流の架け橋であったと高い評価を下した。

書店の誕生と発展

内山完造は岡山県に生まれた。岡山と中国の関係は遥か奈良時代にさかのぼることができる。岡山の人・吉備真備《きびのまきび》（六九七―七七五）は、遣唐留学生として阿倍仲麻呂《あべのなかまろ》と同時に中国に渡り、儒学や政令、儀礼などを学んで十八年滞在し、帰国後は朝廷で右大臣を務めている。さらに、臨済宗の開祖・栄西《ようさい》（一一四一—一二一五）と画聖・雪舟《せっしゅう》（一四二〇—一五〇六）も中国へ数回渡り、帰国後、岡山で中国文化の種をまいた。

岡山は山がちの地形であり昔は交通が不便であったが、人々は山中に住んでいても立派な教育を受けることができた。内山完造は一八八五（明治一八）年一月一一日に後月郡吉井村（現在の芳井町）沢岡に生まれ、父は村会議員や村長を歴任した地元の名士で、母は当地の著名な篆刻・書家の娘であった。内山が一二歳で学校を辞め、故郷を離れて大阪に奉公に出る際に、校長は彼に次のようなはなむけの言葉を送った。「男子志を立て　家園を別《はな》れ、事業　未だ就《な》らざれば　還《かえ》らざるを誓う。何《なん》ぞ須《すべか》らく　掩骨《えんこつ》の地を　尋求《もと》むべけんや、人間《じんかん》処処　青山有り」。「好《よ》き男児の志は遠方にあり」という内山の豪気は岡山の地によって培われた。

岡山には内山の生誕の記念碑はあるが、墓はない。彼は壮大な志を懐いて故郷を離れたが、彼の遺骨が故郷の土へ戻ることはなかった。

内山の墓は上海の宋慶齢陵園《そうけいれいりょうえん》にある。しかし岡山が彼を忘れることはなく、井原市小田川のほとりにある公園に、内山の頌徳碑が高く聳えている。頌徳碑の左側には郭沫若が筆を執った詩碑が建てられ、そこには「東海之士、西海之花。生於岡山、蔵於中華。万邦一家、四海一家。消滅侵略、幸福無涯」（「東海之士、西海之花。岡山に生まれ、中華に蔵《かく》る。万邦一家、四海一家。侵略を消滅し、幸福涯無し」）と記されている。内山の生誕の地である芳井町では、教育長・藤井秀雄などが発起人となり、一四七七人が五〇〇〇万円余りを寄付し、上海の魯迅記念

新婚の内山完造と妻・美喜子
（1916〈大正 5〉年）

館が所蔵する内山の銅像と同一のものを中国で作り、地元の公民館内に設置した。そこには、内山の遺墨と生前に刊行された著書も展示され、『一個日本人的中国観』『支那の民情習俗に就いて』『上海漫語』『上海夜語』『花甲録』など中国人にとって馴染み深い本も含まれている。公民館の外には中国のシロマツが一本植えられ、内山に対する中国人の深い想いを表している。二〇〇二（平成一四）年三月、芳井町長・佐藤孝治を会長とする内山完造表彰会は『日中友好の橋　内山完造の生涯』と題した小冊子を編纂した。この冊子は、内山の偉業を称え、故郷の偉大な先覚者を永遠に記憶すると共に、中国の人々との相互理解、友好親善を推進し、地域社会における国際意識を育てるのに貢献している。

内山書店（北四川路）の店員たち

内山は一二歳の時から大阪、次いで京都で丁稚奉公をした。一九一三（大正二）年三月に大阪の目薬会社・参天堂《さんてんどう》の出張員として上海に渡った。日本の目薬を売るため、彼は中国各地を隈なく歩き回り、中国社会や一般の人々の生活に対する理解を深めた。一九一六（大正五）年一月、内山は京都で美喜子と結婚した。同年三月に夫人を伴って上海に向かい、最初は呉淞路義豊里一六四号の二階に居を構えた。一九一七（大正六）年に北四川路魏盛里一六九号に内山書店を開店し、美喜子の名義で経営した。魏盛里は小さな路地で、住居は七棟、住民は全員日本人であった。内山は路地の入り口近くの右側二棟を借り、それをつなげて使った。日当たりが悪いために店内は昼間でも明かりをつけなければならなかった。内山書店は当初キリスト教の聖書や賛美歌といった類の書籍を主に扱っていた。当時、上海にはすでに日本堂、申江堂、至誠堂など三店の日本の本屋があったが、キリスト教関連の書籍を扱っていたのは内山書店だけであった。

近代国家形成の過程で、中国人は日本を通して西洋文化や近代資本主義の政治、経済学説を学び、社会主義やマルクス主義の理論を含めて、その多くは日本語の書籍あるいは西洋の原書の日本語訳を通して中国に伝えられた。まさに内山完造が言うように「成程日本文化は翻訳文化である、しかし実はその翻訳文化こそ中国が必要とするものであった。近代文化におくれたという目覚めた中国の革命家たちは、日本の翻訳文化を飛び石にして飛躍しなければならんという立場にあった。それはかって日本が英語を学んで近代文化に追いついたのと同じく、日本語を飛び石にしておったのである」（小澤正元『内山完造伝』番町書房、一九七二年）。

魯迅（左）、山本実彦（中）、内山完造（右）

一九二〇年代に入ると、日本人居留民の急増や中国知識人の日本の書籍に対する需要の高まりを受け、内山書店はキリスト教以外の日本語書籍も扱うようになる。一九二六（大正一五）年に改造社は五〇数冊からなる『現代日本文学全集』シリーズを刊行し、一冊一円の廉価で売って「円本時代」を築いた。他の出版社も同様に各種の全集を出版して、日本の出版界は成熟期に入り、内山書店の経営範囲も日増しに拡大していった。内山書店は『現代日本文学全集』を一〇〇〇冊、『世界文学全集』を四〇〇冊、『経済学全集』を五〇〇冊、『マルクス・エンゲルス全集』を三五〇冊、

東亜同文書院の学生も常連だった
（愛知大学東亜同文書院大学記念センター）

『新経済学全集』を二〇〇冊、『法学全集』を二〇〇冊、『長編小説全集』を三〇〇冊、『大衆文学全集』を二〇〇冊予約注文した。毎月書籍が入荷すると、路地には山のような荷が積まれ、店員は急遽一〇数名、運搬作業員は三名にまで増えて、書店は一気に繁盛した。

　内山書店は新刊書が多く、情報の収集もまた早かった。近藤春雄『現代中国の作家と作品』に収められた目録によれば、当時近代日本文学の作品で中国語に翻訳された書籍は八三〇冊にのぼり、そのうち三〇〇冊以上の訳本の日本語原書は内山書店が提供したものであった。とりわけ左翼関連の書籍三三〇冊の日本語原書は全て内山書店によって提供されたものだということができる。その主な訳者は、魯迅、郭沫若、田漢《でんかん》、夏丏尊《かべんそん》、謝六逸、沈端先、鄭心南、張資平、査士元、崔万秋、黎烈文、黄源、高明、汪馥泉《おうふくせん》、銭歌川、胡仲持、葛祖蘭、劉大傑、樊仲雲《はんちゅううん》、銭稲孫、林後修、兪寄凡《ゆきぼん》、包天笑、陳望道、李達、楼適夷、豊子愷《ほうしがい》、孫良工、徐半梅、欧陽予倩《おうようよせん》、馮雪峰、朱応鵬、陳彬和、林驥《りんき》、章錫琛、査士驤などで、彼らはみな内山の知り合いであった。

　内山書店の顧客には、大手銀行や大企業の読書愛好家が多かったが、さらにキリスト教信者や東亜同文書院の学生も内山書店に通う読書の虫であり、他にも中国の知識人や学生がいた。

　一九二九（昭和四）年に内山書店は施高塔路一一号に移転した。翌年、内山は参天堂を退職し、書店の経営に全力を注ぐようになり、同時にイギリス租界にある日本の大企業の社員が立ち寄りやすいように、四川路五二号（元鈴木洋行の所在地）に支店を開いた（一九三三〈昭和八〉年に閉店）。一九三〇年代の上海では、中国の書店では手に入らない本も内山書店では購入できる、という状況が見られた。

文芸漫談会

内山書店が中国近代文化史に与えた影響について述べるならば、先述のように新刊書が多く、文化情報の伝達が早いという特徴以外に、書店内で「文芸漫談会」を開催し、日本の作家、新聞記者、画家を紹介して中国の新進気鋭の芸術家と交流を深めさせたことが挙げられる。文芸漫談会はまたの名を上海漫談会と言い、内山が会場を提供し、特別な規則は設けず、会員制も採らず、参加者は日中の政治や文芸などの問題について自由に歓談した。中国側の参加者の多くは日本留学の経験を有する若い文学芸術家であり、その中には現代中国の文壇を代表する著名な作家も多かった。例えば、東京帝国大学卒業の郁達夫、東京高等師範大学卒業の田漢、京都帝国大学卒業の鄭伯奇、早稲田大学卒業の欧陽予倩などがいた。日本側の参加者の多くは上海に在住、あるいは上海を訪問中の著名な文化人であった。内山書店が店を構えた虹口地区は越界築路区域〈租界の境界を越えて工部局が不法に占領した道路または地域〉であり、名義上は共同租界であったが、実際には日本人の統治に帰しており、国民党政権下の警察は同地域を巡回することはできなかった。このため、内山書店は日中文化人の理想的な談話の場所となった。

一九二六（大正一五）年一月、唯美派の作家、谷崎潤一郎（一八八六〈明治一九〉―一九六五〈昭和四〇〉）の二度目の上海訪問の際、三井銀行上海支店長の土屋計左右は上海の有名な精進料理店の功徳林で歓迎会を開き、三井銀行と三井物産の職員一〇名以上が参加した。席上、ブローカーを生業とする宮崎議平が、中国では青

魯迅と文芸漫談会のメンバー
（前列左から田漢、郁達夫、魯迅、欧陽予倩、後列右は内山完造）

年芸術家を中心とした新文化運動が勃興しつつあり、日本の小説や戯曲の多くが翻訳されて中国の読者に紹介されている、信じられなければ内山書店へ出かけて見てみればすぐわかると語ったことに、谷崎は強い興味を持った。

数日後、谷崎は当時、北四川路魏盛里にあった内山書店を訪れた。満洲を除けば、内山書店は当時中国最大の日本の書店であり、店内には日本の火鉢が置かれ、その周りに長椅子と机が並べられていた。お茶を味わいつつ談話を楽しめるこの店は、読書好きの人々が必ずや集う場所となっていた。谷崎は内山に面会し、中国の優秀な青年文化人との顔合わせを強く希望した。内山の電話連絡を受けて、日中両国の文化人は日を決めて内山書店の二階に集った。日本側は谷崎のほかに、大阪毎日新聞社上海支社長の村田孜郎、中国劇研究会の塚本助太郎などが参加し、中国側で出席したのは郭沫若、欧陽予倩、謝六逸、方光濤、徐蔚南、唐越石、田漢などであった。席上、両国の文壇や劇壇の現状、翻訳や映画など様々な話題が語られた。内山が精進料理の供養斎から料理を取り寄せると、豊富な素材と手の込んだ調理法に谷崎は感服した。

欧陽予倩と田漢が幹事を務める上海文芸消寒会は、同月二九日午後二時から徐家匯路一〇号にあった新少年映画会社で、谷崎の上海訪問の歓迎会を開いた。招待状には「得難くも先生たまたま海上に来る、敢て請う恵然駕を命じ、来って此に一楽せんことを」（千葉俊二編『谷崎潤一郎上海交遊記』みすず書房、二〇〇四年）と記されていた。当日、中国文芸界から八、九〇名の文化人が集い、その中には洋画家の陳抱一や漂泊の詩人・王独清、舞台画家の関良、映画監督の任矜苹《にんきんへい》などの姿もあった。主客は友好的な雰囲気の中で酒を酌み交わしながら会話を楽しみ、谷崎は最後には酔いつぶれ、郭沫若に付き添われて福州路の一品香旅館に戻った。

文芸漫談会成立後、上海を訪れた日本の文化人が中国の作家との面会を望む際、内山書店を訪ねれば必ず収穫を得られた。作家・佐藤春夫（一八九二〈明治二五〉―一九六四〈昭和三九〉）と浪漫派の詩人・金子光晴（一八九五〈明治二八〉―一九七五〈昭和五〇〉）が上海を訪れた時（→第一五章）も、谷崎潤一郎の紹介で内山と知り合い、内山も親切に彼らに文芸漫談会を紹介した。当然ながら、中国の文化人が日本の文化人との交流を望む際も、内山は手を尽くして紹介した。夏衍は『懶尋旧夢録』の中で次のように記している。「内山完造もまた現代奇人の一人と言える。私は二、三回書店に行き、毎回一、二元の本しか買わなかったが、彼はすぐに私の趣味を把握し、私が購入したい本を紹介してくれただけでなく、私が交流を望む友人を紹介してくれた」。

一九二七（昭和二）年一〇月、魯迅は虹口に住むようになってから、内山と知り合い、文芸漫談会の常連客になった。『魯迅日記』の記載によれば、一九三〇（昭和五）年八月六日、「夜、内山が漫談会に誘い、功徳林で写真を撮り、晩餐をともにした、計一八名」とある。また、九月一九日、内山は林芙美子（一九〇三〈明治三六〉―一九五一年〈昭和二六〉）を招待し、魯迅も招待に応じて参加、出席者は一〇名ほどであった。

魯迅と内山書店の関係は非常に密接であり、魯迅は一九二七（昭和二）年一〇月に初めて内山書店で本を購入してから一九三六（昭和一一）年に没するまでの間、書店を五〇〇回以上訪れ、一〇〇〇冊もの書籍を購入した。政治的迫害や人間関係の対立を避けて、魯迅の接客や手紙のやり取りは、しばしば内山書店が代理を務めたり、転送したりした。山本初枝や改造社社長・山本実彦、増田渉、佐藤春夫など魯迅の日本の友人の多くは、内山の引き合わせによって知り合った人々であった。一九三五（昭和一〇）年に内山完造が『生ける支那の姿』を上梓した時には、魯迅は快く序文の執筆を引き受けた。「著者は二十年以上も支那に生活し各地方に旅行し各階層の人々と接触したのだからこんな漫文を書くには実に適当な人物であると思う。論より証拠その漫文も確かに一異彩を放って居るではないか」と魯迅は序の中で指摘している。

文芸漫談会は機関誌『万華鏡』を刊行し、日中両国の文化人が原稿を寄せた。

一流書店の夢

内山書店は日本の書籍を扱うと共に、誠実な商売と努力の姿勢を通して人々との交流を深めた。書店の前の歩道に大きな給茶のタンクを置き、通行人に無料で茶を提供した。さらに、中国人用の日本語学校も開校した。そのほか、国籍を問わず、顧客は内山書店で掛けで買い物をすることが出来た。中国人は善良な内山夫妻を裏切ることを恥じ、掛けを踏み倒すものは一人もいなかったが、日本人の中には掛けを返さない者がいた。当時書店があった北四川路は中国の人々の反日運動の拠点であった。日貨ボイコット運動の渦中で、上海郵便局の局員は日本人が出す郵便物の受付を拒否したが、内山書店だけは例外であった。作業員は口では「今回は受け付けるが、次回はだめだ」と言うものの、次回もまた依然として同じように受け付けた。

一九三七（昭和一二）年の第二次上海事変後、内山夫妻は大部分の日本人居留民とともに上海を引き上げて帰国し、翌年長崎で内山書店を開店した。一九四一（昭和一六）年初め、美喜子の病状が好転してから、夫妻は再び上海に戻った。太平洋戦争勃発後、日本軍は内山に南京路に建つ中美図書公司の接収を命じ、同会社は内山書店有限公司として改組された。一九四五（昭和二〇）年初めに美喜子は上海で病死し、内山は妻を静安寺外国人墓地に埋葬した。八月の日本敗戦の際、内山書店には二万冊余の図書があった。一〇月

内山書店の店先には茶を入れた木のタンクがおかれ、道行く人に無料で茶を供した

二三日、その図書は「敵国財産」として国民政府に接収され、内山は山陰路千愛里、次いで呉淞路義豊里に移り住んだ。この時の内山はなお骨を上海に埋めるつもりでおり、日本人が帰国する際に手放す書籍を次々と買い入れ、「一閑書屋」の名で古本屋を開いた。一九四七（昭和二二）年一二月六日、国民政府は「国民党政府転覆団員」という根拠のない罪を内山に被せ、強制帰国を命じた。

内山完造の夢は、自ら語るところでは中国で一流の書店を開き、書店を通して日本の文化の力を中国に広めることにより、中国の新文化を支援することであった。だが、内山の夢は「日本の軍国主義と侵略主義の犠牲になった」（内山完造『花甲録』岩波書店、一九六〇年）。

歳月は流れたが、内山書店の存在は今でも人々の記憶の中にとどまっている。一九八一（昭和五六）年、上海市文物保管委員会は山陰路の内山書店跡地に記念碑を建てた。碑には「この店は日本の友好人士内山完造により創設された。魯迅先生はよく来店しては本を購入し、客に会い、一度は難を逃れてここに身を潜めた。そのことを特に刻んで記念とする」と刻まれている。現在、内山書店の跡地に建つ上海工商銀行山陰路支店の二階の一室は、内山書店記念室として公開されている。展示された在りし日の写真や書籍、各種の記念品は、決して消し去ってはならない歴史があることを人に感じさせるのである。

第一五章

文化人の上海訪問

開港後の上海は、次第に中国と西洋の文化人や芸術家が集う場所になった。一九二〇年代になると、国境を越えた交流は上海文化をモダンなものへと創り上げていった。日本の文化人や芸術家もまた足繁く上海を訪れ、近代における上海の文化交流史の頁に自らの痕跡を残したが、彼らは、あるいは中国文化の郷愁を追い求め、あるいは中国を旅しながら日本文化の先進性を誇示しようとした。彼らは一群れの文化の越境者であり、熟知しているようで未知なる、隣り合わせであるがまた遥かかなたにあるような異文化の衝撃と影響を上海にもたらしたということができる。

安田老山《やすだろうざん》と蘇州河の木の橋

上海開港の初期、多くの文人が戦乱を逃れ安寧の地を求めて上海を訪れたが、その中には日本の文化人の姿もあった。日本画家の安田老山とその妻・紅楓女史は、開港後の上海を最初に訪れた日本の文化人である。安田老山は美濃（現在の長野県）高須藩侍医の家に生まれ、名は養といった。養老の滝の下で生まれたことから「老山」を号とし、この号で世に知られた。長崎で鉄翁禅師（一七九一〈寛政三〉―一八七一〈明治四〉）に

安田老山の描いた蘇州河の木の橋

ついて南画を学んだ。長崎は日本の南画の中心地であり、鉄翁禅師は長崎三大南画家の一人である。老山は一八六四(元治元)年に初めて上海を訪れ、間もなく帰国したが、一八六七(慶応三)年、明治維新前夜に再び秘密裡に上海に渡った。日本を離れた理由を、彼は後に友人に宛てた手紙の中で「維新以後、籍のない小生がもし信州に帰れば、県令に迷惑をかけると思い、一切消息を絶って身を避けることにしました」と打ち明けている。明治維新の始め、日本は中央政府の集権体制を強化するため「版籍奉還」と「廃藩置県」を実行した。藩主侍医の家に生まれた老山は、明治維新の大波が押し寄せた際に、それまでの暮らしを維持できなくなり、生計の道を求め、発展の場として上海を選んだのであった。一八七二(明治五)年、老山の友人の岡田篁所は長崎から上海の老山を訪ね、『滬呉日記』の中でおおむね次のように記している。「老山は美濃の人である。往年夫婦ともに長崎に来て、鉄翁禅師について画を学んだ。戊辰の年、航海に出て唐山に遊び、その後消息が途絶えていた。本日私は彼を訪問した」。

老山と共に上海に渡った者には、同じく長崎で鉄翁禅師を師とした南画家・長井雲坪と潤川がおり、彼らは上海の文人と幅広く交際し、書画の研鑽を積んだ。昔上海は呉に属していたため、彼らは「呉」の字を号に取り入れ、老山は呉水、長井雲坪は呉江、潤川は呉山と号した。老山はまた上海の著名な書画家・胡公寿を師友とし、彼について南画を学んだ。胡は孤高の人物であり、人のために詩画の筆を執ることは稀であったが、老山の妻の紅楓が上海で死去した時には彼女の墓碑銘を書いており、このことから老山と胡の友情の深さが窺える。

胡も戦乱を逃れて松江《しょうこう》から上海に移り、生活に迫られやむを得ず画を売って生計を立てていた。一八六八（明治元）年、同じような経歴を持つ画家の任伯年が上海に来て、胡の生活を題材とした「横雲山民行乞図」を描き、二人の交際は深まった。老山は胡の関係を通じて年若い任とも知り合った。後に任は「海上画派」（上海画壇）を代表する画家となった。上海という新興の商業都市に居を構え、老山も生活のために画を売らざるを得なかった。『滬呉日記』に記された、老山が上海で「書画を旅費に充てている」という一文こそ、当時の状況をよく物語っている。

一八七〇年代、老山はよく上海の風景画を描いたが、著名な作品に蘇州河の木の橋を描いたものがある。蘇州河にかかる木橋は韋爾斯《ウィルス》橋とも言い、一八五六年に建設されたもので、外白渡橋の前身であるが、老山が描いた木橋は一八七二年に新たにかけ直したものである。新木橋の建造にあたり、交通の妨げにならぬよう別に浮き橋を作ったところ、一日あたり七〇〇〇人もの利用者があった。老山の画は当時の蘇州河と黄浦江の様子を今日に伝える史料であり、画から、以前荒地だった大橋の北岸に、すでに外国商人が建てた新しく高い建物が並んでいるのが見てとれる。新木橋の右手に広がる黄浦江の景色は、まさに千歳丸で上海を訪れた高杉晋作が記した「千艘碇泊、檣花林森」（「千の艘　碇泊し、檣《ほばしら》の花　林森のごとし」）の通りであった。老山のこの画は当時の上海の代表的な風景の一つを描いており、今日眺めてもなお尽きない味わいがある。

老山の画は上海で名高く、黄式権は『淞南夢影録』に次のように記している。「日本の安田老山、徐福の仙郷に居し、鄭虔《ていけん》〔唐代の画家〕の絶技を擅《ほしい》ままにする、滬に寓すること日久しく、筆墨遂に多し。作る所の墨梅及び山水の小幅、淡遠疎秀、呉小仙の筆意にやや似たり。字は懐素〔唐代の書道家〕に学び、間に小詩を題するも、また楚楚として頗るおもむきあり」。

「東洋戯」の上演

西洋文明の輸入に伴い、海外の娯楽活動もまた続々と上海に入り、発展しつつあった娯楽市場に新たな彩りを添えた。当時海外から上海に持ち込まれた娯楽を大きく分けると、映画、「東洋戯」、サーカスの三つであった。映画とサーカスは欧米のものであるが、「東洋戯」は日本から持ち込まれ、中国の雑技や奇術と似てはいるものの、実際にはかなり異なるところがあった。

上海人がはじめて目にした「東洋戯」は、主には綱渡りと竿芸を特技とした雑技であった。子供が瞬く間に高いはしごをよじ登り、百尺もある竿の上で舞う演技はスリル満点であった。また両足で大きな太鼓を支え、飛ぶような速さで回転させる、あるいは両足の上に数十個の箱を重ね、高く積み上げても崩れないといった、日本では「股技」と呼ばれる芸も披露された。一八七三（明治六）年九月二八日、日本人女性を中心とした「東洋戯」一座がイギリス租界の程家木橋付近で興行を行い、創刊後間もない『申報』にそのニュースが掲載された。それによると「近日日本国の婦人が上海を訪れ、両足を使った技を披露し、筆を持って字を書く、弓を引いて矢を射る、弦を弾いて歌を奏でる、機を織る、労働作業を行なう、これらの動作を全て能くこなし、手と同じように敏捷である」、この技は中国では「未だ見たことも聞いたこともないものだ」とある。これは開港後の上海で最初に報道された「東洋戯」上演に関する記事である。

葛元煦の『滬遊雑記』の中にも、もっぱら「東洋戯法」を取り上げた箇所がある。「滬北では近頃日本芝居が盛んに上演されており、その多くは綱渡りと竿芸を特技とし、中国のものと似ている。わずか三、四歳の子供が下駄を履き、傘をさして鉄線の上を渡り、時に傾いたりつまずいたりうろうろしたりする。また台の上に仰向けになり、両足で大きな太鼓を支え、飛ぶような速さで回す。あるいは十数個の太鼓を積み重ね、それでも崩れないのはとりわけ不思議である」。

一八七八（明治一一）年から「東洋戯」の一座は上海で興行を重ね、舞台では手品や縄技を取り入れて、観客を驚嘆させた。舞台はただ高い所に幕が掛けられ、二本の柱に一本の荒縄がつながれただけで、三、四人の軽業師が一斉に縄の上に飛び乗り、行ったり来たりした。手品は琵琶の名手である少女が演じ、まず一曲奏でて観客を感嘆させ、次にちぎった紙を無数の蝶に変え、それが飛び交ううちに、突如数十のランプと十数本の雨傘などに姿を変えた。新北門吉祥街の戯園や栄貴茶園はかつて「東洋戯」一座が上演した場所である。黄式権が著した『淞南夢影録』には「東洋戯」についてさらに詳しい記述があり、「硬功と柔功の区別がある」と説明している。「硬功」は中国戯の「武劇」、「柔功」は中国戯の「文劇」に相当する。黄式権は「技は同じであっても、中国の武術使いより遥かに優れている」と「東洋戯」を賞賛している。

一八八九（明治二二）年一二月末、「東洋戯」一座「日本服部松旭斎」の著名な役者・松旭斉天一が上海の舞台に出演した。天一は東京の出身で、かつて欧州を遊歴して、西洋の雑技を学んだ。上海で彼は最初に西楽園戯園の舞台を踏み、その後四馬路の桃源趣戯園に移って二か月近く興行した。彼は舞台の上に二台の机を並べ、その間を一丈（約三・三メートル）空けると、それぞれの机の上に薬の缶を置いた。天一が一つの薬の缶を動かすと、なんともう一つの薬の缶も一緒に動いた。彼の技に魅了された観客の一人は「遊戯神通」と書いた額を送り、天一が宿泊していた旅館の入口に掛けた。

一八九二（明治二五）年八月、日本の手品師の安達操一は五馬路の和春戯園の舞台に出演し、『申報』は同月六日から一六日まで「東戯奇観」と題した記事八篇を連載したが、これは破格の扱いであった。八月五日の舞台は、夜八時に開演し、定番の手品がいくつか披露された後、手品師は会場の観客から四枚のハンカチを借り、それを鉄の箱にしまい再び箱を開けると、ハンカチは中国、日本、アメリカ、ドイツ、フランス、ロシアなどの色鮮やかな国旗に姿を変え、観客は目を見張った。手品師はこの時さきほど借りたハンカチはどこに行ったでしょうか、と尋ねた。観客が見回すと、知らぬ間にハンカチは貸した人の手元に置かれており、また劇場の天井からぶら下がっていた一枚のハンカチは、手品師が指さすや舞い落ちて、貸した別の観客の手元に戻った。

別の出し物は「箱中殺人」であり、舞台の上には約二尺四方の箱のみが置かれ、一人の少女が箱に入ると、手品師は箱の四方から一四本のナイフを突き刺し、さらにナイフを押し込んでから箱を開けると、箱の中の少女は立ち上がってにっこりと微笑み、ゆっくりとした足取りで退場した。箱に入る際、少女は白い服を身に着けていたが、箱から出てきた時、それは薄紅色に変わっていた。これらは、今日でも常に演じられている出し物であり、百年以上前の上海の人々が舞台を見た時の驚きと喜びは想像に難くない。

時計が一〇時一五分を指すと、手品師は観客が疲れてきたのを見てとり、新たな手品を披露した。手品師は、ここに雑貨店がありますので、皆様の欲しいものを取り寄せましょう、御代は要りませんと言った。そこで、観客は次々と洋酒、香水、山鳥、スイカ、雨傘、時計、絵画、草花などと自分の欲しい物の名を口にすると、手品師は一つ一つ記し、木の札に書いて観客に渡した。やがて、大きな箱が運び込まれ、覗くと中は空であったので、観客はがっかりしたが、次の瞬間箱の中は品物で一杯だった。観客は木の札と引き換えに品物を手に入れ、喜んだ。ただ一人、日本のナマコを求めた観客は、日本の美味を賞味したいと夢見ながら、肩を落として帰途に着いた。時刻はすでに一一時半になっていた。

劉海粟《りゅうかいぞく》をスケッチした石井柏亭《いしいはくてい》

石井柏亭（一八八二〈明治一五〉―一九五八〈昭和三三〉）、本名・満吉は、著名な西洋画家である。油絵と水彩画を得意とし、また日本画にも秀で、その筆は簡潔明快であり、色調は淡く、独特の写実の風格を具えていた。石井は一九一三（大正二）年に日本水彩画会を創設、一九一四（大正三）年には美術団体二科会を組織し、また何度も欧米諸国を歴訪した。一九一九（大正八）年四月には欧州視察の帰りに上海に寄り、上海美術界の注目を集めた。

石井は従来民衆芸術を熱心に宣伝した画家であった。ある日彼は上海図画美術学校の招待を受け、同校創設者の劉海粟と出会った。上海図画美術学校の校舎は普通の住宅を借り受けたものであったが、幸い日本のように天井が低くて狭い住宅ではなかったため、少し手を加えただけで立派なアトリエに生まれ変わった。当時同校はヌードモデルを使い、また裸体画を出展すべきだと主張したため、一部の人々から非難を受けていた。まだヌードモデルが珍しかった上海で、モデルを探すのは決して容易なことではなかった。石井は、学生たちが順番でモデルになり、油絵用のスケッチをしていることを知った。また学生たちの基礎的なデッサン力は不十分ではあるものの、洋画を学ぼうとする熱意を感じ取った。この熱意に打たれ、彼はその場で「劉先生と彼の学生」と題するスケッチを仕上げた。

これは筆者が中国国内ではあまり見たことがない類のスケッチである。礼帽を被り、スーツを着て、ネクタイを締めているのが劉海粟であり、その隣のフェルト帽を被った若者が彼の学生である。スケッチのタッチは自由自在で、一筆書きした線がずれてもそれを消さず、その上に修正の線を書き加えている。このため

石井柏亭のスケッチ「劉先生と彼の学生」

画中の人物の動きを活写した胸像のスケッチに仕上がり、画中の二人が肩を並べて座っていることがよくわかる。このスケッチのさらに優れている点は人物のまなざしの捕らえ方であり、画中の劉海粟の視線は前を直視しているが、彼の学生は気後れして視線をそらしている。老成した前者と緊張した後者の姿は対照的であり、見る者をこの絵が描かれた当時に引き戻す。

しかし、石井柏亭がまっ先に印象を留めたのは、上海の芸術ではなくて焼きそばであった。彼はフランス租界の蒲石路《ほせきろ》（現在の長楽路）に滞在していたが、その近くにあるレストランの細切り鶏肉入りの焼きそばは極めて美味であった。値段は非常に高いのだが、香ばしくかりっと炒められた麺のおいしさは例えようのないものであった。西本願寺上海別院の門主・大谷光瑞《おおたにこうずい》もよく自動車に乗ってこの店を訪れた。かつて富裕層の多くは馬車に乗って同店を訪れたが、自動車に乗って焼きそばを食べに来たのは、おそらく大谷が最初であろう。

暖かな四月の半ば、石井柏亭は中国通と称された民俗史研究家の井上紅梅を淡水路麗水坊に訪ねた。井上は当初雑然とした四馬路に住んでいたが、閑静な淡水路一帯を気に入り、引っ越して仕立屋の二階に住んだ。当時井上は『支那風俗』の編集に取りかかっており、机の上には創刊後間もない上海の総合タブロイド紙『晶報』が置かれていた。同紙には漫画家・沈伯塵の挿絵と欧陽予倩の小説「枯樹」が掲載されていた。欧陽予倩、筆名春柳は、一九〇二（明治三五）年に日本に渡り、明治大学の商科と早稲田大学の文科で学んだ。帰国後上海で新劇同志会を結成し、春柳社の名で新劇「猛回頭」や「社会鐘」などを上演した。「枯樹」は新旧思想の衝突を題材

石井柏亭（学校法人 文化学院提供）

とする小説である。

一九一六（大正五）年に欧陽予倩が正式に京劇俳優となると、梅蘭芳と並び称され「北の梅（梅蘭芳）、南の欧（欧陽予倩）」と言われた。欧陽予倩もまた淡水路に住んでいて、石井が欧陽家の常連客になると、欧陽家の馮という英語の家庭教師は、石井に画家・張聿光《ちょういつこう》を紹介した。張聿光は中国における新聞漫画の先駆者で、かつて上海図画美術学校の校長であった。張は石井に会うと、英語で水彩画について多くの質問をすると共に彼を図画美術学校の参観に招待した。こうして、石井と劉海粟の上述の会見が実現したのである。

会見後すぐに、劉海粟は江蘇省教育委員会美術研究会副会長として講演を依頼し、石井は快諾した。四月二三日、石井は江蘇教育会で学生に対して「我々はなぜ絵画を学ぶのか」と題して講演を行った。劉海粟は講演の前に挨拶し、我々は専門家を招いて美術改良を説く講演を依頼したいと何度も考えてきたが、機会がなかった、今、幸運にも石井先生が上海に立ち寄られ、ようやく素晴らしい機会を得たと語った。数日後、劉海粟らは石井を虹口の有名な日本料理店・宝亭での会食に招待した。会食時の様子は知る由もないが、回を重ねた付き合いから、劉海粟と石井の意気投合した様子が目に浮かぶ。

石井は上海滞在中に劉海粟に向かい、「大戦後世界各民族の最大の覚醒は、芸術発揚のために尽力することの重要性が認識されたことである」と語った。彼はまた同年一〇月に日本で帝国美術院第一回絵画展が開催されることを告げた。この話を聞き、劉海粟は憧憬を抑え切れず、世界各国の美術視察を日本から始めることに決めた。九月、劉海粟は汪亜塵、兪寄凡、陳国良、賀伯馨などと視察の旅に出た。日本では、彼らは帝展とその他美術団体や学校主催の美術展を見学した。また東京美術学校、東京女子美術学校、太平洋画会研究所などを視察すると共に石井との再会を果たした。日本の西洋画、彫刻、日本画を見、美術学校の進んだ管理制度を知って、情熱に富む劉海粟は芸術には民衆化が必要だという深い思いを抱いた。「我々中国とインドは歴史上美術が輝きを放っていた時代があったではないか。なぜその後は後退するばかりで、次第に零落してしまったのか。おそらく民衆運動が起こらなかったためである。今思うと、実に残念であり羞恥の念に駆られる」。帰国後すぐに、劉海粟は上海図画美術学校の校名を上海美術専門学校と改め、また学則を改定して、中国画、西洋画、工芸図案など六つの学科を設け、さらに一気呵成に『日本新美術的新印象』を書き上げた（『劉海粟芸術文選』、上海人民美術出版社、一九八七年）。

劉海粟が創立した上海美術専門学校

石井は上海で美術視察の他に、ポーランド人の画家との共同展覧会を開催した。この展覧会は吉田号の賛助を受けたもので、五月一六日、黄浦江に面したホテル（おそらく現在の和平飯店南館）五階の宴会ホールで開催された。

一六日から一八日までの三日間、約八～九〇〇人が入場し、その半数は日本人であり、残りは欧米人と中国人であった。ほとんどの日本人は作品目録を購入し、目録と照らし合わせながら作品を細かく鑑賞したのに対して、欧米人の多くは大雑把に作品を眺めるだけだった。中国人の入場者は主に上海美術専門学校の教師と生徒であり、場を盛り上げに訪れた欧陽予倩など友人もいた。

石井柏亭のこの上海訪問は、雪の上に記された鳥の足跡のようにささやかな出来事であり、歴史の片隅にうもれたままになっているが、この芸術家が日中文化交流のために払った努力は、忘れ去られてはならない。我々が常々口にするように、天空に痕跡が残らなくても、鳥は確かに飛んだのである。

横光利一の上海観

「恐らく私の見た都会の中では、ロンドンと匹敵する大都会は上海を措いてないと思う」。これは日本の新感覚派を代表する作家・横光利一（一八九八〈明治三一〉―一九四七〈昭和二二〉）の一九三〇年代の上海に対する感想である。上海を訪れた数多くの外国人の中で、上海を「東洋のパリ」に例えた者は少なくないが、横光のように上海をイギリスのロンドンに形容した例は珍しい。これは新感覚派の内面に含まれた反植民地主義という、民族主義ならではの独特な視覚を表している。

一九二八（昭和三）年に横光利一は上海を訪問し、約一か月滞在した。横光に上海を紹介したのは芥川龍之介（一八九二〈明治二五〉―一九二七〈昭和二〉）であった。芥川は一九二一（大正一〇）年三月から七月にかけて大阪毎日新聞社の海外視察員として上海と中国北方を訪れ、「大阪毎日新聞」に同年八月一七日から九月一二日まで中国訪問記の一部である「上海遊記」を連載した。彼の筆の下では、上海の繁栄、上海人の忙しさと、北方の「大陸的」な落ち着きは明確に区分されている。一九二七年、芥川龍之介は自殺した。自殺前、彼は横光に「君は上海を見ておかねばいけない」と勧めた。翌年、横光は芥川への想いと「惨めな東洋を一度知ってみたい」という願望をもって上海にやって来た。上海が最初に彼に与えた印象は次のようなものであった。「ここでは全てが銀の上を流れているということであった。この感じは感覚的なもので、いたる所にある銭庄と書かれた両替所が私に刺激を与えたのである」。

『上海』は、横光が一九二五（大正一四）年の五・三〇事件を背景とし、植民地都市上海を舞台に書いた長篇小説である。一九二八（昭和三）年一一月から一九三一（昭和六）年一月にかけて、同小説は「風呂と銀行」、「足と正義」、「掃溜の疑問」などの題名で『改造』に連載され、一九三二（昭和七）年一一月に改造社から単行本として出版された。小説『上海』の中で、横光はさまざまな面を持つ植民地都市の社会、日本人、トルコ風呂のマッサージ嬢、中国人の資産家、紡績工場労働者、白系ロシア人の売春婦、ドイツ・アメリカの商人たちの生きざま、そして日本の紡績工場で起きた民衆のストライキなどを描き、混乱と激動の時代を通して、上海に登場するさまざまな植民地の人間を描写し、「東と西」の矛盾を明らかにしようとした。横光自身が語るところによれば、『上海』を書いた動機の一つは、当時フランスの作家マルロー（André Malraux、一九〇一―一九七六）が同時期の中国を舞台とした小説『征服者』と『王道』を上梓して西洋で名を高めたからであり、『上海』の執筆はこれに対抗するためであった。一九三六（昭和一一）年、横光は東京日日新聞と大阪毎日新聞の特派員として欧州を訪問し、その途中で上海に立ち寄った。二月二四日、彼は上海に到着した当日、すぐに北四川路の内山書店に向い、山本実彦、内山完造とともに魯迅に面会した。魯迅は『改造』四月号に掲載予定の原稿「私は人を騙したい」に連夜取りかかっており、前夜から一睡もせず、顔色は蒼白で髭は伸びてい

中国滞在中の芥川龍之介（左）と竹内逸三（右）
（藤田三男編集事務所提供）

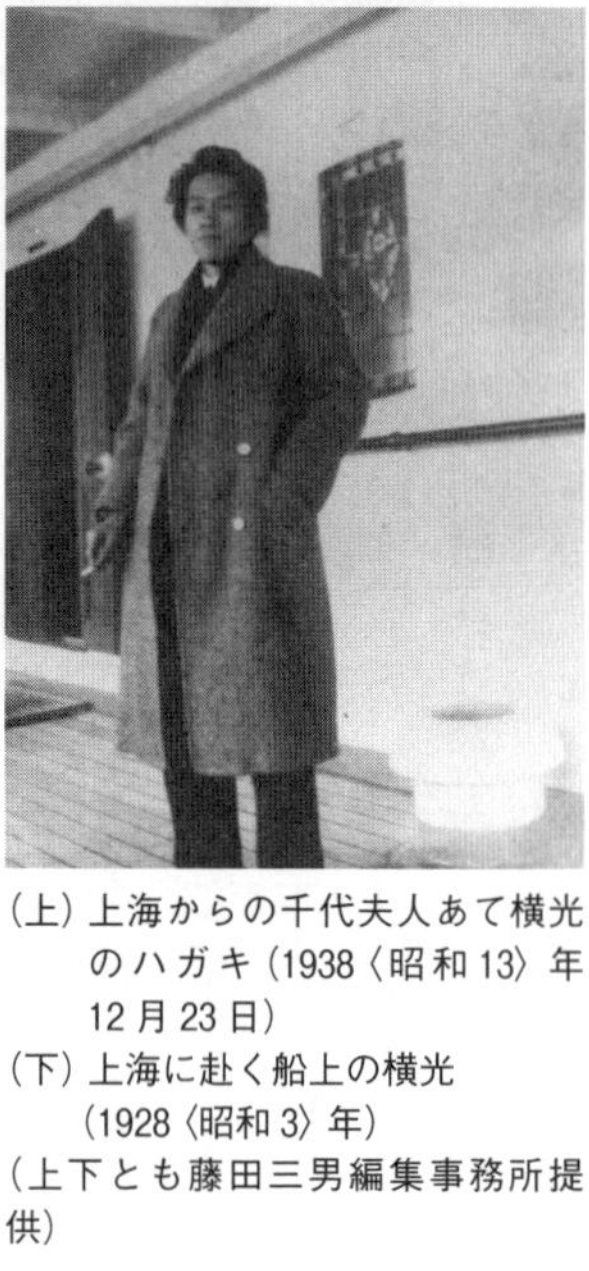

（上）上海からの千代夫人あて横光のハガキ（1938〈昭和13〉年12月23日）
（下）上海に赴く船上の横光（1928〈昭和3〉年）
（上下とも藤田三男編集事務所提供）

た。それにもかかわらず、彼は山本実彦の招待に快く応じ、横光たちと新亜飯店で食事をともにしたのである。そして思いもよらず、同年一〇月魯迅は病気で亡くなった。

静安寺近くの外国人墓地は、横光が上海滞在中に好んで散歩に出かけた場所である。高く青々と茂ったプラタナスの木の下には、上海で死去した外国人の墓碑が並び、「綿の花のようなプラタースの花が絶えず舞い落ちて来て、森閑と静ったあたりに動くものは、辷る大理石の墓石の面をようやく這いのぼった玉虫の、ばさりと落ちる音だけである」。横光は、静安寺墓地の幽美さと静謐さは上海随一だと公認されると思った。しかし、「墓地が名所となるのは、この都市でも前例がなかった」。墓碑を読むと、横光はまだ生存している霊魂が、静まり返った墓碑の間で天に向って叫んでいるのを耳にしたかに感じた。一九三七（昭和一二）年九月、横光は『改造』に「静安寺の碑文」を発表した。「各国人が租界という不思議な場所で各自の本国の首都と競い合いをする。彼らは声なき一団の人の中に属しているが、本国に帰ればそれぞれ職を失う恐れを持った集団であるから、むしろ本国の伝統より延び上がろうとする虚栄がある」と横光は観察した。

横光を特に驚かせたのは、最初の上海訪問の際に彼が見た白系ロシア人はそのほとんどが乞食か売春婦に身を落としていたが、わずか数年後には「すでにフランス租界の一角に堂々たる市街を作っていた」ことであった。横光が言うフランス租界の一角とは霞飛路を指す。フランス租界の中心に位置する霞飛路はフランス風の情緒溢れる通りだと一般には思われているが、実際には、当時欧米人の多くはフランス租界の西区に住んでおり、商業の中心地区であった霞飛路の通り沿いには、ロシア風の情緒が色濃く漂っていた。一九二〇年代から、上海に留まっていた白系ロシア人は次々と霞飛路に店を構え、「薬局、雑貨屋、バー、夜食レストラン、ダンスホール、マッサージ店、理髪店、アパート、何でも揃っていた」。店の表にはロシア語と英語で書かれた各種の看板と広告が掛けられていた。ロシア人が経営する化粧品会社の広告のコピーは「最上の贈り物を選び、奥様に贈りましょう」であった。東華ハルピンロシア料理レストランは「東華のロシア風スープ、安くて美味しい！」という広告で客を呼んでいた。上海日本堂から一九三一（昭和七）年に刊行された『新上海』では、霞飛路の紹介で「人々は口を揃えてそれは上海中で一番美しい、最も上品な街だと言えるだろう」、「ショーウィンドには美しい着物が飾り立てられ、洒落れた女帽子が人形の頭に飾られている」と記している。これこそが横光が言う、白系ロシア人がわずかな間に上海に作った「堂々たる市街」であった。

金子光晴・森三千代の上海

金子光晴は一八九五（明治二八）年に愛知県に生まれ、一九一九（大正八）年に第一詩集『赤土の家』を出版した。一九二三（大正一二）年に上梓した詩集『こがね虫』で認められ、日本象徴派の詩人を代表する人物となった。一九二四（大正一三）年九月に森三千代と結婚した。

一九二六（大正一五）年三月、金子と三千代は最初の上海旅行に出かけ、一か月ほど滞在した。彼らは北四川路余慶坊（現在の四川北路一九〇六弄）に住んだ。余慶坊は二〇世紀初頭に建てられた路地で、その名は「吉慶有余」（めでたいことになおゆとりがある）の意味で付けられた。路地には三階建ての住居一四棟、二階建ての石庫門式〔門の枠を石で築き、二枚の黒塗りの大門を配した様式〕住居一七二棟が並んでいた。金子夫妻が住んだのはベランダ付きの二階建ての石庫門式住居であり、ベランダは彼らに深い印象を残した。「物干の粗い漆喰壁と青空との関係、その接触が実にロマンチックな感を起こさせるものであった」「余慶坊の物干は、常にそうした白い時と、呉淞から黄浦江に遡り、破れたこもの帆や朱い巨帆を戦かせる最上層の気流を受けながら、全体を世界の上に乗出している」。家主は長崎出身の老婦人で、かつて蘇州の旅館で働いたことがあり、その後上海工部局に勤めるスウェーデン人に嫁いだ人であった。金子の容貌は中国人に似ていたため、最初に部屋を借りる時、家主の老婦人は彼を広東人にまちがえた。

当時内山書店はまだ北四川路魏盛里にあり、しばしば文化講座や文芸漫談会を開催していたため、中国新文化を支える多くの知識人が集まった。一九二六（大正一五）年一月、唯美派の作家・谷崎潤一郎が上海を訪れ、内山完造の紹介を経て、上海で活躍中の中国の著名な作家や詩人、画家と顔を合わせ、彼自身もまた内山書店の常連客となった。夜になると、日中両国の文化人はよく店内で円卓を囲み会話を楽しんだが、そこで出される精進料理は内山の客への特別なもてなしであった。

金子が宿としていた余慶坊は内山書店の向かい側にあり、谷崎の熱心な紹介を経て内山と知り合った。四月二二日午後五時、内山は金子を上海在住の日中の文化人に紹介した。会に参加したのは、劇作家で詩人の田漢、画家・陳抱一、漫画家・豊子愷、大学教授・方光燾、劇作家の欧陽予倩、そして上海滞在中の谷崎と杉本勇（高野山僧侶）、荻原貞雄（横浜正金銀行）、村田孜郎など。森三千代は子どもが恋しくなり一時的に長崎に戻っていたが、中国の文化人との会合を知ると、わざわざ長崎から当日午後二時に上海に戻った。東京美術学校を卒業した陳抱一は家の庭に咲いた紫の藤の花を内山に贈った。内山が藤の花を花瓶に挿し、白い布を掛けた机の上に置くと、美しい花は人々の目を楽しませた。

会に参加した中国の文化人はいずれも日本留学の経歴を持っているので、金子は日本人同士の集まりと何ら変わりがないと感じた。唯一異なっているのは、歓談中、中国らしい礼儀と親睦の情が満ちあふれていることで、そのため最後まで堅苦しくなく心愉快に過ごせたのであった。金子は、以前は新詩を書き、今は劇作家であり、映画会社の経営者でもある田漢の印象が特に深く残った。「やせすぎで神経質らしく、感情の変化が心の内部に雲ゆきのようにせわしいような様子の人だ。話しているかと思うとぽつんと途切らしてしまったり、だまっていられるかと思うと、前のつづきを深く考え込んでいるというようなたちの人」、「映画制作に対する態度は真剣で、談がその事に及ぶと、自信と抱負で、痩せ負びた頬が紅潮する」と森三千代は記している。

当日、内山が皆にご馳走したのは中国の精進料理であり、その料理は供養斎から取り寄せられた。

「支那の豆腐の雅味の多いこととその発達している事は驚くべきものである」、「さじにもかからない柔いものから石のように硬いもの。紙のように薄くてペラペラしたもの、黒くて四角い硬豆腐、指のようなの、さいの目のようなの、漬けものになったのでは、味噌漬、かす漬、トマトのように赤く染ったの、まだあげると限りがない」。精進料理は「見た所は肉料理をすっかり真似たものであるが、内容はみんな精進もので、燕の巣、鳰卵、鴨、桂魚、蝦仁等を形ではそのまま現している」、「あとがさっぱりして気持ちが好い」。「支那の人達の対応はフランス人のそれによく似ている」と言うのが金子の感想であった。

金子光晴と三千代
（1959〈昭和 34〉年、自宅にて。藤田三男編集事務所提供）

一九二八（昭和三）年三月、二度目の上海訪問で金子は内山の紹介により、魯迅と知り合った。四月二日、郁達夫は中華料理店・陶楽春で宴を設けて、金子と魯迅夫妻、内山などが参加した。

その年の末、金子と三千代の間に感情的な危機が生じ、三千代をその愛人から引き離すため、彼は三千代を連れてパリ旅行に出ることを承知した。そして、パリ行きの旅費を集めるため、二人は再び上海を訪れ、約四か月滞在した。『魯迅日記』の記載によれば、金子夫婦は上海で魯迅など中国の文化人と頻繁に会っており、例えば一九二九（昭和四）年一月二六日、郁達夫と王映霞は陶楽春で宴席を設け、金子夫妻、林語堂夫妻、魯迅夫妻、および小説家・前田河広一郎、画家・秋田義一など一〇名が出席した。また三月三一日、魯迅は柔石などと共に金子の浮世絵の展覧会を訪れ、金子夫妻のパリ行きを援助するため、魯迅はとくに二〇元を払って浮世絵の作品二枚を購入している。

文人たちの「唱酬」

二〇〇二（平成一四）年秋、筆者が訪問研究者として日本に滞在した際、幸運にも東京大学明治新聞雑誌文庫内の井手三郎文庫から、日本の作家・大谷是空が編纂した『滬上唱酬』を手に取ることができた。これは小冊子であり、正式な出版物ではないが、一九二〇（大正九）年に大谷是空が上海で日中の文化人と杯を交わして唱和した詩を書き留めた漢詩集であり、大正期の日中の文化交流を今日に伝える貴重な史料である。

大谷是空、またの名を藤治郎といい、岡山県津山市の生まれ、津山尋常中学の英語教師を勤めた。詩文の創作を志し、俳句から始めて、漢詩、和歌、随筆、紀行、小説など幅広く創作活動を行った。また地元の『山陽新報』俳句欄の選者を務めた。彼は何度も中国を訪問しており、『蘇浙小観』（遠山景観との共著、一九〇三年）、『経済の長江一帯』（一九一七年）などの著書がある。

一九二〇（大正九）年、彼は上海に三か月滞在し、六三園や月廼家花園などで日中の著名な文化人と詩酒の宴を開いた。『滬上唱酬』の序言に次のように記している。「四年前、江南に遊び、『長江小吟』一篇を作った。今また上海に遊び、三か月滞在し、その間に呉昌碩、王一亭、宗方北平、井手素行、島田太堂諸先生方と酒酌みかわしつつ、唱和した詩は数十首に及ぶ。私は詩人ではないので、拙作はもとより保存に耐えないが、ただ諸先生の『滬上唱酬』を散失させてしまうのは忍びない。このため謄写に代えて印刷本とし、『滬上唱酬』と題する」。

この中で触れられた、呉昌碩と王一亭は、いずれも上海画壇を代表する傑出した人物である。呉昌碩は当時七七歳、上海書画協会会長を務め、晩清最後、近代最初の中国画の大御所と称する人もいる。彼は六三花園の主人・白石六三郎とも親交があった。王一亭は上海の日本の大手商社に勤めたこともある上海商工界の名士であり、書画、詩ともに秀でていた。一九一九（大正八）年、彼と呉昌碩の共作『流民図』は、ドイツ・ベルリンの人文博物館に収蔵された。彼はまた中国仏教代表団団長として団を引率して日本を訪問したこともある。一方、日本側の参加者・宗方北平（宗方小太郎、東方通信社社長）、井手素行（井手三郎、日本語紙『上海日報』社長）、島田太堂（島田数雄、『上海日報』主筆）はいずれも上海の新聞出版界の名士であった。彼らは長年の友人であり、日頃から上海を訪れる日本の同業者を接待しては、酒の席での詩の応酬を楽しんでいた。

同年一月八日、呉昌碩と王一亭は宴席を設けて大谷是空らを招待した。是空は席上で呉に詩を捧げた。「声名遍東海、今日接高風。最喜心先暢、只悲語不通。筆端詩思合、杯裏酒情同。一見十年友、披襟談笑中」（「声名　東海に遍《あまね》く、今日　高風に接す。最も喜ぶ　心先ず暢《の》びやかなるを、只《た》だ悲しむ　語通ぜざるを。筆端に　詩思は合し、杯裏《はいり》に　酒情は同じ。一見　十年の友、襟を披《ひら》く談笑の中」）。

呉はこれに和した。「一笑文同天下通、性情雲上酒杯中。詩才伎馬今猶見、復社能邀騰此翁」。（「一笑す文同じくして　天下に通ずるを、性情雲上　酒杯の中。詩才伎馬　今猶《な》お見ゆるがごとく、復社能《よ》く邀《むか》えて　此の翁を騰《あ》げん」）。

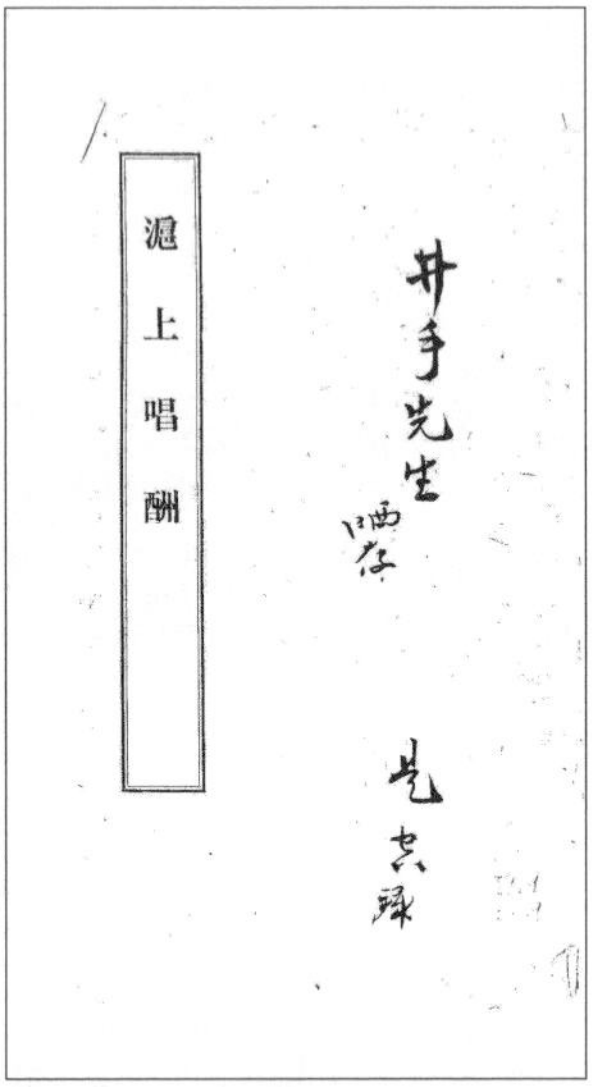

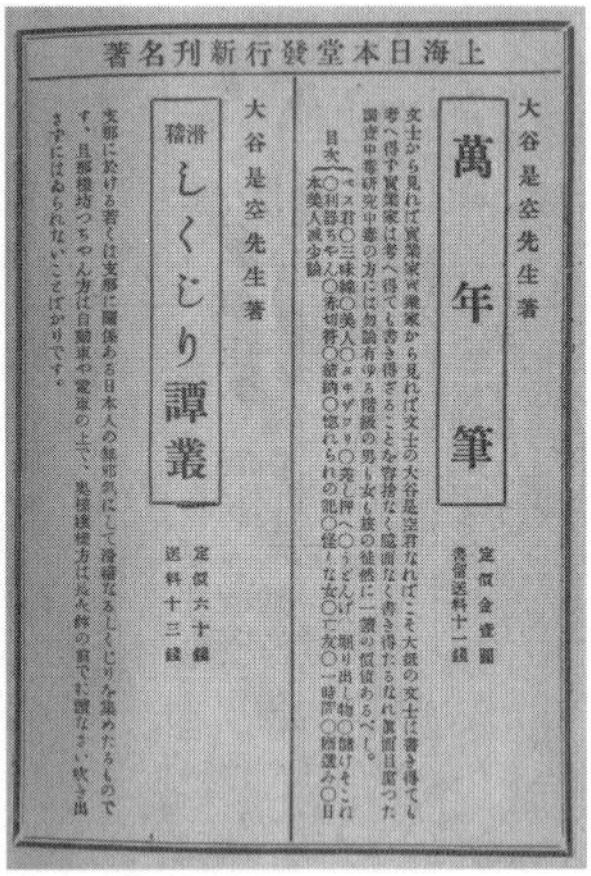

（上）『滬上唱酬』
（下）上海日本堂書店が発行した大谷是空の著書

（左から）呉涵、呉昌碩、水野梅暁、王一亭

王一亭も興に乗って詠んだ。「悟徹禅機色是空、頭陀仏証有昌翁。詩吟筆力能扛鼎、李杜当年意気雄」（「禅機を悟徹《ごてつ》して　色是空《しきぜくう》、頭陀仏証　昌翁有り。詩吟の筆力　能《よ》く鼎《かなえ》を扛《あ》げ、李杜当年意気雄《さかん》なり」）。是空は席上で七言絶句を用いて礼を述べた。「只今誰是雅壇翁、翰墨之権属二公。造物贈君一枝筆、江南風物在胸中」（「只今《しこん》　誰か是《こ》れ雅壇の翁、翰墨の権は二公に属す。造物　君に贈る一枝の筆、江南風物は　胸中に在り」）。

一月二八日、是空は宗方北平らと東和洋行の二階で雨音を聞き、旅愁を深めて詩を詠んだ。「若将帰思雨凄凄、客舎難眠夢欲迷。鉄馬橋辺車馬絶、時聴江畔夜烏啼」（「帰思を将《ひ》くが若く　雨凄凄、客舎眠り難《がた》く　夢迷わんと欲す。鉄馬橋辺　車馬絶え、時に聴く　江畔に夜烏啼くを」）。当時、東和洋行は鉄馬路（現在の河南北路）の入り口にあり、近くには蘇州河に架かる鉄馬路木橋（一九二七〈昭和二〉年に鉄橋に架け替え）があったため、詩人は「鉄馬橋辺　車馬絶」と詠んだのであった。

宗方がこれに続いて和した。「半江細雨夜凄凄、夢裏関山旅思迷。作客与君同臭味、敲詩閑聴寒蟄啼」（「半江《はんこう》の細雨　夜凄凄、夢裏《むり》の　関山　旅思迷う。客と作《な》り、君と臭味を同じくし、敲詩　閑《しず》かに聴く　寒蟄《かんちつ》の啼《な》くを」）。

島田太堂も和して二首詠んだ。「雲圧長城風欲凄、紅塵南北使人迷。春光未動新天地、唯聴寒鴉夜半啼」（「雲は長城を圧し　風は凄《せい》たらんと欲す、紅塵　南北人を迷わしむ。春光未だ動かず　新天地、唯《た》だ聴《き》く　寒鴉《かんあ》の夜半に啼くを」）。「残灯挑尽影凄凄、寒透孤衾客夢迷。江畔夜烏知地気、如聞橋上杜鵑啼」（「残灯を挑《かか》げ尽くして　影凄凄、寒は孤衾《こきん》に透り　客夢《かくむ》を迷う。江畔の夜烏　地気を知り、橋上に

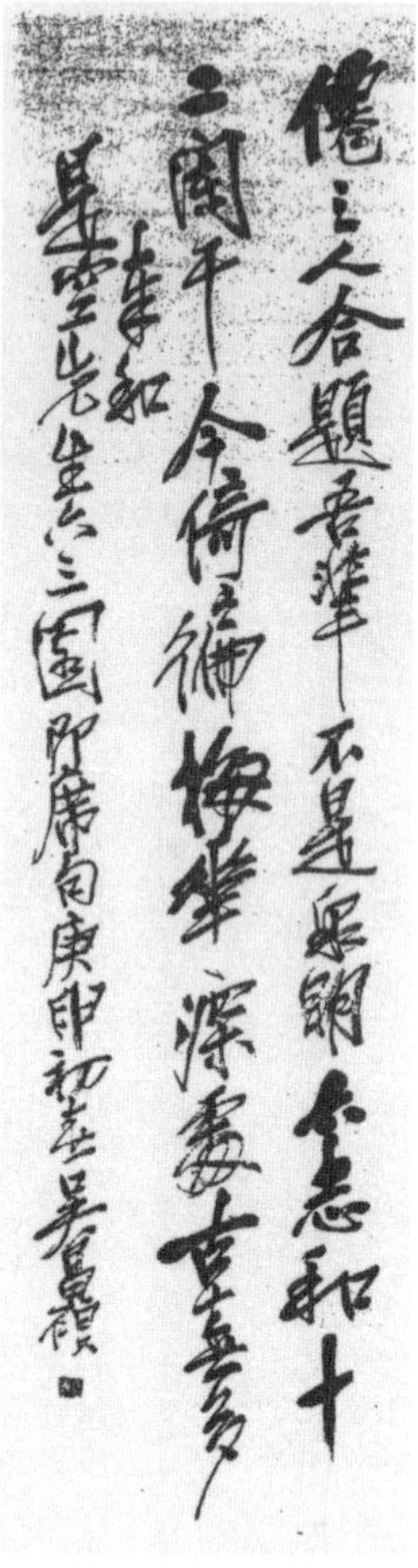

呉昌碩が六三園で大谷是空と和した詩句

杜鵑《とけん》の啼くを聞くが如《ごと》し」）。

二月二五日、是空は六三園に呉昌碩父子と王一亭父子を招待し、「酒を飲み交わしながら詩を詠んで筆を執り、優雅な喜びは尽きず、夕方になって散じた」。当日、是空の詩興は大いにかり立てられた。

「春浅村荘風尚寒、梅花邀客倚欄干。風流同有煙霞癖、成画成詩自在看」（「春は村荘に浅く　風尚《な》お寒く、梅花客を邀《むか》えて　欄干に倚《よ》る。風流同《とも》に　煙霞《えんか》の癖《へき》有り、画を成し　詩を成し　自在に看る」）。

「六三園裏神仙客、偶落人間笑語和。好是隔簾春色動、梅花満樹鳥声多」（「六三園裏　神仙の客、偶々《たまたま》人間に落ち　笑語和《なご》やかなり。好《よ》し是れ　簾《れん》を隔《へだ》てて春色動じ、梅花　樹に満ちて　鳥声多し」）。

「六三園静処、小宴会群賢。風暖吹林底、鶴閑臨水辺。煮茶君読画、食肉我談禅。壁上誰題句、永留文字縁」（「六三園の静かなる処、小宴に群賢会《かい》す。風暖かくして　林底《りんてい》に吹き、鶴は閑《しず》かに水辺に臨む。茶を煮て　君は画を読み、肉を食らいて　我は禅を談ず。壁上　誰か句を題し、永く文字の縁を留めん」）。

呉昌碩は即座に和した。「僊三人合題吾輩、不是泉明六志和、十二闌干今倚偏、梅華深処古春多」（「僊三人合して　吾輩を題す、是れ泉明ならざるも、六志和《やわら》ぐ、十二闌干今倚《よ》りて偏く、梅華深処　古春多し」）。

王一亭は敬虔な仏教徒であるので、詩中には仏教用語が多用されている。「対酒坐花楽有余、笑看天地一蘧廬。跏趺老仏参初偈、色相原来実若虚」（「酒に対《むか》いて　花に坐せば　楽しみに余り有り、笑いて看る　天地は一蘧《そよ》盧《ろ》。跏趺《かてい》の老仏　初偈《しょげ》に参じ、色相　原来　実も虚なるが如し」）。

当日、呉昌碩の息子呉蔵龕《ごぞうがん》もまた即興で是空に和した。「林木開風色、春回錦一端。狂疑杯佇月、園且谷名盤。冷淡梅舒雪、崎嶇石耐寒。明朝過人日、詩興倚欄干」（「林木　風色を開き、春は回る　錦一端《いったん》。狂疑す　杯は月を佇《ま》ち、園且《ま》た名盤を谷《きわ》めんとす。冷淡にして　梅は雪に舒《の》び、崎嶇《きく》として　石は寒さに耐う。明朝　人日を過ぎ、詩興欄干に倚《よ》る」）。

是空は上海滞在中に呉昌碩から十数枚の書画を贈られた。是空は「日夜広げて見、一人楽しんだ」。彼は呉を次のように賞賛した。「下筆現天真、騒壇第一人。鶴鳴詩気魄、梅発画精神。臥仏入三昧、飛仙遠六塵。展看無日夕、似対座相親」（「筆を下ろせば　天真を現す、騒壇の第一人。鶴の鳴くは　詩の気魄、梅の発《ひら》くは　画の精神。臥仏　三昧に入り、飛仙　六塵を遠ざく。展《の》べて看るに　日夕無く、対座して相親しむが似《ごと》し」）。

三月一日夜、大谷是空は鹿島丸に乗船し、上海を離れ帰国した。出発前、彼は去り難い思いを抱いて憂える心を詩に託した。「離人今夜酔高楼、聴到驪歌我欲愁。牽夢三河何処処、満天風雨有帰舟」（「離人　今夜高楼に酔う、驪歌《りか》を聴き到りて　我愁《うれ》えんと欲す。夢を三河に牽《ひ》き　何《いず》れの処にか処《お》らん、満天の風雨にも　帰舟有り」）。

「夜来香《イエライシャン》」を最初に歌った李香蘭

夜来香、またの名、月下香は、月の光に照らされた庭園に咲く芳しい白い花である。一九四〇年代、上海では「夜来香」という歌が流行した。「那南風吹清涼、那夜鶯啼声凄愴、月下的花児都入夢、只有那夜来香、吐露着芬芳。私愛這夜色茫々、也愛夜鶯歌唱、更愛那花一般的夢」（「南風は清涼を運び、ナイチンゲールは寂しげに鳴き、月下の花はみな眠って夢を見ているが、夜来香だけが芳しく花開いている。私はこの茫々とした夜の景色を愛し、ナイチンゲールの歌を愛し、花のような夢を愛す」)。この歌は軽快なルンバで、欧米風のメロディーと演奏の手法を取り入れ、異国情緒に満ちているが、最後のリフレインでは中国音楽のメロディーを使い、曲をいっそう抒情的に盛り上げている。とりわけ夜の花と夜更けの夢の風情を歌い上げ、夜の上海の趣きある情感を醸し出しているのである。

この歌は映画「春江遺恨」の挿入歌であり、中国の作曲家・黎錦光（筆名・金玉谷）により作曲された。黎錦光は湖南の出身であり、「新音楽の旗手」と称され、当時上海百代唱片公司（Pathéレコード会社）の音楽部主任を務めていた。彼が作曲した「五月的風」、「瘋狂世界」、「採檳榔」、「哪個不多情」、「拷紅」などはいずれも上海で流行した代表的な歌曲であり、彼の作品を歌うことで一躍人気スターとなった歌手は少なくない。黎錦光は「夜来香」を書き上げると、当初は周璇《しゅうせん》、姚莉《ようり》など中国人歌手に歌わせるつもりであったが、音域が広すぎるためか、彼女たちは何度試してもうまく歌うことができなかったという。

ある日、偶然に黎錦光のオフィスを訪れた李香蘭は、ピアノの上にあった「夜来香」の楽譜を何気なく手に取り、口ずさんでみたところ非常に気に入り、すぐさま黎錦光にこの歌を歌わせてほしいと懇願した。「夜来香」はそれ以来李香蘭の代表作となり、上海で人気を博し、その人気は全国に広がった。後に、作曲家・服部良一によって同曲は日本に紹介され、瞬く間に世界中で流行し、英語、フランス語、日本語、タイ語、広東語など多くの言語、六〇近いバージョンに改編された。この半世紀の間、上海のナツメロコンサートで「夜来香」は名曲として歌い続けられ、最初に歌った李香蘭の名もまた人々に忘れられることはなかった。

李香蘭、本名・山口淑子《よしこ》は、一九二〇（大正九）年に中国の瀋陽近郊の北煙台で生まれ、間もなく両親に連れられて撫順に引っ越した。父・山口文雄は九州の佐賀県生まれ、祖父・山口博は士族出身の漢学者であった。文雄は幼い頃から父親の薫陶を受け、早くから中国語の勉強を始め、一九〇六（明治三九）年には北京にあった中国語専門学校の同学会で学び、その後、友人の紹介で満鉄に就職した。李香蘭の母もまた九州・福岡の人で、撫順で工場を経営していた叔父を頼って中国に移り住んだ。李香蘭の両親は撫順で知り合い結婚したのである。

李香蘭は山口家の長女であり、両親の愛を一身に受けた。父親は彼女が将来日中関係の仕事に就くことを望み、特に新聞記者か政治家になることを望んだ。李香蘭が幼い時から父親は中国語を学ばせ、小学校を卒業する時には、すでに流暢な中国語を身に付けていた。一九三三（昭和八）年に彼女は瀋陽で、父親の義兄弟で瀋陽銀行総裁の李際春の義理の娘となり、李香蘭という中国名をもらった。関東軍が彼女を中国人女優に仕立てるためこの名を付けたという説もあるが、実際は義理の父に因んだものである。「李」は義父の苗字であり、「香蘭」は義父の俳句の雅号であった。「Li Xianglan」という音楽性に富む響きと漢字の「香」と「蘭」が相まって醸し出す雰囲気を、李香蘭はとても気に入った。一九三四（昭和九）年、李香蘭は今度は天津市市長・潘毓桂の養女となり、名を潘淑華と改めた。

一九三三（昭和八）年、奉天放送局は日本の意図に基づき、「日満親善」と「五族協和」のスローガンのもと、中国民謡と流行歌をアレンジし、あるいは創作歌曲を募り、「満洲新歌曲」と名付けて放送局で繰り返し放送した。このため、奉天放送局は専属女性歌手を募集したが、その条件は、中国人少女で楽譜が読め、標準的な北京語が話せる、というものであった。またテレビ局の日本人スタッフとの打ち合わせのため、日本語も出来なければならなかった。しかし、その条件に合う中国人少女は誰一人として日本側に協力したがらず、歌手の人選は困難を極めた。

奉天放送局の日本人科長は以前音楽会で李香蘭の独唱を聞いたことがあり、その歌唱力を評価していたが、彼女が流暢な北京語を話すということを人づてに聞くや、「満洲新歌曲」の専属歌手になるよう強く要請した。

しかし、李香蘭は日本人であり、日本人が「満洲新歌曲」の歌手になるのはやはり滑稽だった。仕方なく、奉天放送局は彼女に中国人を装わせ、李香蘭の名でデビューさせることにし、「放送では経歴の説明は省き、タイトル、作詞者、作曲者、編曲者をアナウンスし、歌は李香蘭とだけ告げることにしましょう」ということになった。このため、李香蘭が「満洲新歌曲」を歌った時、観客は中国人、日本人を問わず、「李香蘭」という名から彼女は中国人であると思い込んだ。そして彼女一人だけが秘密を知っていた。「その正体は山口淑子である日本人の私だった。何も知らぬ少女だったとはいえ、私も満洲国同様に、日本人の手で作られた中国人だったのである」。(山口淑子・藤原作弥『李香蘭　私の半生』新潮社、一九八七年。以下の引用も同じ)

一九三八(昭和一三)年、彼女はまた「李香蘭」の芸名で満洲映画株式会社(略称は満映)の専属女優となった。満映は映画を利用して日本精神を宣伝する道具であった。李香蘭は次々と『蜜月列車』、『白蘭の歌』、『迎春花』、『萬世流芳』、『支那の夜』などの主役を演じた。『支那の夜』は中国人を侮辱する内容の映画であり、李香蘭は映画の中で中国人少女・桂蘭を演じて、中国の人々の強い反発を招いた。

李香蘭のレコード歌手としてのデビュー曲は、一九三九(昭和一四)年帝国蓄音機株式会社(略称はテイチク)制作の「さらば、上海」(時雨音羽作詞、古賀政男作曲)であった。彼女が歌った「蘇州夜曲」、「何日君再来」、「売糖歌」などもまた一世を風靡した。

一九四〇(昭和一五)年、李香蘭は映画『支那の夜』の撮影のため初めて上海を訪問し、以後終戦に到るまでほぼ上海で暮らした。

一九四四(昭和一九)年、李香蘭は「夜来香」を初めて歌った。一九四五年六月、当時上海で最も豪華な劇場であった大光明大劇院で「夜来香幻想曲」をタイトルとした李香蘭のリサイタルが開かれ、公演は毎日昼夜二回で、三日間続いた。リサイタルは三部構成から成り、第一部は日本と欧米の歌曲、第二部は中国の歌曲で構成された。第一と第二部は中国の作曲家・陳歌辛が指揮をした。第三部が「夜来香幻想曲」であり、服部良一が指揮をした。伴奏を務めた上海交響楽団は、当時アジア一のオーケストラと称され、世界的な名声を誇っていた。楽団員は主にイタリア人、ユダヤ系ドイツ人、オーストリア人、白系ロシア人で構成されていた。

一九四五（昭和二〇）年八月、日本が戦争に負けると、国民政府の規定により、虹口地区には収容所に近い形の「日僑集中営」が設置され、上海の各地に散って住んでいた日本人はそこに集まって生活することを余儀なくされ、毎日早朝六時前と夜八時以後の外出は禁止された（↓第一七章）。それまで租界のアパートに住んでいた李香蘭と日本の映画会社の同僚三人は、一家族の名義で施高塔路興業坊の住居に収容された。一般の日本人は昼間「日僑」の腕章を付ければ自由に外出することができたが、大スターであった李香蘭は軟禁状態に置かれた。門前には見張りの兵士が立ち、彼女の出入りを厳しくチェックした。

リサイタル「夜来香幻想曲」のステージ（山口淑子『「李香蘭」を生きて』日本経済新聞社、2004年）

同年九月下旬、国民政府は全国規模で漢奸《かんかん》（売国奴）逮捕に着手し、年末までに四六九二人の漢奸が逮捕され、そのうち各地の高等裁判所の審理に送られた者は四二九一人、軍法機関の審理に送られた者は三三四人であった。同時に国民政府は「処置漢奸案件条例草案」を頒布し、その第四項では「日本と傀儡政権の管轄下で、文化界、金融界、実業界、社会団体の人間が日本と傀儡政権の勢力を借り人民に弊害を与えた行為について、人民の告訴を経て起訴する」と定めた。上海では、日本と傀儡政権に協力した映画スターたちが人々の告訴により逮捕され、同様の理由で李香蘭も漢奸リストに入れられたが、その罪は「中国人でありながら中国を冒瀆する映画に出演して日本の大陸政策に協力し」たというものであった。しかし、李香蘭逮捕のニュースはなかなか報道されず、李香蘭は日本人だという情報が広がり始めた。

李香蘭は日本人なのか?大多数の中国人は信じなかった。彼らはそれを李香蘭の詭弁と見なした。「お前は戦時中は豪華な銀幕を通して祖国を売り、一旦お前の漢奸としての罪を追及すれば、自分は日本人だとこじつけて弁解し、日本人居留者地区に隠れ、日本への逃亡を企てている」と。上海の民衆の李香蘭処罰を求める声は高まり、新聞は「李香蘭は中国名があり、自由に流暢な標準的北京語を話せるだけでなく、骨相学にみるとどうしても中国人の血が入っている顔つきだ」と書きたてた。またある新聞は李香蘭は一九四五(昭和二〇)年一二月八日国際競馬場で死刑に処されると報じた。日本国内でも李香蘭は中国当局に舌を切り取られ、二度と歌えないようになったと噂された。北京にいた李香蘭の父・山口文雄は、李香蘭の死刑判決のニュースが掲載された新聞を保存し、彼女の死を確認してから一二月八日を娘の命日にしようと思った。

この頃、李香蘭は依然として虹口の「日僑集中営」に住んでおり、国民政府の関連部門の官僚は、日中の関係者の証言から彼女が日本人で本名は山口淑子であることが大体明らかになったと、本人に告げた。しかし、「一般の中国人はあなたが中国人だと思い込み、あるいは少なくとも中国人の血が半分は流れていると信じている」、「死刑説が流れているのは、日僑収容所から引きずりだして監獄にぶちこんで厳正な裁判にかけよ、という一種のデモンストレーションなのだ。裁判の結果、少しでも中国人の血が流れていれば漢奸として処刑すべき、というわけだ」という状況であった。このため、日本国籍を証明する身分証の入手は、李香蘭の生死を決定するカギとなった。

まさに李香蘭が国籍証明の入手について悩んでいた時、国民政府のある人間は彼女に次のように勧めた。国民政府のスパイになり、東北地方へ行き中国共産党の活動状況の偵察を引き受けさえすれば、すぐさま裁判を取り消し、洋館、外車（キャデラック）を贈り、秘書、使用人を用意し、彼女が望むもの全てを提供しようと。だが李蘭香は拒絶した。「漢奸の罪を許すと言われましたけれど私は漢奸ではありません。日本の国策には協力したけれど、それは私が日本人だったからです。そのことをはっきりさせるために取り調べを受け、裁判を待っているのです」。あるいは李香蘭のこの弁明こそ、国民政府に彼女は日本人であるという確信をいっそう抱かせたのかもしれない。

生死の瀬戸際で李香蘭を窮地から救い出したのはロシア人の幼なじみ・リューバであった。リューバはユダヤ系ロシア人であり、李香蘭とは同年齢であった。彼女の父親は以前撫順でパン屋を経営しており、彼女は流暢な日本語を話し、また中国語も話せた。李香蘭は撫順で小学校に通っていた時に彼女と知り合い、親友になった。リューバは李香蘭の両親とも親しく、彼らが日本人であることも知っていた。彼女の一家は全員ソ連のボルシェビキであり、日本が敗戦した時、彼女はちょうどソ連の上海領事館で働いていた。彼女は新聞で李香蘭が漢奸だというニュースを目にすると、すぐさま虹口まで会いに来て、李香蘭に日本国籍を証明する公的書類をさがし出すよう求めた。李香蘭は北京の両親の手元にはおそらく日本の村役場から取り寄せた戸籍謄本があることを告げた。軍事法廷に戸籍謄本を提出しさえすれば、日本国籍である有力な証拠になるかもしれない。彼女は北京に出張に行く機会があったら、必ず李香蘭のために戸籍謄本を取ってくることを約束した。

リューバは李香蘭の頼みを引き受けた後、計画通り出張の機会を利用して北京に行った。彼女は李香蘭の両親に、事態は非常に緊急を要していること、裁判が間もなく開廷することになっており、無罪判決を勝ち取るには、日本国籍を証明する戸籍謄本を李香蘭に届けなければならないことを告げた。話を終えると、彼女はすぐ宿泊先のホテルに戻った。李香蘭の両親は事態を知り、急いで保管していた戸籍謄本を藤人形の中に縫い入れ、その人形をさらに小さな木箱に入れて、彼女に託した。彼女は当時戦勝国の外交官であったため、李香蘭の両親は彼女に迷惑をかけないよう、人形の中に戸籍謄本を隠したことを告げなかった。彼女は聡明な人であり、何事も気づかないかのように木箱を受け取り、上海に戻った後も自分は表に出ず、人を遣って木箱を李香蘭に届けさせた。

一九四六（昭和二一）年二月中旬、李香蘭は国民政府が上海に設けた軍事法廷に出頭を命じられた。李香蘭が日本人であることを証明する戸籍謄本を提出したため、法廷は書類の信憑性について審査した後、最終的に李香蘭の漢奸容疑を解き、無罪であることを宣告した。だが、裁判官は李香蘭を厳しく叱責した。「この裁判の目的は、中国人でありながら中国を裏切った漢奸罪を裁くことにあるのだから、日本国籍を完全に立証したあなたは無罪だ。しかし、一つだけ倫理上、道義上の問題が残っている。それは、中国人の芸名で「支那の夜」など一連の映画に出演したことだ。法律上、漢奸裁判には関係ないが、遺憾なことだと本法廷は考える」。李香蘭は最後の陳述で一連の映画の企画、製作、脚本についてまで私が責任を持つことはできないけれど、出演したのは事実であり、「若かったとはいえ、考えが愚かだったことを認めます。申しわけなく思っております」と語った。

裁判官は判決を下すと同時に、関係部署に速やかに李香蘭の帰国を手配するよう命じると共に、李香蘭には普通の日本女性のように装い、送還される一般の日本人の中に紛れ込み、人々に知られないように行動することを求めた。なぜなら、ひとたび新聞記者に事態を知られて報道されると、新たな騒動を巻き起こす恐れがあるからであった。

帰国の日は二月二九日に決まった。前日、李香蘭は検疫の手続きを取る際、わざわざ着古したモンペを穿き、髪をひっつめにしたため、彼女が李香蘭だと気づく者はいなかった。翌日乗船する時、李香蘭はさらにひどい身なりをし、髪を乱した。だが彼女の番になった時、女性検査官は何度も名簿と許可証と彼女の顔を眺め、大声で「李香蘭！」と叫んで、列から抜けるよう命じた。すぐさま四人の男性検査官が駆けつけ、異口同音に「李香蘭だ！」と言い、いくら李香蘭が法廷で無罪が宣告されたことを繰り返し説明しても、検査官はまだ指示を受けていないことを理由に、あくまでも彼女を拘束し、乗船を許可しなかった。周囲の日本人はこの一幕を目にし、「本当に李香蘭だ。彼女は日本に逃げようとして捕まったんだ！」とささやき合った。怯えた李香蘭は虹口の日僑集中営に戻るしかなかった。一か月後、軍事法廷裁判長と港湾検査隊長の斡旋により、ようやく乗船し帰国することができた。

帰国後の李香蘭は本名に戻り、結婚して大鷹姓になり、参議院議員に当選すると日中友好活動に従事した。一九七八（昭和五三）年に政治家、また友好人士の身分で中国を訪問した。一九九二（平成四）年、日中国交回復二〇周年を祝して、劇団四季は李香蘭の自伝を改編したミュージカル「李香蘭」の中国公演を行なった。この劇は「ある歴史の犠牲者」という視点から、天真爛漫で善良な李香蘭が、日中友好の願いを抱きながらも利用されて愚かにも日本の中国侵略政策の道具となり、中国の人々の恨みを受けた姿を描き出した。日本軍国主義の中国侵略戦争が中国の人々に与えた多大な災難を明らかにし、最後に「日中は二度と戦わない、我々は同じ黒い髪と黒い目を持っている」という平和を求める切実な願いを伝えている。

二〇〇五（平成一七）年、八五歳になった李香蘭は長い声明文を発表し、日本の首相の靖国神社参拝を「中国の人々の心を深く傷つける」行為であるとして中止するよう戒めている。

第一六章

国際都市・上海と日本建築

建築は凝固された芸術といってよく、モダン都市の基調となる色彩を構成している。上海に進出した欧米列強は、租界を建設すると同時に、本国の民族的風格を具えた優れた建築物を建造することで自らの繁栄ぶりを宣揚しようとして、次々とその建築の精華を公けにした。黄浦江西岸のガーデンブリッジ（外白渡橋）の北側から現在の延安東路にいたる外灘の建築群はこの上なく壮観であり、それぞれ異なる風格を具えることで上海を象徴する風景を形成している。

また、元フランス租界の閑静な通りに立つ庭園つき洋館は建築様式はさまざまであるが、高大なプラタナス並木の風景と相まって、今なお上海の最高級の住宅地を形づくっている。その他、上海の中国人街を象徴する「石庫門」は、中国と西洋が融合した趣きがあり、中国江南地区の住宅の特徴を持つだけでなく、西洋の住宅の特徴もあわせ持っている。

上海の日本人居留民は、最初は欧米列強が統治する租界に寄生していたが、日清戦争以後は「治外法権」の特権を獲得して、租界の経営に参加する存在になった。二〇世紀に入ると、日本人もまた、自国の力を誇示するために日本や西洋の一流の建築家を招聘し、日本人コミュニティに関連する建築物を建てるようになった。

上海に残る日本建築

一九二〇年代から一九三〇年代の間、極東の国際都市となった上海は、主に西洋の風格を具えた建築によって都市の特徴を形成していき、日本の建築もその一角を占めるに到った。例えば、外灘の横浜正金銀行上海支店ビル（一九二四〈大正一三〉年）、日清汽船会社上海支店ビル（一九二五〈大正一四〉年）、台湾銀行上海支店ビル（一九二六〈大正一五〉年）などは、欧米の建築家が設計したものであるが、その特徴は当時の日本の西洋建築の流れをうかがわせるものである。この他に日本人建築家によって建てられた川邨《かわむら》時計塔、上海自然科学研究所（一九三一〈昭和六〉年）、西本願寺上海別院（一九三一年）、東和劇場（一九三六〈昭和一一〉年）などは上海の滬西、フランス租界、虹口でそれぞれ異なった芸術的風格を具えており、地名になったものさえある。

三井銀行上海支店（福州路）

日本の銀行や大商社の支店長は、、上海の欧米人富豪と同じように、イギリスやフランス租界の庭園つき洋館に住んだが、そこにはテニス・コートやプールなどが備えられていた。しかし、一般の日本人居留民は中国人街に雑居する場合がほとんどであった。一九二〇年代に入ると虹口や滬西、滬東地区に、日本式の住宅とアパートが完成し、上下水道、電気、ガス、衛生設備などが整えられた。これら日本人の住宅環境と上海の一般的な中国人の住宅を比べれば、日本人街の住宅環境が優れていたことは言うまでもない。例えば、鐘紡公大紡績会社の楊樹浦路住宅（現在の許昌路二三七弄）は、一九二〇年代に建てられた七五棟の職階別の和風レンガ二階建て住宅で、職階の異なる職員別に居住することを考慮したため異なる外観と間取りをもっているが、住宅地内には幼稚園、病院、プール、テニス・コートなど各種福利厚生設備が備えられていた。敷地内の唯一の三階建て欧米式建物は、社長の自宅であった。内外綿紡績工場の宜昌路の住宅地（現在の澳門路六六〇弄）も一九二〇年代に完成した和風住宅で、住宅のランクはA、B、C、D、Eの五つに分けられ、それぞれ異なる職階の職員が居住していた。

上海に現存する主な日本の建築は以下の通りであり、その一部は「上海近代優秀歴史建築」に指定され、保存の対象になっている。

（1）上海日本総領事館（現在の黄浦路一〇六号、今は中国人民解放軍のゲストハウスになっている）——上海日本領事館は最初は「開店社」と呼ばれ、上海出張所として出発した。一八七二（明治五）年四月にその名称を日本公館に改称し、翌年の六月にはさらに上海日本領事館と改称した。現存する上海日本総領事館は建築家・平野勇造の設計によるレンガ三階建てのもので、屋根の曲線が美しく、一九一一（明治四四）年九月二三日に竣工した。「上海近代優秀歴史建築」に指定されている。

内外綿の幹部職員用の一戸建て住宅

（2）上海自然科学研究所（現在の岳陽路三二〇号、今は中国科学院附属生物化学研究所）——東京帝国大学工学部教授の内田祥三《うちだよしかず》の設計によるもので、一九三一（昭和六）年に完成した。内田は東京大学安田《やすだ》講堂の設計主任を務めた人物で、島丘が技術監督を勤めた。東京大学図書館のようなゴシック様式を採用しており、「上海近代優秀歴史建築」に指定されている。〔↓第一三章〕

（3）横浜正金《しょうきん》銀行上海支店（現在の中山東路二四号）——金融と貿易を専門とする特殊銀行で一八九三（明治二六）年五月に上海支店を設置し、日本側の中国に対する資本投入の拠点となった銀行である。現存する横浜正金銀行の建物は一九二四（大正一三）年に完成した。設計はパーマー&ターナー事務所（公和洋行）によるもので、日本の近代西洋建築の流れを汲んでいる。花崗岩を用いた外壁は対称的な造りになっていて滑らかさを極だたせ、二階から五階にいたる古典主義を模した巨大な石柱は壮麗な外観を呈している。また、建物には日本的な特徴を表すために、扇子を手にした甲冑姿の武士が扉に彫刻されていた。現在、「上海近代優秀歴史建築」に指定されている。

（4）台湾銀行上海支店（現在の中山東路一六号）——台湾銀行は一八九九（明治三二）年に日本が台湾経営のために設立した植民地金融機関で、上海支店は一九一一（明治四四）年四月一日に設置された。台湾銀行上海支店の主な役割は日本の中国に対する経済借款の支援と提供であった。現存する建築は徳和洋行が設計を担当し、一九二六（大正一五）年に完成したものである。建築様式は日本の近代西洋建築の流れを汲

横浜正金銀行上海支店

むもので、「上海近代優秀歴史建築」に指定されている。

（5）三井洋行（三井物産上海支店、現在の四川中路一八五号）――中国に最も早い時期に進出した日本の総合商社である。現存する建物は平野勇造の設計によるもので、一九〇三（明治三六）年に完成した。「上海近代優秀歴史建築」に指定されている。

（6）三菱公司上海支店（現在の広東路八六号）――現存する建物は一九一四（大正三）年に完成したもので、設計は福井房一による。「上海近代優秀歴史建築」に指定されている。

（7）日清汽船会社上海支店（現在の中山東一路五号）――日清汽船会社は一九〇七（明治四〇）年に日本郵船、大阪郵船、大東汽船、湖南汽船の四社の合併によって設置された会社で、近代日本の中国における最大の航運会社であった。現存する建物は、徳和洋行の設計により一九二一（大正一〇）年に着工し、一九二五（大正一四）年に竣工したものである。日本の近代西洋建築の流れを汲んでおり、外壁の中段には天窓や、方形の窓、

（上）台湾銀行上海支店
（下）三菱公司上海支店

と凹凸のある八字形の窓を設け、窓枠をつけることで、立体感を際立たせている。

（8）東和劇場（現在の乍浦路三四一号）――前身は武昌路の東和活動写真館である。東和劇場は河野健六の設計により、一九三六（昭和一一）年に乍浦路に完成した日本式の映画館、劇場で、一階と二階を合わせて座席数は計一〇〇六あった。

（9）西本願寺上海別院（現在の乍浦路四七一号）――本堂と会館は、岡野重久らの設計と島津礼作工程所の施工により、一九三一（昭和六）年五月二〇日、乍浦路と靶子路の角に完成した。本堂正面の円形の装飾はインドの仏塔の周囲を囲む「欄楯《らんじゅん》」の図案を採用し、採光はインドのアジャンタ石窟の様式をまねている。「近代上海優秀歴史建築」に指定されている。

（10）本圀寺《ほんこくじ》上海別院（現在の乍浦路四三九号、今は一般住宅）――京都の日蓮宗妙覚寺の旭日苗師が一八九九（明治三二）年一〇月に上海乍浦路福蘭里四四七号に「日宗宣教会堂」を開いたことに始まる。のち一九〇一（明

（上）東和劇場
（下）本圀寺

治三四）年に名称を「妙覚寺別院」に代え、一九〇五（明治三八）年には本圀寺上海別院と命名された。現存の建物は一九二二（大正一一）年に完成したもので、上海日本人コミュニティの三大仏教寺院の一つである。

（上）内外綿が出資して建てた上海西部日本人学校
（下）虹口の日本人住宅

(11) 福民医院（現在の四川北路一八七八号、今は復旦大学医学院附属上海第一人民医院分院）——日本人医師の頓宮寛によって一九二四（大正一三）年に創立された総合病院で、内科、小児科、耳鼻咽喉科、産婦人科、外科、皮膚科、放射線科《レントゲン》、歯科、薬局などが設けられていた。〔→第六章〕

(12) 北部日本小学校（現在の四川北路一八四四号、今は虹口区教育学院実験中学校）——上海で最も早い時期に設置された日本人小学校で、北部日本人小学校とも呼ばれ、建物は一九一七（大正六）年四月に完成した。〔→第九章〕

(13) 中部日本小学校（現在の武進路八六号、今は虹口中学校）——一九二九（昭和四）年に創立された。四階建

日本海軍陸戦隊本部

ての鉄筋コンクリート構造である。〔↓第九章〕

（14）西部日本小学校（現在の膠州路六〇一号、今は静安区業余大学）——建物は一九二七（昭和二）年四月一五日に完成したもので、主に内外綿紡績会社の資本で建てられた日本人学校である。〔↓第九章〕

（15）第二日本高等女学校（大連西路五五〇号、今は上海外国語大学）——建物は石本喜久治の設計によって一九四二（昭和一七）年に完成したものである。〔↓第九章〕

（16）上海毎日新聞社の社屋（現在の哈爾浜路一号、今はある組織のゲストハウス）——一九一八（大正七）年に設立された日本語新聞社で、今の建物は上の二階分が増築されているが、元々は五階建ての社屋であった。

（17）裕豊《ゆうほう》紗《さ》廠《しょう》（現在の楊樹浦路二八六六号、今は上海第一七綿紡績工場）——当時としては採光、通風、温度や湿度を人工的に管理する先端技術を導入していた数少ない紡績工場であった。

（18）豊陽館（現在の北海寧路六四号、今は一般住宅）——著名な日本旅館の一つであり、一八九四（明治二七）年の建設当初は黄浦江の埠頭に近い西華徳路五号に位置していた

日本電信局

が、後に現在の場所に移転した。〔→第七章〕

(19) 万歳館（現在の長治路、閔行路の交差点）――一九〇四（明治三七）年に設立された著名な旅館。〔→第七章〕

(20) 上海歌舞伎座（現在の四川北路一八〇〇号、今は永安映画館）――一九二四（大正一三）年に完成した日本式劇場で、最初は上海演芸館と呼ばれた。一階に客席が六〇〇、二階には四〇〇あった。

(21) 千愛里（山陰路、今は一般住宅）――東亜興業会社が一九二二（大正一一）年に日本人居留民向けに建設した集合住宅で、レンガを用いた三階建ての新式里弄建築である。道路に面した住宅八棟と内側の四五棟の住宅があり、それぞれ庭、水道、電気、ガス、衛生設備が整えられていた。

(22) 日本人火葬場と墓地（今は西宝興路殯儀館）――日本の法光株式会社が一万四〇〇〇ドルを投入して作った火葬場である。一九四九（昭和二四）年の中華人民共和国建国以前に上海にあった二つの火葬場の内の一つであり、一九一一（明治四四）年六月には火葬場周辺の土地を購入し日本人墓地として整備した。

(23) 海軍特別陸戦隊本部（現在の四川北路と東江湾路の交差点、今は中国人民解放軍の施設）――日本の海軍特別陸戦隊の上海上陸は、一八九七（明治三〇）年四月五日に中国人人力車夫が営業税の増税に反対したデモに関連し、領事館の保護を名目に軍艦「大島」から二〇名の海軍陸戦隊が上陸し、翌日には同艦に帰還したことに始まる。その後、海軍特別陸戦隊は日本人居留民の生命や財産や権益の保護と租界の防衛を理由に、しばしば上海に軍隊を進駐させた。上海に駐屯した海軍陸戦隊は満洲事変が勃発するまでは六七二名であったが、一九三一（昭和六）年一〇月には九〇八名に増員された。また、一九三二（昭和七）年一〇月からは海軍特別陸戦隊令が制定され、海軍陸戦隊は上海に常駐することになった。現在の建物は一九三三（昭和八）年に完成したものである。

少なからぬ日本の近代建築がすでに上海から姿を消してしまったが、そのほとんどは一九九〇年代の大規模な都市建設の中で取り壊された。例えば、塘沽路にあった日本人倶楽部、長治路の日本電信局、欧陽路の北部第二日本小学校、武昌路の東本願寺上海別院、余姚路の無憂園など。

アメリカ留学帰りの建築家・平野勇造

日本人建築家の上海への進出は二〇世紀に入ってからのことである。欧米の建築が圧倒する上海で日本人の建築家の活動もまた異彩を放つものであった。そのなかでも最も早い時期に上海に進出し、成功を収めた建築家はアメリカに留学した平野勇造であった。

平野は一八六四（元治元）年一一月に青森県大畑新町で堺喜藤治の四男として生まれ、幼名は七五郎といった。少年時代は元盛岡藩主の母親の医師を務めた磯田幸太郎の家で外国語を学び、一七歳の時には大畑小学校の代用教員を務めた。その後、当時は不治の病で知られた肺結核の病因解明と健康長寿の秘訣を学ぶべく、アメリカに渡ることを決心した。そのため、函館の伯父を通じて父親から二〇〇円もの借金をし、活動の場を北海道から東京に移して、浅草の待乳山で勉学に励んだ。その後、平野はついに渡米の機会を得て、一八八三（明治一六）年に長崎屋の貨物船に乗り込み、ひそかにアメリカのサンフランシスコに渡った。アメリカに到着してからは食堂の皿洗いなどでお金を稼ぐ一方で、建築の勉強をはじめ、長年の努力の末にカリフォルニア大学を卒業した。

一八九〇（明治二三）年に日本に帰国すると、建築事務所を構えて、すぐに東京愛宕山の五重塔の主任建築士を務めた。翌年それを成功裡に完成させたことで平野の名声は世に広まり、その後、東京丸の内ビルの建築などに関わることになった。さらに一八九四（明治二七）年、平野は長崎出身で三井物産と密接な関係のある平野富二家の養子になり、名前を平野勇造に改めた。この特別な関係から平野は一八九九（明治三二）年には三井物産に入り、まもなく上海支店に務めることになった。その後、彼は三井物産を退職したが、そのまま上海に留まって、建築事務所を構えた。一九一六（大正五）年に刊行された『在留官民人名録』（金風社）の記載によれば、彼の上海での住所は北四川路一八二号で、電話番号は一八五三であった。

平野勇造とその家族

アメリカ留学帰りの建築設計士として、平野は上海で卓越した才能を発揮し、継いで三井物産台北支店の建築に関わったのち、一九〇三（明治三六）年にはイタリア風の建築様式を取り入れた三井物産上海支店の設計を担当した。この後、平野は上海を代表する一三名の外国人建築家の一人として活躍する。上海に残る彼の代表的な作品は、黄浦路の元上海日本総領事館である。深い暗紅色のレンガ三階建てのその建物は、マンサード屋根〔上部の傾斜が緩く、下部が急な二段になった屋根〕が美しい曲線を描き、細部の装飾も華麗さと優雅さを兼備しており、ローマ建築の風格にあふれている。一九一一（明治四四）年九月二九日に行われた落成式には欧米諸国の上海領事や中国の上海道台・劉燕翼、さらに上海在住の各国名士、商人代表が招待された。

上海に居住する日本人子弟が通う学校は、主に日本人居留民団の税金と大企業の寄付によって運営された。

（上）平野が設計した日本総領事館（黄浦路）
（下）同、設計図

三井物産との密接な関係から、上海日本尋常高等小学校（のちの北部日本尋常小学校）は、校舎の設計を最初は平野に依頼した。一九〇七（明治四〇）年二月三日に開かれた「日本小学校新築特別委員会」の会議を経て、彼に建物の設計を依頼し、建築費は一五〇〇〇両銀以内にすることが決められた。同年九月二三日、平野らの見積もりによれば新校舎の建築費は一二三五〇両銀、設計費は二四九八両銀で、一五〇〇〇両銀以内の予算に収まった。しかし、校舎の設計費が総建築費の二〇パーセントを占めているのは、当時の設計費の水準が低いものではなかったことを示している。その後、彼の設計案はさまざまな理由で最終的には採用されなかった。一九二三（大正一二）年四月二〇日、彼は上海における日本人子弟の教育支援のために居留民団に五〇〇〇元を寄付しているが、この金額は該当年度の上海における日本人の寄付金の最高額であった。

その他に、平野は上海の日本人が経営する紡績工場のために、本部の建物や工場の設計を担当した。上海の早期の工業建築はすべてレンガと木を組み合せた平屋形式であったが、一九世紀の中葉からは鉄骨とレンガ・木の両方を取り入れた建築が登場し始めた。しかし、鉄骨構造はさびに弱く、レンガ・木構造による高層建築は耐震面で問題があった。二〇世紀の初め、鉄筋コンクリートの新技術が出現して、多くの工業建築に鉄筋コンクリート構造が採用され始めた。とくに、比較的早い時期に上海に進出した内外綿会社は、上海の紡績工場の設計はもちろん、事務所、倉庫、宿舎など附属建築の設計も平野勇造に依頼しているが、中でも一九一四（大正三）年に現在の澳門路に完成した工場は、中国で最も早い時期に建設された鉄筋コンクリートの工業建築物で、後の紡績工場のモデルになった。

また、一九二〇年代に楊樹浦路に完成した裕豊紡績会社の工場と附属建築も平野の設計によるものである。裕豊紡績の工場は鉄筋コンクリート構造を採用し、ノコギリ型の屋根をリベット締めの鉄筋で支え、天窓にはすりガラスを設置して、採光と通風、温度などは人工的に調整できるようにしていた。このような工場設計は当時としては先端的なものであった。また、工場の事務所はしっくいを使わないで赤レンガを積んだ造りで、窓と窓の間に（壁）柱を置き、傾斜した屋根には突き出しの天窓を設置している。その他に、楊樹浦路三〇六一弄には裕豊紡績の職員のために建てた社宅一〇一棟が現存している。社宅はA、B、Cのランクに分けられ、職階別に職員に提供されていた。Aランクの住宅は独立した庭付きの三階建てで、壁には暖炉が設けられ、半円形の階段を利用して二階に登れるようになっていた。また、Bランクの住宅も庭つきの設計で、入口にははめこみ式の三段の石段があり、半円形の門楣と門柱には赤レンガが使われていた。裕豊紡績の社宅は様々な形式を取り入れており、いずれも個性的で、すっきりした印象を与える建築になっていた。日中関係が回復した一九八〇年代にかつて裕豊の旧社宅に住んでいた日本人が訪ねてきて二〇万人民元を寄付したことから、各住居の前には日中友好の象徴として桜と金木犀が植えられた。いま、裕豊の旧社宅は春は桜の花に囲まれ、秋には金木犀の香りでつつまれ、住環境はいっそう麗わしいものとなった。

晩年、平野勇造は益田農事株式会社の理事を務め、毎月故郷の大畑青年連合会に新聞、雑誌、書籍などを贈っていた。そして、一九五一（昭和二六）年に胃がんのため鎌倉で生涯を閉じた。彼は生涯に二度結婚し、一一人の子に恵まれた。息子の一人、平野義太郎は日本平和委員会の理事長を務めたことがあり、一九五九（昭和三四）年に内山完造が逝去した際には、葬儀委員会の副委員長を務めた。

極東一長いバーカウンターの設計者・下田菊太郎

一八六〇年代にバンドに建てられたシャンハイ・クラブ（中国語では英国総会と呼ばれた）には、大小のレストランやビリヤード・ホール、チェス・ルーム、図書館、バーなどが設けられ、イギリス人を中心とした欧米人の社交の中心地であった。しかし、建物の老朽化に伴い、一九〇九（明治四二）年に改築を行い、翌年には新しいシャンハイ・クラブの建物が完成した。新しい建物はイギリス系の馬海洋行（Moorhead & Halse）の設計によるもので、イギリス古典主義の建築様式を取り入れたデザインであった。シャンハイ・クラブの会員は男性に限られ、加入には厳しい審査があり、女性は毎年一度開かれる舞踏会の時以外にはクラブに入ることができなかった。

シャンハイ・クラブの内装は独特で、宴会場と大ホールには一階と二階を貫通するイオニア様式の柱が配置され、内壁にはバロック風の彫刻を施した豪華なものであった。とくに、大ホールのバーに置かれたバーカウンターはイタリア大理石を用い、その長さは三四メートルにも達していた。また、カウンターの奥に据えつけたクヌギを使った壁の高さは五メートルもあり、カウンターの足置き用の銅製ポールの長さも二〇メートルに達していた。

このバーカウンターは、当時の極東で最も長くて豪華であったことで知られ、長い間シャンハイ・クラブのシンボルとして多くの会員に愛された。上海を紹介する英語で書かれた観光案内書には一九三〇年代までは必ずこの長いバーカウンターのことが記されており、「この長いバーカウンターでお酒を一杯飲んでこそ上海にきたことになる」という人がいるほどであった。イギリスのバンガー卿は、「長いバーカウンターは黄浦江の流れと同じく湾曲しており、銀行や洋行のお偉いさんに貸しきられている。彼らの招待がなければ、そこでお酒を飲むことはできなかった」と回想している。また、シャンハイ・クラブの日本人会員の一人であった松本重治《まつもとしげはる》も、昼食前にこのバーカウンターに立っていると、いつでも会いたいと思っていた人に出会うことができた。これがシャンハイ・クラブの主な効能の一つでもあった、と語っている（松本重治『上海時代』（上、中公新書、一九七四年）。

しかし、このシャンハイ・クラブの内装、とくに、有名な長いバーカウンターの設計がイギリス人ではなく、日本人の建築家・下田菊太郎（一八六六〈慶応二〉—一九三一〈昭和六〉）によるものであることはあまり知られていない。

下田は秋田県の角館町で旧佐竹藩士の下田順忠の子として生まれた。若い時に東京の三田英語学校で外国語の勉強を始め、一八八三（明治一六）年には工部大学の造家学科（東京大学工学部建築学科の前身）に入学した。

しかし、教授と意見があわず学校を中退して、アメリカのロサンゼルスに渡り建築事務所に職を得た。その後、彼は日本人として初めてアメリカ建築家協会の会員資格を取得し、シカゴで建築事務所を開設した。しかし、一八九八（明治三一）年のアメリカの不景気の煽りを受けて帰国し、アメリカで学んだ鉄筋コンクリート構造を日本の建築界に取り入れることに力をいれた。大正時代に入り、日本の建築界では欧米の建築様式がほかを圧倒する中、下田は欧米と日本の建築の風格を融合することを提唱し、そこから日本建築独特の風格を作り上げた。例えば、下田は、欧米の建築を基調として、日本風の屋根を設置するいわゆる「帝冠様式」を好んで取り入れた。

しかし、当時の日本の建築界の主流派は下田のデザインを受け入れず、長い間下田は冷遇された。一九二〇（大正九）年に行われた国会議事堂の建築コンペの際には、下田は帝冠様式を取り入れたデザインを提案して、採用されたものの実現するには至らなかった。彼が提唱した帝冠様式は、一九三一（昭和六）年に彼が亡くなった後にようやく多くの人に認められるようになったのである。

下田の建築として唯一日本に現存するのは一九〇四（明治三七）年に完成した香港上海銀行長崎支店の建物で、それは長崎で最も規模の大きい西洋建築である。一九〇九（明治四二）年に下田が上海にやってくると、上海は日本からきた建築界の異才を快く受けいれた。黄浦江のバンドに建てられたシャンハイ・クラブの長いバーカウンターは彼が上海に遺した永遠の記念である。

上海の欧米人社会の高級な社交場であったシャンハイ・クラブには、最初は中国人と日本人は入会することができなかった。日清戦争以降、日本人は上海で「治外法権」の特権を得て、正式に租界の経営者になったが、依然として欧米人の上流社会に入ることはできず、シャンハイ・クラブに入会できた日本人は、「在華紡同業会」の専務理事であった船津辰一郎や聯合通信社の上海支局長であった松本重治ら少数に過ぎなかった。上海の欧米人社会における船津に対する評価は高く、「彼の礼儀ある態度や人柄、そして正確な判断力や機智に富んだ発言、謙虚な姿勢は誰もが賞賛するところであった」(『工部局董事会記録』、一九三四年九月五日〈中国語訳版〉)。結局、船津のようなごく少数の日本人のみが下田菊太郎が設計した長いバーカウンターに座り、ゆったりと黄浦江の流れを眺めることができたのである。

「アジャンタ式」の寺院建築

現在の虹口区乍浦路四七一号には、上海では珍しい、インドの「アジャンタ式」の寺院建築が残っている。これが元西本願寺上海別院の建物である。

西本願寺の中国に向けた布教活動は東本願寺より遅れたが、一八九五(明治二八)年には京都の本山に「清韓語学研究所」を設置し、中国や朝鮮での布教のための準備として語学教育を開始した。一九〇六(明治三九)年の秋、上海の乍浦路一二三号の民家を借りて出張所を開き、「清国開教総監部」を設置して、大谷尊由が総監となった。翌年の六月二二日には「龍谷会」を設立し、中国での布教活動を開始した。一九〇八(明治四二)年五月一八日には、活動の拠点を文監師路にイギリスの会社が建てたレンガ四階建てに移した。一九二一(大正一〇)年には大連に設置していた「支那開教事務所」を上海に移転した。さらに一九二三(大正一二)年九月には、乍浦路と靶子路の角に四〇〇坪の土地を購入し、新しい本堂を建設する計画であったが、一九二三(大正一二)年の関東大震災でこの計画は中止となった。

その後、西本願寺は一九三一(昭和六)年五月二〇日、乍浦路と靶子路の角にすでに購入していた土地に本堂と会館を建設した。本堂の建築は西本願寺の第二二代門主・大谷光瑞(一八七六〈明治九〉―一九四八〈昭和二三）が音頭を取り、建築家・岡野重久らに設計を依頼し、貴重なインドの仏教遺跡をモデルにして「アジャンタ式」の建築の特徴が取り入れられた。

本堂の正面には二一個の円形の装飾が施されているが、そのデザインはインド中部のボパールの東郊外に位置するサンチ村やバルハットなどに残る仏塔の欄干の図案にその範を求めた。サンチには菩提樹、法輪、金剛座、宝蓮、宝塔、仏伝、人面、獅子、象、雄牛、鳥類などの図案があったが、岡野はそれらの図案を本堂の外部装飾に巧みに取り入れたことから、それは独特の視覚効果を持ち、趣きに富んだものとなった。本堂の採光はアジャンタ石窟（第二六窟）のやり方に学び、大きな窓を設置して外からの光線を取り入れ、その窓枠のてっぺんと両側には蓮華の紋様を施した。採光に使ったガラスは大谷光瑞がオランダから直接取り寄せたものである。本堂の正面中段は、両側に仏像、中央に七頭の象が彫刻されていたが、残念ながら剥落し、いま確認できるのは上段の僅かに残る鳥のレリーフのみである。本堂は島津礼作工程所による施工で、五万両銀の費用がかかった。本堂の左側には西本願寺会館と僧侶の伽藍を兼ねた鉄筋コンクリートの四階建ての建物が設けられた。これも島津礼作工程所が施行したもので、工事費は十万両銀だった。この本堂と会館は、東京築地の本願寺に匹敵する出来ばえであった。本堂と会館の建設は出張所という地位から別院に昇格させる条件を

（上）西本願寺上海別院（乍浦路）
（下）第22代西本願寺門主・大谷光瑞

つくることとなり、果たして、一年後には願い通り別院へと昇格した。

西本願寺は中国社会の混乱時や日中戦争の際には、日本人難民の避難所、日本人戦没軍人の遺骨の安置場所となり、中国の新聞『大公報』の報道によれば、一九四五（昭和二〇）年八月の日本敗戦後、西本願寺には「きちんと密封された日本軍の骨灰が山と積まれ、その数は数千に達した」（『大公報』、一九四五年一二月二二日）。

一九四五（昭和二〇）年春には、本堂の西側にインドの仏塔様式をまね、総工費一億二千万元を費やし、高さ三六・六メートル、九階建ての仏塔が建立されたが、日本降伏後、破壊された。

一九四五年八月の日本敗戦後、上海の日本居留民は続々と日本へ引き揚げた。帰国前に文物や書籍を西本願寺上海別院に集めたが、そのうち書籍は五万冊にのぼり、その多くは中国問題を研究する書籍であった。当時の上海市政府と日本人の引き揚げを担当した中華民国国民政府第三方面軍はそれぞれ二五万元を投じ、これらの文物と書籍を整理し、西本願寺上海別院を「和平博物館」「和平図書館」に改築して、一般の人が利用できるようにした。

和平博物館の書籍の数は最終的には一〇万冊に達した。当時上海の日本人中学校の生徒だった影山澈は戦後に回想して次のように語っている。「乍浦路の西本願寺には、邦人や戦犯の遺骨が安置され、本堂には日本図書が十数万冊も山積みされていた。私は時折和尚を助けるため整頓に伺ったが、堂内は森閑静寂、和尚

1921年、新嘉玻路に造られた「無憂園」

の読経と線香の煙が無情に流れていた」（影山澈「上海日僑中学生の終戦日記」『上海日本中学校会報』第一七号）。

和平博物館と和平図書館を開く準備が始まって、国民政府第三方面軍司令・湯恩伯は自ら西本願寺を視察して、「両館の設立は、記念の意味がすこぶる大きいので、中の配置をできる限り整えるように」と指示した。内装を調えるために、両館の開幕は計画より三週間遅れた（「和平図博物館、三周以后開幕」『大公報』、一九四六年二月二四日）。

一九四七（昭和二二）年、中国の「内戦」が始まったのに伴い、これらの図書と文物の行く末が人々の関心にのぼった。内山完造が耳にした消息によると、和平博物館に保存していた文物は南京故宮博物院に収蔵され、図書は中国政府によって複数の国立大学の図書館に贈られたとのことであった（内山完造「ズルイ奴だなあ」『魯迅の思い出』社会思想社、一九七九年）。

上海事変（1932〈昭和 7〉年）の際、西本願寺に安置された日本人戦没軍人の遺骨

第一七章

一九四五年——日本敗戦後の大送還

一九四五（昭和二〇）年八月一五日、昭和天皇は玉音放送で、ポツダム宣言を受け入れ無条件降伏することを正式に宣言した。日本の投降後、中国戦区（大陸、台湾、ベトナム北部を含む）に残っていた日本人の捕虜と居留民は、合計二一三万八三五三名（その内訳は、捕虜一二五万五〇〇〇名、居留民七八万四九七四名、朝鮮人五万六六六五名、日本当局によって強制徴集された台湾の中国人四万一七一四名）であった（中国陸軍総司令部編『中国戦区中国陸軍総司令部受降報告書』、一九四六年）。

「徳をもって恨みに報いる」送還政策

日本が正式に投降を宣言した八月一五日午前一〇時、国民政府主席の蔣介石は、迅速に重慶でラジオ放送による談話を国内外に発表した。その内容は、第二次世界大戦を勝利で迎えた中国の日本に対する方針を表明するもので、「報復を図らず、旧悪を思わず、人に善を為し、徳をもって恨みに報いる」という中国の伝統的な美徳を強調するものであった。また、この談話は、抗日戦争の勝利によって「正義は必ずや強権に優っている」という真理がついに証明された、と指摘し、「我々は面前に姿を現した世界の平和に接して、全国の抗戦以来勇敢に戦って犠牲になったわが軍民先烈に感謝し、正義、平和のために共に戦ってきた我々の盟友に感謝し、とりわけ、わが国父〔孫文のこと〕が艱難辛苦の中我々の革命を正しい方向へと導いて下さったことに感謝しなければなりません。そして全世界のキリスト教徒は前にも増して、公平で慈しみ深い上帝にこぞって感謝すべきであります」と述べた。

それと同時に蔣介石は、敗戦国の日本に対して、報復を図らず、旧悪を憎まず、善をもって接すべきことを、「わが中国の同胞は、『旧悪を思わず』と『人に善を為す』がわが民族が有する伝統のとりわけ高くて尊い徳性であることを知らなければなりません。我々は一貫して、ただ横暴非道な日本の軍閥のみを敵と考え、日本の人民は敵としないと言明してきました。今日敵軍はすでに我々の同盟国が共同して打ち倒したのであり、彼らが忠実にすべての投降条件を執行するように厳格に監督しなければなりませんが、我々は決して報復を企ててはならず、さらには敵国の無辜の人民に対して汚辱を加えてはなりません。我々はただ、彼らがそのナチス的軍閥によって愚弄され駆り立てられたことに対して慈愛の眼を向け、彼らが自ら誤りと罪悪感から抜け出すことが出来るよう促す必要があります。もしも暴行を以て敵がかつて行った暴行に応え、奴隷の屈辱を以て彼らの以前の誤まった優越感に応えるならば、恨みが恨みを呼んで永遠に終わることがないのであり、それは我々仁義の師の目的とすることではありません。このことは我々の軍民同胞誰もが今日特に留意すべきことです」と述べた（蔣介石「全国軍民及び世界人士へのラジオ演説」、『中央日報』、一九四五年八月一六日）。

日本已無條件投降
中美英蘇同時正式公布
蔣主席勝利之日播講
正義終勝過强權
感謝國父指引軍民犠牲
世界已因互尊互信而團結
民主合作可實現永久和平

『中央日報』に掲載された蔣介石の「八・一五」談話

ここで注目に値するのは、この談話が蔣介石の秘書などによって代筆されたのではなく、蔣介石自らによって起草されたことである。国民政府の、報復を図らず「徳をもって恨みに報いる」政策はアメリカ、イギリス、中国が三か国名義で日本の降伏を促したポツダム宣言の基本精神を受け継いでいた。

ポツダム宣言の基本精神は、日本の武装を解除して、その戦争犯罪を処罰すると同時に、世界の貿易体制に参加させることを最終目標にしたもので、日本国民の奴隷化や国家の壊滅を狙ったものではなかった。例えば、その第九条、第一〇条、第一一条には次のように記されている（原文は旧かなづかい、カタカナ）。

「第九条　日本国軍隊は完全に武装を解除せられたる後、各自の家庭に復帰し、平和的且生産的の生活を営むの機会を得しめらるべし。

第一〇条　吾等は日本人を民族として奴隷化せんとし、又は国民として滅亡せしめんとするの意図を有するものに非ざるも、吾等の俘虜を虐待せる者を含む一切の戦争犯罪人に対しては厳重なる処罰を加えらるべし。日本国政府は、日本国国民の間に於ける民主主義的傾向の復活強化に対する一切の障礙を除去すべし。言論、宗教及思想の自由並に基本的人権の尊重は確立せらるべし。

第一一条　日本国は、其の経済を支持し、かつ公正なる実物賠償の取立を可能ならしむが如き産業を維

1945 年 8 月 21 日、岡村寧次は今井武夫を芷江に派遣し、日本軍投降に関しての打ち合わせを担当させた

持すること許さるべし。但し、日本国をして戦争の為再軍備を為すことを得しむるが如き産業は此の限に在らず。右目的の為原料の入手（其の支配とは之を区別す）を許さるべし。日本国は、将来世界貿易関係への参加を許さるべし」（外務省編『日本外交年表並主要文書』下巻、一九六六年）。

実は、ポツダム宣言の合意が得られる二年前に国民政府の内部では「日本に勝つことは決まっているけれど、勝っても日本が再起できない程苛めてはならない。日本は我が国の経済復興に協力して貰わなければならない国だ」（岡崎嘉平太伝刊行会編『岡崎嘉平太伝』、ぎょうせい、一九九二年）という考え方が実在していた。この考えは、アメリカが今後ソ連と対抗する上で、日本をアジアで最も親密な国家とするというアメリカの政策と相通じるところがあった。

当時、日本国民の間では、敗戦によって日本がアメリカの一つの州になるか、あるいは連合国によって分割され、「植民地になる」のではないか、たとえ、日本国として国家が保持されたとしても莫大な賠償金の支払いで国民生活は困難を極めるのではないか、という不安が広まっていた。そこで、アメリカの姿勢と中国政府の「徳をもって怨みに報いる」政策を知った日本国民は、大きな感銘を受けた。

アメリカはすでに戦後のソ連との冷戦が不可避であることを想定し、世界戦略として極力日本の復興を支援し、日本を新たな戦略的盟友としたが、一方で中国は、新たな日中関係を構築するという観点から、戦争に敗れた日本をできる限り支援することで、日本の国民政府の政治に対する支持と中国経済への協力を手にする思惑があったのは明らかであった。

一九四五（昭和二〇）年八月二一日の午後、日本の支那派遣軍総司令官の岡村寧次《おかむらやすじ》は、総参謀副長の今井《いまい》武夫《たけお》を湖南省の芷江《しこう》に派遣し、日本軍投降に関する打ち合わせ事務を行わせた。今井は中国側との会談において、「在留邦人の保護・帰国」について協力を要請し、中国側は、日本人の保護と帰国については中国政府が責任をもって処理すると伝えた（今井武夫著『支那事変の回想』みすず書房、一九六四年）。

蔣介石はこの芷江会談でわざわざ日本に留学経験のある国民政府の軍官を起用して話し合いを行った。中国戦区陸軍総司令である何応欽《かおうきん》は日本陸軍士官学校の歩兵科第一一期卒業生であり、側近の二人の参謀・徐祖怡中将は日本陸軍大学校、曹大中少将は日本陸軍士官学校の卒業生であった。二人の参謀の同行は、何応欽が独断で決めたのではなく、任務が特殊なために蔣介石が暗々裏に手を回したものであった。今井は、日本留学の経験がある国民政府の軍人が交渉に参加したことについて、「蔣介石や何応欽が、戦後日華両国の提携協力に就て、遠謀深慮を廻らしていたことも察知出来るわけである」と述べている（今井、前掲書）。

中国陸軍総司令部は同日、日本軍の投降を受け入れる各戦区の長官を指名して派遣することとなり、南京と上海地区の接収は、第三方面軍司令官の湯恩伯《とうおんはく》が責任を負うことになった。湯恩伯は中国でも有名な親日派で、そのスタッフ中、総参議の徐祖怡《じょそい》中将、参謀の李元凱《りげんかい》少将、連絡組組長の林日藩《りんにちはん》少将は、みな日本陸軍士官学校の出身であった。湯恩伯は就任後すぐに、次のように表明した。

「上海方面の接収の成否は、列国、皆、之を注視している。余は凡ゆる障碍を排除し、最も迅速、且つ最も公正に、之を完遂し、中国の全陸軍に、模範を示す決意である」（湯恩伯記念会編『日本の友湯恩伯将軍』、一九五四年）。

一九四五（昭和二〇）年九月九日の午前、南京の陸軍総司令部の大講堂において、何応欽は降伏式典を主催し、岡村寧次大将は、中国語の降伏文書に署名した。ここに、日中戦争の終結が正式に宣言されたのである。

同日、国民党の機関紙『中央日報』は羅家倫《らかりん》の「日本人は全員中国から退出すべきである――これは我々が譲ることのできない条件である」と題する論説を掲載した。羅家倫はかつて南京の中央大学の校長を務めたことがあり、国民政府のブレーンである。羅家倫の論説は、日本人全員を帰国させるという国民政府の基本方針を反映したもので、「降伏文書調印後、中国各地の日本人は全員、期限を設けて日本へ強制送還しなければならない。これは、五か国外務大臣会議で日本の措置を協議する際、我が国が堅持すべき主張であり、中国として変えることができない条件の一つである。日本人だけではなく、不幸にも日本の植民地支配下で中国につれてこられた朝鮮人も全て、独立した朝鮮へ移送しなければならない」と述べている。

1945年9月9日午前、何応欽は南京の陸軍総司令部の大講堂において、降伏式典を執り行った

羅家倫が日本人の全員帰国を主張する理由は、次のようなものであった。

(一) 中国は人口が多く、さらにお客を留めるすべはないし、特に、悪い客が留まるのを望まない。

(二) 日本は、いままで日本の人口が多いことを中国侵略の理由にしてきたが、我々はこのような詭弁に二度と騙されない。もし、人口が多いのであれば、日本はなぜ、ここ数十年に渡り、出産を奨励し、人口を抑制しない政策をとってきたのか。中国人には自らの生存権と生命線があり、中国は決して日本のゴミ箱ではないのだ。

(三) 中国は、日本人が東北および他のいかなる地域においても居残って、バルカン半島やチェコのズデーテン地区の問題のように、世界の平和をおびやかす火種となることを許さない。

（四）中国は日本が中国国内に親日派養成所を作ることを許さない。
（五）日本人を同化させることは容易ではない。特に侵略の悪習に染まった日本人は抜きがたい優越感を持っている。
（六）侵略者の権勢を頼みにして脅迫や懐柔、強奪などの種々の不当な手段で手に入れた土地や権益は、当然元の持ち主に返すべきである。

羅家倫が『中央日報』に発表したこの論説は、中国の民衆が日本人という「悪い客」のさらなる滞在を望んでいない心理を反映しており、それは当然の理屈であった。

日本の投降以降、中国には日本人の戦争捕虜と居留民が合わせて約二〇〇万人滞在しており、国民政府に莫大な財政負担や管理上の困難をもたらすばかりか、さらに直面する国内の戦局がもたらす不安要因があることから、できるだけ早い時期に日本人全員を帰国させることを希望していた。

九月一三日に中国陸軍総司令部は日本人の送還に関する基本方針を決定したが、その日本人居留民に関する部分は次のような内容であった（中国陸軍総司令部編『中国戦区中国陸軍総司令部処理日本投降文件彙編』、一九四六年四月）。

（一）日本人居留民は指定地区に集中させる。
（二）日本人居留民が雇用した中国人、および労働者（苦力）は直ちにその契約を破棄する。
（三）夜八時以降朝六時までは集中区に滞在し、この時間帯の外出を禁じる。
（四）帰国に必要な船舶の需要が多く帰国時期を確定しにくいため、各地の集中区における住宅建設を許可するとともに、そのための冬着の準備をさせる。

上海では一九四五（昭和二〇）年九月一四日に日本軍の武装が解除された。当時上海には日本人居留民七万人余が滞在しており、その後、南京、漢口などから約二万人が上海に移送され、九月末までに上海に集った日本人居留民は合計で九万四四四一名となった。その後も、長江流域の各所から相当数の日本人居留民が絶え間なく上海地区に集まった（中国陸軍総司令部編、前掲書、および複数の『新聞報』（上海で発行された中国語新聞）の記事）。

日本人捕虜と居留民の送還

中国とアメリカは、一九四五年一〇月二五日から二七日まで上海で日本人の送還帰国に関連する合同会議を開催して、日本居留民の送還作業は中国政府が責任を持つこと、計画の実施においてはできるだけ日本側の人員を用い、中国戦区のアメリカ軍総部は人員を派遣して、協力するとともに、中国とアメリカ側の連絡を担当することなどを決めた。計画は二段階に分かれており、第一段階は、港湾への輸送と乗船時の検査で、中国陸軍総司令部が担当する。第二段階は、中国本土と台湾および日本間の海上輸送であり、これはアメリカの第七艦隊が担当し、その他の船舶による輸送についてはSCAJAP（日本商船管理局）が責任をもつこととなった。送還される日本人は、塘沽《タングー》、青島、連雲港《れんうんこう》、上海、厦門《アモイ》、汕頭《スワトウ》、広州、海口、三亜《さんあ》、海防《ハイフォン》、基隆《キールン》、高雄《カオシュン》などの一二の港湾から帰国する。

送還計画に基づき、中国と日本はそれぞれ担当機関を設立した。上海を担当した機関は第三方面軍であり、その陣容は以下の通りであった。

総司令官・湯恩伯、総参議・徐祖怡（中将）、参謀長・王光漢（中将）、参謀・李元凱（少将）参謀・苟吉堂《こうきつどう》（少将）、前進指揮所主任兼副司令官（上海）・張雪中（中将）、前進指揮所主任兼副司令官（南京）・鄭洞国（中将）、第二九軍軍長・牟廷方《ぼうていほう》（中将）、参謀長・張百川（少将）、京滬警備司令部司令官・陳大慶（中将）、参謀長・張柏亭（少将）、連絡組長・林日藩（少将）、副組長・鄒任之（少将）、日本僑民管理処（狄思威路一一七号）処長（兼任）・王光漢（中将）、副処長（兼任）・鄒任之（少将）、江湾管理処処長・龍佐良（少将）

上海方面におけるその他関連機関の陣容は次の通りであった。

上海港口運輸司令部（北四川路）司令官・謝灝齢《しゃこうれい》、淞滬警備司令部（北四川路）司令官・銭大鈞《せんだいきん》、上海市政府警察局（江西路五一二号）局長・宣鉄吾、上海市政府警察局虹口分区（江西路）主任・傅培科、中央宣伝部対日文化工作委員会（崑山路）委員・羅克典、羅堅白、鄒任之、改造日報社（湯恩路一号）社長・陸久之、総経理・金学成

日本側の引き揚げ業務担当者の陣容は以下の通りであった。

陸軍：第一三軍（登部隊）司令官・松井太久郎（中将）、参謀長・土居明夫（中将）、参謀副長・川本芳太郎（少将）、高級参謀・笹井（大佐）、参謀・森（中佐）、市川（中佐）、井上（中佐）、浦野（中佐）、音吉（少佐）、海軍：支那方面艦隊司令長官・福田良三（中将）、参謀長・左近允尚政（中将）、参謀副長・小川（少将）、参謀・小田切（大佐）、谷岡（中佐）、陸戦隊司令官・勝野実（少将）、根拠地隊司令官・森徳治（少将）、大使館：公使・土田豊、公使・堀内干城、参事官・岡崎嘉平太、調査官・久宗高、居留民団：居留民団長・中島忠三郎

また、上海の日本人居留民関連機関は次のようであった。

生活相談所（主任・中山真多郎）呉淞路・元日本軍休憩所

民生商会（主任・大久保隆三）呉淞路四八六号・旧民生公団
日本居留民自治会（会長・土田豊（元公使））文監師路・旧日本人倶楽部二階
第一区南分区（分区長・武藤虎雄）呉淞路四八九号
第一区北分区（分区長・辻嘉蔵）狄思威路一〇二八号
第二区（区長・篠原匡文）東熙華徳路八八六号
第三区（区長・檀宋三郎）平涼路一七五一号
第四区（区長・山本精三郎）平昌街・平昌倶楽部

一九四五（昭和二〇）年一二月四日に、日本人居留民最初の引き揚げ者二一八五名が明優丸《めいゆうまる》に乗って日本へ帰国した。同船の運航は日本側が責任をもち、アメリカのデイビス中尉が率いる米軍二一名がその監督にあたった。同船には日本居留民自治会の関係者三〇名が上船して居留民が日本に上陸した後の日本政府との連絡や故郷までの列車や船の手配などを行うことになった。『新聞報』は、「大きな荷物と女子供、病弱者などはトラックで、先に虬江埠頭に向かい、その他の人は皆歩いた。中国の憲兵が先導し、昼の一二時前後まで続いた」と報じた（『新聞報』、一九四五年一二月五日）。

日本僑民管理処処長の王光漢中将と副処長の鄒任之少将が共に現場を視察したが、そのことは第三方面軍が日本人の送還工作をきわめて重視していたことを示している。同時に湯恩伯第三方面軍司令官の名義で帰国する日本人居留民に「帰国する日僑に告ぐ」と題する告示が行われた。湯恩伯は第三方面軍が中国政府の「徳をもって怨みに報いる」という方針を断固として実行していることを再度強調して、次のように述べている。

「今回の日本侵華戦争終了以後、在華日本軍民は敗戦投降に従って、集中営生活の余儀なきに至ったが、中国方面にては一貫した伝統的立国精神に従い、諸君等に侮辱と危害を毫も加えたことはなかった。諸君等は中国人民が日本八年に亘る中国侵略戦の結果、尚水火の苦しみの中に沈倫し救いを求めつつ凄惨な状況にあることに想いを致し、痛切に反省し徹底的な覚醒を行わなければならないのである。蔣主席は日本投降の始め『不念旧悪及與人為善』『為民族伝統至高至貴的徳性』を懇切に我等全国軍民に昭示されたのである。

　上海地域に就て言えば、日僑の人口頗る多く居住混雑しているが、中国人民が均しく平和的態度を以て処したことは上海に居留する僑民諸君等の目撃された事実であって、諸君等はこの点を深く洞察しなければならないのである。

　同時に諸君などは中国に対し恩恵を感じると云うのでなく、徹底的に反省し過去の誤謬を認めることが必要とされる。世界はほしいままに恣欲に従って人を殺しめる人間の存在を許さないと同様に、専横跋扈強取強奪し併呑を事とする国家の存在もあり得ない。今日諸君を回送するに当たってさらに真理と正義を明白に認識し、世界平和の建設、民主精神発揚の大道に向かって邁進されんことを望む」（湯恩伯記念会編、前掲書）。

　長い年月を経て、元日本大使館参事官の岡崎嘉平太（一八九七〈明治三〇〉―一九八九〈昭和六四〉）は一〇万人の日本人居留民が無事に帰国した時のことを回顧し、引き揚げは、「この蔣主席の布告と、それを順守し

岡崎嘉平太が華興商業銀行を退職したときの記念写真

てくれた中国民衆の友情によるもの」と感慨深く語っている〔岡崎嘉平太『私の記録——飛雪、春の到るを迎う』東方書店、一九七九年〕。

岡崎嘉平太は、岡山県賀陽郡《かやぐん》大和村〔現在の吉備中央町《きびちゅうおう》〕の出身で、東京帝国大学法学部を卒業し、一九三八〔昭和一三〕年三月に日本銀行から上海に派遣され、華中地域の金融調査にあたった。一九三九〔昭和一四〕年五月には日本銀行を退職し、日中合弁で設立された上海華興商業銀行の理事に就任した。一九四一〔昭和一六〕年には上海居留民会の議員となった。中国をよく知り、友人も多い岡崎は、一九四三〔昭和一八〕年四月から汪精衛《おうせいえい》政権〔日本に協力して一九四〇年南京に置かれた政権〕下の上海で日本大使館の参事官を務めた。二年後日本が敗戦すると、岡崎は上海の敗戦事務の処理にあたった。当時、日本人のなかには、財産を正直に中国政府に手渡すことに反対し、貴重品などの財産を中国の友人に預けて国交が回復したあとに持ち帰ることを主張する者もいたが、岡崎は彼らにすべての財産をきれいさっぱり中国側に引き渡すように説得した。財産調査リストは合計で三部作成され、リストに基づいて現物の照合と接収が行われた。リストは中国政府と元の財産所有者、そして大使館にそれぞれ一部ずつ渡され、接収の証拠として保存された。

一九四六〔昭和二一〕年四月二三日、岡崎は上海から船で帰国し、その後、池貝鉄工、全日空等の社長を歴任した。一九六〇年代からは日中友好事業や貿易事業などに尽力し、中国訪問回数は一〇〇回を超え、周恩来総理とたびたび会見し、日中友好事業の「掘井人」〔井戸を掘った人〕の一人と言われている。一九八四〔昭和五九〕年一〇月一日に北京で中華人民共和国成立三五周年を祝う軍事パレードが催され、日本から約三〇〇〇名余りの青年が参加したが、天安門の壇上に登り、中国の指導者と共に閲兵式に参加できたのは岡崎ただ一人であった。

虹口集中営での生活

敗戦の後、上海の日本人居留民は以前のような横暴さをなくしていたが、ごく少数の人々はまだ中国人民に対する敵愾心を捨てなかった。当時の新聞報道には、「上海の日本黒龍会によって組織された雪恥団、またの名を敢死隊という、児玉誉士夫《こだまよしお》を首領とし、配下の数十名が武器を携帯して、もっぱら中国人に対する略奪や恐喝を働いている」という記述が見える（中国陸軍総司令部編、前掲書〈下巻〉）。

しかし、大部分の日本人は失業によって生活が困窮し、ある人は闇市で身の回り品を売り、ある人は道端の露店で家財道具を売った。また、一部の女性は屋台を並べて生計を立て、「海寧路と呉淞路の間には日本人の屋台が林立し、その経営にあたる者の多くは女性だった」（『中央日報』、一九四五年一〇月一〇日）。一部の日本人居留民は中国の中山服（孫文（号、中山）が日本の学生服にヒントを得てデザインさせて着たといわれる制服）や背広に着替え、朝鮮人を装った。また、台湾籍に変えた人もおり、その多くは鄭姓をなのった（『大公報』、一九四五年一〇月一〇日）。なぜならば、台湾には鄭姓が多く、また鄭成功《ていせいこう》が民族の英雄であるからで、その末裔を騙ることで生き残りを図ったのである。敗戦後の同胞の上海におけるさまざまな現象を目の当たりにして、岡崎は「敗戦国民の惨めさを身体で感じるようになって行った」（岡崎嘉平太、前掲書）。

戦犯検挙のために並ばされた日本人

日本降伏の後、中国政府は中国各地に日本人居留民の集中営（収容所）を設立したが、それは日本人を犯罪人のように獄中に監禁するものではなく、一定の地域に集団居住させるもので、十分な外出時間も与えていた。

抗日戦争の勝利を祝う上海市民

集中営設立の目的は、一方で日本人居留民の生命と安全を保護し、正常な日常生活を維持し、その一方で集団居住という管理方法を通して、厳格な思想教育と改造を行い、日本の侵略戦争の害を悟らせ軍国主義思想と決別させるためであった。

一九四五（昭和二〇）年九月三〇日、中国陸軍総司令部は「中国境内日本僑民集中営管理辦法」（以下、「管理辦法」と略称する）を決定し、日本人の戦争捕虜と居留民の「集中と管理は、日本の降伏を受けた後の最も重要な仕事であり、もし、この仕事がうまく行かなければ、その影響は極めて大きい」と指摘した。管理辦法中の「集中と管理」に関する主な内容は次のようなものであった（中国陸軍総司令部編、前掲書〈下巻〉）。

第一条　中国国内（東三省を除く）各地に散在する全ての日本人居留民は、当該地区の中国陸軍の投降受理の指揮官が指定した区域に集中させ、省政府または市政府にその管理を移管する。

第二条　日本人居留民の集中については、各地区の中国陸軍投降受理の指揮官は、該当地区の日本官兵善後連絡部長に命じて収容者の名簿を作成させ、かつそれに従って通知することで集中させる。

第三条　命令に従って集中する日本人居留民は、衣服、寝具、炊事道具、洗面道具、手持ちの食糧など日常生活に必要な品物を携行することができる。私有の物品は時計、万年筆などの筆記用具や軍事と関連のない書籍を持ち込むことが許される。貨幣は中国法幣で五〇〇〇元まで持ち込むことができる（汪精衛政権下の貨幣は中国政府所定の比率で換算する）。携帯が許されないもの、あるいは携帯してはいけない物品は、省政府、または市政府に預けることとする。携帯が許されない金品（中国、日本、およびその他の国の各種貨幣や金銀、装飾品、宝石など）と価値のある物件は全て自分で中国政府銀行に預託し、将来の賠償金の一部にあてることとする。ただし、記念品の類は除外する。

第八条　各地区の日本人居留民集中居住区ごとに日本人居留民集中管理所を設置する。一か所に複数の集中居住区が設置される場合は、数字をつけてこれを区別する。

第九条　日本人居留民集中管理所には所長一名と、収容人数の多寡や、事務の煩雑さなどにより事務員若干名を置き、その人員は省政府や市政府から派遣することを原則とする。

第一〇条　日本人居留民集中管理所の労役と雑役はすべて、管理所長が分配し指揮をとって、日本人居留民に従事させる。

第一二条　日本人居留民の外部との通信は検閲され行動も監視される。ただし、家族が一緒に住むこと、および日本人居留民自らが一種の自治組織を作ることは許して、管理の利便性を図る。

第一五条　日本人居留民集中管理所は、日本人居留民に対して民主政治教育を施し、帝国主義教育の排除を図る。

一〇月一四日には各地区の集中営に販売部が設置され、日本人捕虜と居留民がその管理と運営を行い、日常生活品が販売されることになった。ただし、次の物品の販売は禁止された。

一、禁令に反する物品と危険品

二、許可を得ていない書籍

三、衛生に害のある品物及び軍医の許可を得ていない薬品

四、その他日常生活用品ではない品物および販売の必要がない品物

どのように上海に日本人集中営を設置するかについて、国民政府の中には強硬に「膺懲《ようちょう》論」や「追放論」を主張する者がいた。

(1)膺懲論とは、日本軍は、崇明島北岸揚子江河口の荒蕪地に、居留民は崇明島に移住させ、日本内地よりの、引揚船到着迄、自力を以て、生活させよ

(2)追放論とは、日本軍を崇明島か浦東に、居留民は楊樹浦郊外に、バラックか、天幕を急造させて、之に収容、上海市内から一名も残らず追払えというものだった(湯恩伯記念会編、前掲書)。

しかし、第三方面軍総司令・湯恩伯はこのような膺懲論と追放論を退け、「呉淞を日本軍集中営の場所とし、海軍陸戦隊は浦東に、居留民は虹口に集中させる」とする原則を堅持した。九月一九日、日本僑民管理処処長の王光漢中将は湯恩伯の委託により、日本側の代表と共に日本人居留民の居住地を視察した。湯恩伯は、王光漢中将の報告に基づき、さらに一歩進めて日本人居留民の集中営の範囲を、「上海神社の東側土塁の南端と、北四川路橋の東南端を連ねる線(但し線上は含まず)以東の虹口地区と楊樹浦地区」に設定した(湯恩伯記念会編、前掲書)。日本人捕虜は指定された大場鎮《たいじょうちん》、江湾《こうわん》、虹橋《こうきょう》地区に移住したが、それは上海市内、特に南市や閘北方面の日本部隊がそこに収容されたためで、郊外の日本部隊の多くが現状維持の状態にあった。

上海の日本人居留民集中営では、居留民に対する思想教育と改造が行われた。「当地の著名な学者を招聘し、各種委員会を組織して、宣伝工作に努め、日本人の侵略思想と軍国主義の観念を打ち消し、民主政治と三民主義の真髄を理解させるよう各級機関に指示した」。

一〇月五日、第三方面軍は上海の日本人居留民の思想教育のために、戦後廃刊になった日本語新聞『大陸新報』の設備を利用し、日本語新聞『改造日報』を発行した。『改造日報』は「自由論壇」を設け、日本人居留民が自己教育した内容を表現する場とし、かつ、国際問題や日本の政治批判、日本の憲法問題、戦争犯罪、日本の経済問題、丸腰になった日本軍問題、日本僑民自治会の共済問題、帰国問題など様々な問題を討論する場とした。同論壇に発表された主な論説には次のようなものがある。

正しき中国人観　星野芳樹／日本の教育革命について　徳田恒／日本人十万名の役割　青田良／生きる権利、働らく権利　斎田喬／日本憲法改正の方向　橘善守／自由思想家聯盟を提唱　山本十一／憲法改正の課題　高梨政一／自己反省の根本課題　上村寿男／優越観念について　内山完造／戦争犯罪の追及と責務　大津五郎／帰国者への覚え書　青田良

中国の論者も時には「自由論壇」に論説を発表した。たとえば一九四五（昭和二〇）年一〇月六日の「日本大衆に与う公開状」（志行）や一〇月九日の「日本管理を論ず」（史青）など。そのうち、史青の論説は、日本の政治体制を詳細に分析しながら、「『国体護持』たるの言葉は決して日本国民の民主的要求ではなく、これ等軍閥、財閥、官閥及ファシスト政客の自己を保持せんとする美辞麗句である」と指摘している。

日本の女性もまた戦争の被害者であった。上海の日本僑民管理処は、彼女らが思想認識を高めるのを助けるために、

一、世界の女性の中で日本の女性の地位がなぜ最も低いのか

二、日本の女性の従順さが男性の横暴で好戦的な心理を養成したのであり、日本の敗戦に対し、彼女らも責任を負うべきではないか

をテーマとした日本女性の座談会を開催した。この座談会には日本人居留民の山岸多嘉子、税田夫人、内藤孝などが出席したが、彼女たちから「日本の女性運動が発展していない主な理由はたしかに天性の従順さによるもので、その大部分は封建的な思想や軍閥、財閥政府の圧迫によって形成されたものである。今日本が敗戦した以上、民主国家への改造と同時に女性が修養を積むことで男女平等の地位と参政権を獲得しなければならないと思う」という意見が出された（『新聞報』、一九四五年一二月二三日）。

一九四六（昭和二一）年三月七日から一〇日にかけて、アメリカの合同通信社は『改造日報』に依頼して、上海で送還を待つ二〇歳以上の日本人居留民に対する意識調査を実施した。意識調査の質問項目は、天皇と天皇制、民主統一戦線、国家神道の廃止、戦犯の追及、女性の参政権、中国残留、日本国内の各政党等合計一二の項目であった。当時、上海に在留していた日本人の多くはすでに帰国しており、虹口の集中営には二〇歳以上の男女が合計三万五一三〇名残っていた。『改造日報』は日本僑民管理処が組織する日本居留民保甲《ほこう》制度〔後述〕を通して、一万七五〇〇名分（七八パーセント以上）の回答を得た。三月一三日、『大公報』の記者は、すでに集計の終わった一万名分の調査表から日本人居留民の基本的な思想傾向を見てとり、一二項目中、記者が関心を持っている問題を選んで次のように分析している（『大公報』、一九四六年三月一四日）。

一、天皇の権限や存廃問題——天皇制を保持するというのが彼らの一致した要求のようである。しかし、天皇の権力については、多くの人が制限されるべきとしている。

二、天皇を戦犯の席につかせるべきか——回答はほとんど一致して「否」である。

三、天皇の神性について——大部分の人は天皇を神と感じたことがない。

四、戦犯の処理について――日本人は戦犯の処罰が重すぎ、その判決に日本人が関わるべきであると考えている。日本人の高級官僚が連合国の法廷で裁かれることに対して、彼らは面子をつぶされたと考えている。

五、連合戦線について――大部分の人はこの問題に対してあまり理解していない。彼らは各党が連合戦線を組むことに賛成している。

六、引き揚げ問題――彼らは一致して引き揚げを求めている。しかし、一部の人が記者に語ったところによれば、日本人居留民のなかで中国に残留することを希望する人も少なくないという。ところが、これは一種の逃避的な考え方で、多くの日本人が同意しているわけではない。

『大公報』の記者は、次のようにコメントしている。

「以上のいくつかの内容は上海にいる数万の日本人の考え方をおおよそ代表するものであるが、これらの考え方を日本人全体を代表するものと思うのは、また間違いである。上海の日本人居留民の一部は長い間、中国で商売に従事してきた人であるが、別に多少なりとも日本軍とつながりを持って中国に来た人もいて、そうした人たちの考え方が比較的に遅れていることもまた理解できることである」。

日本人居留民に対する意識調査は、三月一六日にすべての集計が終わり、一七日には調査結果が正式に発表されたが、その思想傾向は前記『大公報』が紹介した抜き取り調査の結果と基本的には大差のないもので、次のようなものであった（『大公報』、一九四六年三月一七日）。

一、天皇の権限と存廃の問題――無条件で存続すべきとする者四四パーセント、制限を加えるべきとする者四〇パーセント、天皇は元首に改称すべきとする者九パーセント、天皇制の廃止を主張する者一パーセント。

二、天皇を戦犯の席につかせるべきか――そうすべきであると答える者一六パーセント、否と答える者六七パーセント。
三、天皇の神性について――以前は信じたとする者三六パーセント、現在も信じる者二五パーセント
四、戦犯の処理について――軽すぎると考える者二〇パーセント、適当であるとする者三〇パーセント、重すぎるとする者三〇パーセント。
五、中国残留について――残留を願う者一六パーセント、願わない者八四パーセント。
中国の法と集中営の規則を遵守しない日本人居留民に対しては、第三方面軍は断固とした態度で逮捕や拘禁の措置をとった。法を犯した日本人居留民を収容する監獄としては文監師路の日本人居留民自治会の後ろにある二階建ての洋館が使われた。この建物はもともと柔道場であったが、後に、日本人居留民自治会の宿舎として使われていた。『大公報』の次の記事（一九四六年三月六日）によると、

「日本僑民管理処は、管理規則を遵守しない日本人がいることに鑑みて、日本人居留民自治会の建物を臨時の監獄として利用し、規則に違反して粛衛班に逮捕された後、審査で事実に相違ないことがわかってはじめてここに収監し、一時は、アヘン吸引者二一名（そのうち女性八名）、逸脱行為者（規則違反）一〇名、窃盗五名、夜間通行禁止違反者一名、酔っ払い一名、保安隊詐称一名、中国憲兵詐称一名など、合計四一名が収監されていた」。

上海の日本人居留民集中営では保甲制度のやり方が導入され、一戸を単位として戸長が設けられ、一〇戸を甲とし、甲長が設けられた。日本僑民管理処は、常に甲長の訓導会議を開き、彼らを通じて日本人居留民の日常的な管理と思想教育の強化を図った。

一九四六年一月、米軍側が日本人送還のために用意した船舶はわずか二八隻で、二月には五九隻に増えた

が、送還に必要な数にはほど遠いものだった。帰国作業の遅れから、一部の日本人は不安を感じた。

三月四日、上海の日本僑民管理処は虹口の国際戯院で、王光漢処長が自ら主宰して日本居留民甲長訓導会議を開き、日本人居留民が充分な船舶が確保されず、帰国が遅れている間、心配しないように求め、「各甲長は責任をもって、日本人居留民を安心させてほしい」という旨を伝えた。三月五日は引き続き会議を開いて、組訓、宣導の二つの科がそれぞれに工作状況を報告した。三月六日に会議は終了し、会議の後は演芸活動が行われ、日本人居留民による音楽演奏と映画上映会が催された。

三月一六日にアメリカのマッカーサー総司令部が華中地域の日本人捕虜と居留民の送還暫定期日を六月二四日と決定した。その後、送還作業は急速に進んだ。三月に引き揚げ船舶は一二三隻に増えた。三月三〇日には、日本人捕虜一万六〇〇〇名余、日本人居留民五〇〇〇名余、合計で二万一〇〇〇名余が大小一六隻の船舶で出航し、一日当たりで送還した人数の最高記録を更新した。四月一日には、上海の大部分の日本人居留民の送還が四月初旬にほぼ完了することから、上海日本僑民管理処は撤廃され、上海日本人戦争捕虜管理処と名称を改めた。

しかし、船舶の準備などが整わず、上海の日本人居留民の送還作業が実際に完了したのは五月中旬であった。統計によれば、一九四六（昭和二一）年四月までに、上海から日本に引き揚げた日本人居留民は一二万四〇〇〇名、朝鮮人一万三六〇〇名、台湾の中国人六一三〇名であった。

日本の産業資産および個人財産の接収

戦前の上海は中国における日本経済の中心地であり、日本人居留民は上海を「宝山」（宝の山）と称していた。中国の国民政府からすれば、日本人が築き上げた上海の産業は、喉から手が出るほど接収したい対象であった。日本の大蔵省の統計によれば、一九四五（昭和二〇）年に日本が投降した時点で、日本人資本は上海に総額八七兆九三六八億六六〇〇万元（一八億三〇〇〇万米ドルに相当。華中、華東、華南における日本の資産総額の九〇パーセントを占めていた）という巨額の財産を残しており、その内訳は、

金融業、五〇四六億六七〇〇万元／中支那振興株式会社、二九兆七六七五億二五〇〇万元／運輸通信業、三兆八〇二九億六七〇〇万元／貿易収買業、一六兆九一四四億六五〇〇万元／物品販売業、七八七八億五四〇〇万元／紡績業、一八兆九四九二億七九〇〇万元／金属工業、二兆九二〇一億四〇〇万元／造船業、一五四六億五〇〇万元／機械器具工業、一兆八五九四億二五〇〇万元／化学工業、三兆四六一三億四八〇〇万元／繊維工業、一兆四五〇〇億九一〇〇万元／製粉業、二九五〇億五四〇〇万元／食品加工業、八八九〇億一八〇〇万元／その他の工業、二兆一一一億六九〇〇万元／倉庫業、一五八五億四三〇〇万元／土木建築業、四二五億六三〇〇万元／雑業、二六七七億三三〇〇万元／非営利事業、九〇三〇億八八〇〇万元／医薬業、五一四八億六三〇〇万元／文化事業・文化施設、四〇七九億九〇〇〇万元

等であった（大蔵省管理局『日本人の海外活動に関する歴史的調査』通巻第二七冊中南支篇第一分冊、一九四七年）。

日本が中国国内で築いた資本と居留民の個人財産、いわゆる「敵産」の没収は、長年日本の侵略・蹂躙を受けた中国にとって勝者の当然の権利であった。羅家倫は前出の『中央日報』の論説記事のなかで次のように指摘している「侵略者の権勢を頼みにして脅迫や懐柔など種々の不当な手段で手に入れた土地や権益は当然元の持ち主に返すべきである」。

内山完造のように上海で苦労しながら事業をおこした日本人居留民にとっては、個人財産を剥奪されるこ

とはいささか酷なことであったかもしれないが、日本大学教授・高綱博文が指摘しているとおり、「彼の上海における商売と生活は日本が日清戦争などで獲得した諸権益の上に成り立っていたのであり、北四川路の内山書店のすぐ傍には、巨大な軍艦を思わせる日本海軍特別陸戦隊の建物があったことを想起すべきであろう」（高綱博文、前掲論文）。

それゆえ「親日家」として知られる湯恩伯の第三方面軍の中に「日本人が、上海に来た時は、手提カバン一つであった。軍閥の威力を、背景にして、中国の富と、中国人の血と汗とを、搾取して、現在の財産を、築き上げたのだ。今、彼等が、引揚げる運命になったが、其の財産は、当然、中国のものだから、此の際、一切を返還させ、渡来した時の、手提カバン一つで、充分である」と考えている人がいたのである（湯恩伯記念会編、前掲書）。

一九四五（昭和二〇）年九月三〇日、中国陸軍総司令部は「日本在中国私人産業暫行処理辦法」（「中国における日本人の個人産業暫定処理方法」。以下、『辦法』と略す）を公表し、中国における日本人の産業を接収する姿勢を明らかにした（中国陸軍総司令部編、前掲書〈下巻〉）。

この『辦法』の第一条は、各地の政府が日本の個人産業を調査し報告することを求めている。その調査項目は、以下の通りである。

㈠　産業主の人数と氏名。

㈡　産業の種類と名称および数量。一：不動産、二：建物、三：企業、会社、工業、鉱業、病院、商店等四：前項の三に属する機械、器械、車両・船舶、貨物、預金など。

㈢　産業の所在地。

㈣　経営期間。

（五）資本総額。
（六）経営経歴。一：原経営主からの引き継ぎおよび引き継ぎ手続き、二：創設、三：元の認可機関。
また、第三条は、中国陸軍総司令部が日本人の産業を接収する具体的な範囲を次のように定めている。
甲——戦争前か戦争中かを問わず、公司・会社経営にされた産業
乙——戦争中に無理やり占有した産業
丙——中国の法律が禁止している産業
日本人居留民の私有財産没収についても、中国陸軍総司令部は九月三〇日に発表した「中国境内日本僑民集中営管理辦法」の中で、「携行が許されない金品（中国、日本、およびその他の国の貨幣や金銀、宝石など）と価値のある商品はすべて自分で中国政府銀行に預託し、将来の賠償金の一部にあてることとする」と規定し、没収した日本人居留民の個人資産を将来の戦争賠償の一部とすることを明確に指摘していた。
一九四五年一〇月、岡崎嘉平太は湯恩伯に呼ばれて、次のような言い渡しを受けた（岡崎嘉平太、前掲書）。
「一、中国にある日本民間人の所有物資は、戦時賠償に充てるのであるから、中国の正統政府すなわち国民政府に渡して欲しい。
二、そのように接収ができると、その外には日本に対し賠償の請求はしないことになっている。このことを岡崎先生から日本の居留民によく伝えてもらいたい。」
当時、岡崎は湯恩伯の戦争賠償に関する話を聞き、中国国民政府が日本に対してこのように寛大な政策をとれるものかと信じがたい気持ちになり、
「満洲事変以来十五年の長い間、日本軍は中国国内を荒らし回って、千万人という中国人を殺傷しているのだ、どんな巨額の賠償を要求されるか、と心配していたものだから、この湯司令、胡主任の話を聞い

たときには、ほんとに有り難いと思った。」

しかし、湯恩伯の考えには一つの重要な条件がこめられていた。それは、中国における日本人のすべての物資は中国の正統政府である国民政府に引き渡されなくてはならず、抗日戦争において重要な役割を果たした共産党に引き渡してはならないという点だった。それゆえ、国民政府の寛大な対日政策には、実際は積極的に中国における日本資産を獲得して共産党との内戦に備えるという政治的要因があったのである。

当時、国民政府は中国における日本資産が流出するのを防ぐために、帰国する日本人居留民の携行品に対して厳しい制限を加えた（中国陸軍総司令部編、前掲書）。現金の携行は一〇〇〇円（日本人将校は五〇〇円、兵士は二〇〇円）で、荷物の重量は一人当たり三〇キロと規定された。携行が許される物品は、洗顔用具、じゅうたん（または綿花布団）一式、掛け布団一枚、冬服一式、夏服一式、コート一着、手提げカバン、手提げ袋が各一点、そして、（革）靴、短パン、シャツが各三点とその他の身の回り品であった。携行が許されない物品は以下の通りであった。

一、爆発物、武器弾薬、日本刀
二、カメラ、双眼望遠鏡、野戦望遠鏡、光学器械
三、金、銀、未加工の宝石、美術品等
四、株券
五、成人一人につき万年筆、鉛筆、時計を各一点携行できる、
六、身分に合わない装飾品、奢侈品
七、ふつうの需要を越えるきざみたばこ、葉巻、紙巻きたばこ等、
八、ふつうの需要を越える食糧

九、規定以上の衣服

一〇、歴史書籍および報告書、統計数字およびその他の類似する資料等

日本居留民が携行できる荷物の重量については、中国とアメリカの間で激しい論争がおこり、アメリカ側は一人当たり一五キロを主張し、中国側は五〇キロを主張したが、最後には双方が三〇キロで妥協した。しかし、湯恩伯は連絡組長の林日藩少将と江湾管理所所長の龍佐良少将の意見に基づき、寝具と食糧を追加の物品として携行することを許可した。

「湯恩伯将軍は、（中略）携帯荷物を一人三十五キロに制限するという稟議が回ってきたとき、その書類に、寝具と五日間の食糧はこの外、と書き入れてくれた。お陰で約九十キロが持ち帰れることになり、居留民みんながその好意に感謝した」（岡崎嘉平太、前掲書）。

しかし、国民政府の腐敗により、敵産の接収は時間が経つにつれて略奪や強奪に近いものに変わっていき、そのため接収を行う高官は「五子登科《ごしとうか》」（五つの科挙に合格する）であるとの説が生まれた。ここでいう所の「五子」とは金・家・車・女・名誉のことで、住宅を例にあげれば、虹口地区の元日本人居留民の住宅は各種人物によって強奪された。一九四六（昭和二一）年四月九日の『大公報』は日本人居留民が残した八〇〇〇棟の住宅のほとんどに問題ありとの記事で内幕を暴露した。

「一九四六年四月八日に日本人居留民の住宅を調査する各機関が会議を開き、一五の調査班が五日来の作業を順次報告した。第一四、一五班の調査はすでに終了し、その他の班の調査も一週間程度で終了するという。各班の調査報告によれば、日本人居留民が残した八〇〇〇棟の住宅のほとんどに問題があるという。正式に機関が入っているもの、機関の名義を借りて入ったもの、ごろつきやチンピラが無理やり占拠したもの、偽の契約書で占有したものなど各種各様である。四月七日、某政府系銀行は調査班が住宅の前の扉に〔接収を

意味する〕封印の紙を貼付したあと、自分たちで裏の扉に銀行の封印紙を貼って住宅に入り込んだ。家具の持ち出しはまことに深刻なものがある」。

このため各調査機関は速やかに措置を講じるべきだと考え、警備部特務団を一隊増やして、第三方面軍の特務中隊や憲兵中隊、上海保衛団などと合同で各区を受け持ち、住宅の監視をさらに強化した。

江島丸事件

一九四六（昭和二一）年一月二二日午前一〇時、引き揚げ日本人四三〇〇名余りを乗せた江島丸は上海から鹿児島県の加治木港に向かって出帆した。当時、日本側が責任を負う輸送船の大部分は、貨物船を改造したものであり、江島丸もまた同様であった。元貨物船の江島丸には客室が設けられていなかったので、船倉に大きな棚を取り付けて、日本人居留民はその船倉に雑魚寝をしながら生活した。大きな棚が設置された船倉は暗かったので、多くの居留民は船が黄浦江の港を出発すると、次々と甲板に登り、黄浦江の両岸の景色を眺めて、上海の最後の景色を目に焼き付けた。

江島丸が呉淞口を出た後、川面がしだいに広がり、船足も速くなった。ところが、船が長江から六〇マイル離れた花鳥山《かちょうさん》（現在の舟山《しゅうざん》列島）に達した午後三時ごろ、突然水雷と衝突し大きな爆音の後すぐさま船から黒煙がたち上り、船倉は瞬く間に一片の暗闇となった。それと同時に船尾は徐々に傾いていき、船長の加藤は事態がただならぬことに気づいて、直ちに救難信号を発すると共に、船内の全員に「船舶が水雷と衝突し、まもなく沈没するため、全員直ちに甲板に移動してください」と放送した。江島丸の日本人居留民は水雷と接触した直後はパニックに陥ったものの、冷静さを保っていて、船長の指示通り秩序よく甲板に移動した。その時、臨時に取り付けられた大きな棚から板が外されて各家庭ごとに配られ、船長は緊急時にはこの板につかまって脱出するように指示した。

江島丸が不幸にも水雷と衝突したときに、上海からアメリカに向かうアメリカの汽船・プレバード号がちょうどその後ろを航海中であり、二隻の船はわずか約三ノット離れていただけであった。江島丸が水雷と衝突した時プレバード号も強い振動を感じ、船長のエリオット上尉は当初、水雷に衝突したのは自分たちの船だと思って、直ちに警戒警報を発した。その後、江島丸の船体から黒煙が上がり、船尾が傾くのを目にして、ようやく水雷と衝突したのは前方を行く江島丸であることが分かり、江島丸に接近し救護の準備をした。プレバード号は江島丸が再度爆発する可能性があったにも関わらず、危険を顧みず力の限り接近して江島丸に近づき、すぐに二隻の船を二本のロープで固くつないだ。

引き揚げ船上の日本居留民

江島丸の甲板上で救援を待つ日本人居留民はプレバード号が急速に接近するのを見てとても喜び、二隻の船が安全にロープで繋がった時には大歓声が巻き起こった。救援活動の過程で日本人居留民はそれぞれ元の位置で指示を守り、われ先に逃げ出そうとするような混乱した局面はなかった。このような日本人居留民の落ち着いた行動は、救援活動に当たったプレバード号のアメリカ船員から賞賛を受けた。船員たちは「幸いにして日本人がパニックを起こさなかったので、救援活動は成功したが、もしパニックに陥っていたら結果はどうなっていたか分からない」と語った。救援活動の過程で数名の日本人居留民が不注意で海に落ちて亡くなった。その中の一人は女性で、赤ん坊をプレバード号の船員に手渡した後、足を踏み外して海に転落し、プレバード号のスクリューに巻き込まれるという非常に痛ましい事故であった。

ほとんどの日本人居留民の救援活動が終わった時、江島丸の船尾の沈没が進んで危険な状況になった。プレバード号が共に沈没しないよう、船長は二隻を繋いだロープを切断する命令を下した。この時江島丸にはまだ七五名の日本人居留民が残っていたが、かれらは後に全員救命ボートでプレバード号に救助された。全ての救援活動が行われた時間はわずか三〇分であったが、付近で知らせを聞いて救助に駆けつけた船舶は一五隻に達した。江島丸の沈没事件で四三〇〇名余りの日本人居留民のほとんどが救助されたが、死亡者と行方不明者は七八名、負傷者は一一一名であった。そのほとんどは江島丸が水雷と衝突したときの爆破で負傷した人であった。その後、江島丸は午後六時半に完全に沈没した。

江島丸は太平洋戦争のときに日本軍に徴用され、二回にわたりアメリカの魚雷の攻撃を受けながら、難をまぬがれていた。江島丸は貨物船であったため規定の乗員数も少なく、船には小型の救命船が二隻と救命胴衣三〇セットが備えられているのみであった。船長・加藤は、もし、付近で救助する船舶がいなければ、救助できたのは五〇〇〜七〇〇名にすぎなかっただろうと推測している。最後に船を脱出した加藤が語るところでは、「最初は今までの経験からまた敵の魚雷に命中したと思ったが、その後、水が船底の第四ブロックから湧き出していたことから、固定されていた水雷であることが分かった。これは日本人自身がしたことに間違いない」とのことだった。

江島丸から救助された日本人居留民が上海港に戻った時、上海港口運輸司令部司令官の謝灝齢は、自ら指揮をとり、彼らをそれぞれ虹口の集中営の元の場所に送り届ける作業を行った。また、上海日本僑民管理処は、沈没事件で身の回りの物をすべて失った日本人居留民に必要な布団を支給し、負傷者は全て江湾陸軍病院に移送して治療を受けさせた。救助された日本人居留民が再び上海に戻った後、日僑民生商会は彼らに食事を提供し、まだ上海に滞在していた日本人居留民からは衣類や石けんなどの生活用品の寄付が相次いだ。同時に上海の日本僑民管理処は、以下の緊急救済方法を採用した。

一、善後救済総署に救済物資の提供を要請する。

二、上海の日本僑民管理処及び捕虜管理処の職員は、一日分の給料を寄付する。

三、第三方面軍司令官の湯恩伯は、上海の日僑管理処に、これまでに引き揚げた日本人から所持品携帯制限の規定により押収した物品を江島丸事件の被害者に再分配するように命じた。江島丸事件の被害者は、上海での束の間の休憩をとったあと、一九四六（昭和二一）年二月一日に明優丸等の送還船で帰国の途についた。

最後の留用者

一九四五（昭和二〇）年の敗戦後、上海の日本人居留民のほとんどは日本へ送還されたが、少数の技術者は中国政府に「留用《りゅうよう》」（引き続き中国に留まり、中国側に知識や技術を提供する）された。「豊田事業圏中国方面の総帥」と呼ばれた西川秋次は、上海での三〇年以上の経験をもって自ら留用を申し出て、日本の留用技術者の代表格となり、国民政府から高い評価を受けた。

西川秋次は、一八七九（明治一二）年、愛知県の渥美郡《あつみぐん》二川町《ふたがわちょう》で生まれた。西川は、幼いときから勉学に励み、人並み優れて賢かったので、人からは「神童の秋次」と呼ばれた。名古屋師範学校を卒業した後、豊田佐吉（発明家、実業家、豊田人力織機、動力織機、自動織機を相次いで発明した）に認められ、彼の支援で東京高等工業学校紡績科に入学し、一九〇九（明治四二）年に同校を卒業した。一九一〇（明治四三）年には豊田の秘書としてアメリカの紡績技術と経営方法を調査するために渡米した。半年後、豊田は日本に帰国したが、西川は引き続きアメリカで紡績機械の製造や、技術者の養成と指導、工場経営および管理、従業員の福利厚生等の問題を一年半に渡り研究した。

一九一八（大正七）年一月に豊田は豊田紡績株式会社を設立し、まもなく上海に投資の目を向け、翌年、西川を伴って上海に渡った。西川の一年余りの奔走尽力により、一九二一（大正一〇）年一一月二九日、上海の豊田紡績工場が極司非而路二〇〇号に設立された。当時は資本金一〇〇〇万両、面積一万坪の規模で、最新式の紡績機械が設置され、社長は豊田、常務取締役には西川秋次がなって、実際の工場経営を担った。一九三五（昭和一〇）年、豊田紡績は青島にも紡績工場を設立した。豊田紡績の製品は主に中国大陸や南洋に向けて販売された。一九三七（昭和一二）年八月に豊田自動車工業株式会社が設立された後、西川は楊樹浦地区の河間路に豊田自動車工業株式会社上海工場を立ち上げた。一九四二（昭和一七）年二月には資本金五〇〇〇万円で、華中豊田自動車工業株式会社を独立開設して副社長となった。

戦後、国民政府は上海の日系紡績工場を接収し、もとの日本の紡績工場技術者を集めて日本紗廠復興委員会を組織し、一〇月一二日から次々と生産を再開した。しかし、紡績機械の製造は技術的な問題に直面した。そのとき、西川は公使の堀内干城を通じ、行政院長臨時駐上海辦事処主任の彭学沛に対し、上海に残って豊田式の紡績機械を製造し、中国が紡績機械の自給を実現できるように協力したい、と願い出た。その理由は次のようなものであった。

第一に、豊田の自動織機の優秀さは多くの人が認めているところで、精紡機は世界最高の効率を誇り、さらに豊田紡績の針は中国綿花が短繊維であるという特徴に合わせて設計されている。

第二に、設備面については、豊田紡績機械製造工廠と華中豊田自動車工業の設備を拡充すれば、大量生産

1921〈大正 10〉年、豊田紡績上海工場を立ち上げた時の西川秋次（写真中央）

が可能である。人材面については、西川は紡績業界での豊富な経営経験を持ち、機械製造でも優れた専門家である。彼は全ての経験を中国の紡績機械製造に捧げることに決めており、その部下も彼と共に残る決心をしている。第三に、中国は日本側が中国に開設した紡績工場の生産を回復し、民衆の衣料の自給を満足させる必要があるが、中国の紡績機械の制造能力では各紡績工場の需要を満足させることができない。もし西川が中国に残り機械制造の工場の経営と生産を任せられるのなら、目下の急務に対処できるだろう。

西川の中国にむけた提案は国民政府の望むところであった。彭学沛はこの申し出を行政院長の宋子文《そうしぶん》に報告し、宋は直ちに西川の提案を歓迎する旨伝え、併せて上海側には西川の提案を原則として、詳細な実施方法を協議するよう求めた。

その後、最終的に決まった留用に関連する規定は次のようなものであった。

一、日本人技術者の留用は、本人の申請を原則とする。

二、留用日本人技術者の待遇は、原則として中国人技術者と同等の待遇と賃金とする。

三、留用日本人技術者の職務内容は関連の技術業務に限定し、経営者や工場長など行政業務を与えてはいけない。

四、留用日本人技術者の対外的な身分は対米関係を考慮し、申請に基づいて「留華」とし、対内的には「徴用」とする。その呼称は雇用機関が自ら決定するが、日本人技術者を敵視してはならない。

ここに、西川が提案した日本人技術者の留用問題はほぼ決定を見たのである。

一九四六（昭和二一）年一月二日に上海の日系の紡績工場を基礎として国営の中国紡績建設公司が設立された。当時留用を希望した日本人技術者は約一二〇人で、西川が顧問を務め、生産部、技術部、業務部、財務部、計画部の重要なポストにはいずれも日本人の留用者がいた。中国側からは留用日本人技術者が安心して仕事に専念できるように宿舎が提供されたほか、医薬品や子どもの教育費なども支給され、さらに毎月の給料を日本に帰国した家族のために仕送りすることも認められた。

西川は酒色に染まらずに仕事に専念し、まるで修行僧のような生活をおくった。上海で仕事をしている間、気力を養うため毎朝冷水で体を洗い、たわしで身体をこすった。一九四九（昭和二四）年三月三日に西川は船で帰国し、一九六三（昭和三八）年九月に病死した。

一九六〇（昭和三五）年に西川は自らの個人資産で西川奨学金を設立し、毎年一〇〇〇万円の資金で、生活が困難な約二五名の日本の優秀な学生が学業を修めるのを援助した。さらに一九八八（昭和六三）年からは中国に対する西川の特別な思いを表すために、中国人留学生に向けた奨学金の支給も開始した。ここ二〇年来、中国各地の多くの中国留学生が西川奨学金の支援で順調に学業を修了することができたのである。

訳者あとがき

この本は、『尋訪東洋人―近代上海的日本居留民（一八六八―一九四五）』のタイトルで、二〇〇七年一月上海社会科学院出版社から刊行された原書の翻訳である。

著者の陳祖恩さんは、訳者の一〇年来の友人である。この間訳者が上海に出かけた時には、忙しい中時間を割いて調査や資料集めに協力してくれ、陳さんが日本に来た時には訳者もできるだけの協力をしてきたから、そうした付き合いを通じて陳さんの関心のありかはおおよそわかっているつもりだったが、翻訳を準備する過程で、上海日本人居留民史に対する陳さんのなみなみならぬ関心は、長い時間をかけて徐々に深められていったもので、生半可でない努力に支えられていることに気づかされることになった。

陳さんのまえがきを読んでいただければ、一九九〇年代初めに長崎や東京で「上海っ子」に出会った時の感動やその後調査を積み重ねてきた際の苦労がストレートに伝わってくるし、上海史の研究者で、上海社会科学院の同僚として身近で陳さんの仕事ぶりを見てきた羅蘇文さんの序文は、中国人の日本理解を歴史的に概観したうえで、陳さんの上海日本人居留民史の研究がいかに画期的な意味を持つかをかみ砕いて紹介しているので、訳者がこの本の読みどころにさらに触れる必要はないほどである。

しかし、訳者の知っている陳さんについて、エピソードを一つだけ書くことにしたい。二〇〇二年、勤務先で得た在外研究の機会に、訳者は上海で一年を過ごし、陳さんの紹介で「上海歴史散歩の会」の活動に参加させてもらった。当時上海日本人学校の事務長をしていた片山泰郎さんをリーダーとするこの会は、ひと月かふた月に一回、上海在住の日本人の有志を募って上海市内の大通りや路地を歩いて、古い建物をのぞいたり博物館を見学したりして、その地にまつわる歴史を知ることを主な活動としていた。二、三時間歩いた後は休憩し、食事をとりながら、見たばかりのあれこれの感想を述べたり近況報告をしたりする、百聞は一見に如かずと人のつながりの大事さを実感できる会で、陳さんはこの会の顧問を任じて集まった人から大いに頼られる存在だった。訳者が参加したうちで、かつて日本人が多く住んでいた虹口の通りをみんなでぞろぞろ歩いた時のことは特に印象に残っているのだが、開発の波にのまれてどんどん日本人ゆかりの建物が消えていくさまを残念がる参加者の声に耳を傾ける陳さんの姿に接して、何度も通って変わりゆく街の様子を熟知していてなお、今に続く日本人と上海の街の縁を考えるにふさわしい場に身を置こうとする陳さんに敬意を感じたものだった（なお、上海歴史散歩の会の活動は今も活発に展開されていて、陳さんはやはり顧問格である）。

これまで、訳者と称してきたが、実際に訳を分担したのは、芦沢知絵、石川照子、呉孟晋、孫安石、中村みどり、村井寛志、森平崇文の七名で、大里浩秋は年長ゆえに監訳者となった。いずれも日頃陳さんにお世話になっており、その御恩返しを兼ねて翻訳を引き受けたのである。当初の心づもりが大幅に遅れて、陳さんに心配をかけ、大修館書店編集部の富永七瀬さんにはその分ご苦労をかけてしまったが、陳さんの真意を正確に伝えるべく努めたつもりである。なお、原書中の日本人の習慣に関する説明等、不要と思える文は削除し、逆に必要だと思う説明を追加した。また、原書中の誤植や記述の間違いは、陳さんと相談の上で訂正した。

この本を、上海の地で仕事や勉学に励む皆さん、上海の歴史や現状、さらには日本と中国の関係に興味を抱く多くの方々に、読んでいただければと切に願っている。

大里浩秋

二〇一〇年六月

1904(明治37)	**＊（2月）日露戦争**
1905(明治38)	(3月）日本政府「居留民団法」を公布。
	(12月）日本人協会設立。／上海で起きた暴動事件を口実に、日本政府は軍艦「対馬」を派遣、海軍陸戦隊員を居留民保護の名目で上陸させる。
1907(明治40)	(4月）上海義勇隊に所属していた日本義勇隊が解散し、日本人協会内に独自の日本義勇隊を創設。
	(9月）上海日本居留民団成立。／開導小学校の管轄を居留民団に移す。
1911(明治44)	**＊（10月）武昌蜂起**
	(10月）内外綿会社上海支店正式開業。
	(11月）上海日本人実業協会創立。19年、上海日本商工会議所に改称。
	(12月）宝山(現在の虹口)に日本人墓地を移設。　(上海在留邦人約7000名)
1912(明治45)	(4月）六三花園内に諏訪神社を建立。
1914(大正3)	(3月）文監師路に日本人倶楽部の新ビル竣工。
1916(大正5)	(1月）公共租界参事会議員に日本人として初めて藤村義郎が当選（783票)。
1919(大正8)	上海でコレラ流行。
	＊（5月）五四運動
1925(大正14)	(2月）内外綿工場で中国人労働者のスト発生。上海総商会の調停により、日本側は労働者側の要求を一部認める。
	(5月)内外綿工場ロックアウト。会社と交渉に当たった顧正紅が射殺される。同月、追悼集会が行われ、1万人以上が参加。／3000人を越える上海の学生が南京路で反帝国主義のデモ行進を行い工部局と衝突。死者13名、負傷者数十名（五・三〇事件)。
1929(昭和4)	上海・大阪間、上海・福岡間の定期航空路線が開設。
1930(昭和5)	上海日本商業学校設立。
1931(昭和6)	**＊（9月）満州事変**
1932(昭和7)	(1月）第一次上海事変。
	(4月）虹口公園爆弾事件。
1937(昭和12)	(8月）第二次上海事変。　(上海在留邦人約25000名)
1939(昭和14)	(4月）日本上海中学校創設。
1941(昭和16)	(4月）日本政府「国民学校令」を発布。上海の日本人学校もおのおの国民学校へ改称。
	＊（12月）太平洋戦争
1945(昭和20)	**＊（8月）日本、ポツダム宣言受諾。無条件降伏**
	(9月）日本中国派遣軍総司令・岡村寧次大将が南京で降伏文書に署名／在上海日本軍武装解除。上海在留邦人は7万余名。
	(12月）日本人居留民の引き揚げ第一陣2185名が明優丸で帰国。
1946(昭和21)	(1月）江島丸事件
	(5月）日本人居留民の引き揚げが基本的に完了。

略年表（1862-1946）

西暦（年号）	で　き　ご　と
1862(文久2)	幕府官船「千歳丸」，長崎から上海視察へ出発。
1868(明治元)	(9月）長崎の人・田代源平が上海で日本人初の商店「田代屋」を開業。
1870(明治3)	横浜・神戸・長崎・上海間に定期航路開設。（上海在留邦人約7名）
	(9月）上海で在留日本人の管理と対外交渉に当たる「開店社」を設立。
	(11月）外務省、開店社内に上海出張所を設置。初代領事は品川忠道。
1871(明治4)	**＊李鴻章と伊達宗城が「日清修好条規」「日清通商章程」に調印**
1872(明治5)	(4月）上海出張所が日本公館に改称。
1873(明治6)	(5月）日本公館が「在留邦人須知暫定規則」を発布。／日本公館が上海日本領事館に改称。予備陸軍少将・井田譲が初代領事となる。
	(10月）外務省、「清国在留日本人心得規則」発布。（上海在留邦人約50名）
1875(明治7)	(2月）三菱商会が横浜・上海間に定期航路を開設。
1876(明治9)	(12月）東本願寺上海別院が女学校を開設。
1877(明治10)	(9月）東本願寺上海別院が「本願寺育嬰堂」を開設。日本人児童に習字、算術などを教える。
1880(明治13)	(12月）三井洋行が広東路6号に事務所を開設。（上海在留邦人約100名）
1883(明治16)	日本領事館内に初めて巡査2名を配置。
	(3月）岸田吟香、楽善堂書薬舗をイギリス租界河南路に構える。
	(9月）日本領事館が「清国上海居留日本人管理規則」を発布。
1886(明治19)	東和洋行が鉄馬路で開業。上海初の日本人経営による旅館。
1888(明治21)	私立開導学校が東本願寺上海別院内に開校。
1890(明治23)	(6月）松野平三郎が上海初の日本語紙『上海日報』を創刊。
	(9月）日清貿易研究所創立。所長は荒尾精。
	(12月）日本人倶楽部落成。
1893(明治26)	(5月）横浜正金銀行上海支店開業。
1894(明治27)	(3月）朝鮮開化党のリーダー・金玉均が東和洋行で洪鍾宇に刺殺される。
	＊（7月）日清戦争勃発
1895(明治28)	**＊李鴻章と伊藤博文「日清講和条約」（下関条約）に調印**
1896(明治29)	**＊清と日本の間に「日本専有居留地設定協定書」締結、日本が上海、天津、厦門、漢口等に租界を設置することを認める**
	＊（7月）「日清通商航海条約」締結
	(11月）長崎商業学校の生徒が修学旅行で上海を訪れる。
1900(明治33)	**＊義和団事件**
	(6月）上海日本義勇隊結成。隊員120名。7月には上海義勇隊（万国商団）に加盟。
1901(明治34)	(5月）東亜同文会が南京から上海に移転。8月に東亜同文書院と改称。初代院長は根津一。
1902(明治35)	(5月）上海日本医会成立。会員8名。1906年に上海医師会に改称。

上海社会科学院歴史研究所編『〝八一三〟抗戦史料選編』上海人民出版社，1981年
上海檔案館編『日本帝国主義侵略上海罪行史料滙編』上海人民出版社，1997年
上海檔案館編『工部局董事会会議録』上海古籍出版社，2001年
任建樹主編『上海現代大事記』上海辞書出版社，1996年
高家龍著／程麟蓀訳『大公司与関係網―中国境内的西方、日本和華商大企業（1880-1937）』上海社会科学院出版社，2002年
高綱博文／陳祖恩主編『日本僑民在上海』上海辞書出版社，2000年
中国国民経済研究所編輯『日本対滬投資』商務印書館，1937年
中国陸軍総司令部編『中国戦区中国陸軍総司令部受降報告書』，1946年
中国陸軍総司令部編『中国戦区中国陸軍総司令部処理日本投降文献彙編』，1946年
趙健民、劉予葦主編『日本通史』復旦大学出版社，1989年
湯志鈞主編『上海近代大事記』上海辞書出版社，1989年
馬長林主編『租界里的上海』上海社会科学院出版社，2003年
馮天瑜『〝千歳丸〟上海行・日本人1862年的中国観察』商務印書館，2001年
熊月之主編『上海通史』上海人民出版社，1999年
横光利一著／李振声訳『感想与風景』南海出版社，1998年
羅蘇文『上海伝奇・文明嬗変的側影（1853-1949）』上海人民出版社，2004年
『滬遊雑記・淞南夢影録・滬遊夢影』上海古籍出版社，1989年
『上海小志・上海郷土志・夷患備嘗記』上海古籍出版社，1989年
『旧上海風情録』（上，下編）文滙出版社，1998年

図版提供者・編集協力者（敬称略・五十音順）

愛知大学東亜同文書院大学記念センター／石山俊彦／円満字二郎／大谷光瑞記念館／尾崎さやか／学校法人 文化学院／官尾雅彦／高郡秀／雑賀 健／佐藤 保／手塚俊雄／東京経済大学図書館／西山佳枝／日本上海史研究会／波多野真矢／藤田三男編集事務所／星屋秀幸／山口淑子／横浜開港資料館／吉田曠二

森時彦編『在華紡と中国社会』京都大学学術出版会，2005年
吉村信太郎編『上海在住長崎名人録』(昭和六年版)，1931年
米沢秀夫『上海史話』東京畝傍書房，1942年
劉建輝『魔都上海・日本知識人の〝近代〟体験』講談社，2000年
若山甲蔵編『岸田吟香翁』宮崎県政評論社，1925年
鷲田与次郎編『上海西部日本小学校校刊』，1939年
『揚子江富源・江南事情』上海日本堂，1910年
『長崎と上海』大阪朝日新聞社，1923年
『上海年鑑』上海日報出版部，1926年
『上海日本人各路聯合会沿革』，1938年
「上海に於ける法人貿易業調」『興亜院調査月報』第二巻，1940年
『日本新聞広告史・電通創立四十周年紀念』，1940年
『上海自然科学研究所要覧　一九三六年六月』(非売品)，1942年
『西川秋次の思い出』(非売品)，1964年
『一億人の写真史・不許可写真史』毎日新聞社，1977年
『今井武夫回想録』上海訳文出版社，1978年
『支那在留邦人人名録』(一九三二，三六，四一年版) 上海金風社
『上海日本中学校会報』第十四，十五，十七号

《中国語文献》

王暁秋『近代中日文化交流史』中華書局，2000年
王古魯編著『最近日人研究中国学術之一斑』，1936年
王韜『瀛壖雑誌』上海古籍出版社，1989年
大庭修著・徐世虹訳『江戸時代日中秘話』中華書局，1997年
呉廷璆主編『日本史』南開大学出版社，1994年
顧柄権編『上海洋場竹枝詞』上海書店，1996年
黄漢民等主編『上海近代工業史』上海社会科学院出版社，1998年
黄福慶『近代日本在華文化及社会事業之研究』中央研究院近代史研究所，1982年
史梅定主編『上海租界志』上海社会科学院出版社，2001年
上海医薬公司等編『上海近代西薬行業史』上海社会科学院出版社，1988年
上海社会科学院歴史研究所編『五卅運動史料』第一巻上海人民出版社，1981年

至誠堂編『上海一覧』至誠堂新聞舗，1928年
上海居留民団編『上海事変志』，1933年
上海居留民団編『上海居留民団三十五周年記念誌』（昭和十七年版），1942年
上海第一日本国民学校編『学校と家庭』第47号，1942年
上海第八日本国民学校『聖地に育つ』，1943年
上海日報社編纂『上海事変』上海日報出版部，1932年
上海日本商工会議所『上海商工録』，1939年
上海歴史地理研究会『上海研究』第一輯，1942年
杉浦正『岸田吟香―資料から見たその一生』汲古書院，1996年
対支功労者伝記編纂会『対支回顧録』，1936年
高綱博文編『戦時上海（1937-1945）』研文出版社，2005年
高西賢正『東本願寺上海開教六十年史』，1937年
谷川健一『近代民衆の記録３―娼婦』新人物往来社，1971年
千葉俊二編『谷崎潤一郎上海交遊記』みすず書房，2004年
中央大学人文科学研究所編『日中戦争』中央大学出版部，1993年
東亜同文書院滬友同窓会編『山洲根津先生伝』，1930年
湯恩伯記念会編『日本の友湯恩伯将軍』，1954年
東洋文庫近代中国研究委員会編『明治以降日本人の中国旅行記』東洋文庫，1980年
内外綿編『内外綿株式会社五十年史』，1937年
長崎日本人民両国朋友会『上海在留邦人が造った日本人街』，1994年
中下正治『新聞にみる日中関係史』研文出版社，1996年
中山清胤『クオレの家―上海を離れて五十年』（未刊稿）
日本上海市研究会編『上海人物志』東方書店，1997年
日本郵船編『日本郵船株式会社五十年史』，1935年
樋口弘『日本対華投資』商務印書館，1959年
藤島晃『歓楽の支那』東京金鈴社，1930年
古厩忠夫・高橋孝助編『上海史』東方書店，1995年
松岡恭一・山口昇編『沿革史・日清貿易研究所、東亜同文書院』（明治四十一年版），1908年
宮岡謙二『異国遍路―旅芸人始末書』修道社，1959年
宮岡謙二『娼婦海外流浪記』三一書房，1968年
村岡伊平治『村岡伊平治自伝』南方社，1960年
村松伸『上海・都市と建築』株式会社PARCO出版局，1991年

主要参考文献（著者の五十音順）

《日本語文献》

NHK〝ドキュメント昭和〟取材班『ドキュメント昭和２　上海共同租界』角川書店，1986年

天野宏『薬文化往来』青蛙社，1992年

池田利雄『江南の憶―上海居留民団小学校教師の手記』きた出版社，1980年

池田信雄『上海百話』（大正十二年増補版）上海日本堂，1923年

内山完造『一個日本人的中国観』開明書局，1941年

内山完造『花甲録』岩波書店，1960年

内川芳美『日本広告発達史』上電通出版，1976年

大蔵省管理局『日本人の海外活動に関する歴史的調査』通巻第二十七冊中南支編第一分冊，1947年

大谷是空編『滬上唱酬』（未刊稿），1920年

大田原在文『十大先覚記者伝』大阪毎日新聞社・東京日日新聞社，1926年

岡崎嘉平太『二十一世紀へのメッセージ』岡崎嘉平太先生の長寿を祝う会，1986年

岡崎嘉平太伝刊行会編『岡崎嘉平太伝』ぎょうせい，1992年

沖田一『滬上史談―上海に関する史的随筆』（昭和十七年版）大陸新報社，1942年

小澤正元『内山完造伝』番町書房，1972年

笠原一男『日本史研究』山川出版社，1983年

片山邦雄『近代日本海運とアジア』御茶の水書房，1996年

加藤清司『女性を中心にした江戸時代史』東京学術出版社，1917年

金一勉『遊女・からゆき・慰安婦の系譜』雄山閣出版，1997年

栗田尚弥『上海同文書院』新人物往来社，1993年

江南健児『新上海』（一九二三年訂正増補版）上海日本堂，1923年

小風秀雅『帝国主義下の日本海運』山川出版社，1995年

小島晋治監修『幕末明治中国見聞録集成』ゆまに書房，1997年

小島晋治監修『大正中国見聞録集成』ゆまに書房，1999年

小島勝・馬洪林編『上海の日本人社会』龍谷大学仏教研究所，1999年

佐伯修『上海自然科学研究所―科学者たちの日中戦争』宝島社，1995年

実藤恵秀『中国人留学日本史』三聯書店，1983年

著者・訳者紹介

[著者]

陳　祖恩

1949年生まれ。復旦大学歴史系を卒業後、長期にわたり上海社会科学院歴史研究所に勤務。現在、上海東華大学人文学院・外国語学院教授、上海社会科学院歴史研究所特約研究員。専門:中国近現代史、中日関係史。主な著書：『尋訪東洋人―近代上海的日本居留民』（2007年）、『白龍山人―王一亭』（2007年）、『上海日僑社会生活史』（2009年）、『上海的日本文化地図』（2010年4月）など。

[監訳者]

大里浩秋

1944年生まれ。東京大学文学部中国文学科を卒業後、大学院を博士課程まで進み、大学院在学中に中国広州市の広州外国語学院（現広東外語外資大学）で2年半日本語教師をした。1987年以来神奈川大学に勤務して現在に至る。現職は神奈川大学外国語学部教授。専門：中国近現代史、日中近現代関係史。

[翻訳者]（五十音順）

芦沢知絵　（東京大学大学院。専門：中国近現代史、中国社会経済史）
石川照子　（大妻女子大学教授。専門:中国近現代史、女性史、ジェンダー論）
呉孟晋　（京都国立博物館研究員。専門：中国絵画史）
孫安石　（神奈川大学教授。専門：中国近現代史、中国都市研究）
中村みどり（早稲田大学助手。専門：中国近現代文学、日中比較文学・文化）
村井寛志　（神奈川大学准教授。専門：中国近現代史、メディア史）
森平崇文　（早稲田大学客員講師。専門：上海史、中国演劇史）

《魯迅公園／横浜橋》

（　）内は旧地名

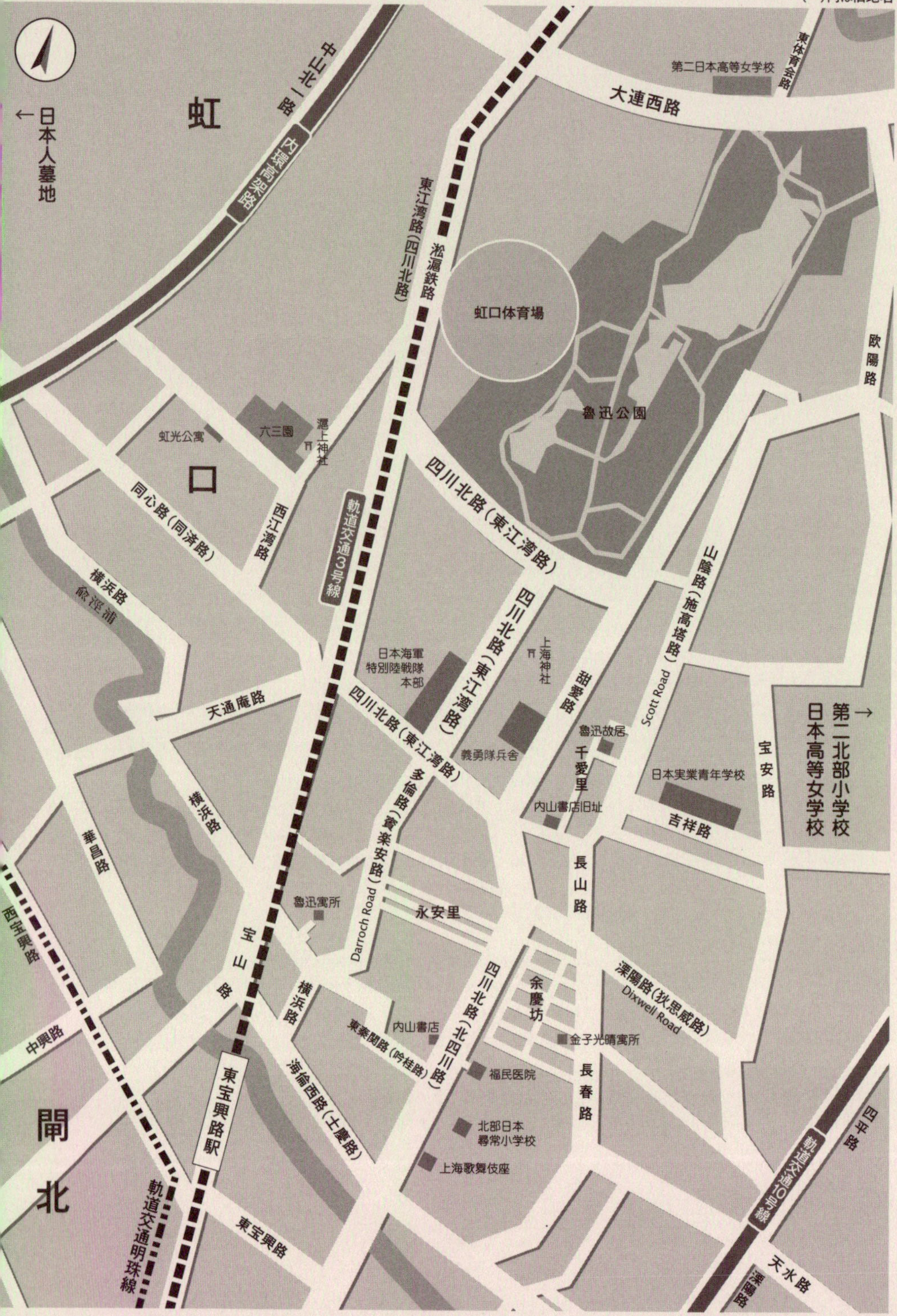